可靠性技术丛书

工业和信息化部电子第五研究所　组编

质量大数据体系与应用

◎ 谢克强　聂国健　胡　宁　编著

| 编写组成员 |

蒋诗新　徐　海　李泉洲　田春华
刘振国　钟书棋　陈冰泉　陈捷宇
杨洪旗　黄创绵　徐　地　张　硕

Publishing House of Electronics Industry
北京·BEIJING

内 容 简 介

本书分为 7 章：第 1 章介绍了质量大数据的范畴、特点、发展背景等内容，分析了质量大数据给质量管理带来的多方面创新；第 2～5 章先总体介绍了质量大数据的内涵，再分别从业务维度、数据维度和技术维度对质量大数据进行了系统的介绍；第 6 章从企业侧、产业侧与政府侧三个不同视角给出了质量大数据的实施路径；第 7 章以案例分析为主，揭示了企业如何通过质量大数据来实现产品质量提升。

本书适合可靠性、信息技术领域相关专业的学生，从事质量管理数字化研究的学者，以及质量管理、大数据领域的从业者、创业者和企业管理者阅读。

未经许可，不得以任何方式复制或抄袭本书之部分或全部内容。
版权所有，侵权必究。

图书在版编目（CIP）数据

质量大数据：体系与应用 / 工业和信息化部电子第五研究所组编；谢克强等编著. —北京：电子工业出版社，2024.2

（可靠性技术丛书）

ISBN 978-7-121-47017-2

Ⅰ.①质… Ⅱ.①工… ②谢… Ⅲ.①产品质量－质量管理－数据处理 Ⅳ.①F273.2-39

中国国家版本馆 CIP 数据核字（2024）第 014165 号

责任编辑：牛平月
印　　刷：北京天宇星印刷厂
装　　订：北京天宇星印刷厂
出版发行：电子工业出版社
　　　　　北京市海淀区万寿路 173 信箱　　邮编：100036
开　　本：720×1000　1/16　　印张：12.5　　字数：245 千字
版　　次：2024 年 2 月第 1 版
印　　次：2024 年 2 月第 1 次印刷
定　　价：88.00 元

凡所购买电子工业出版社图书有缺损问题，请向购买书店调换。若书店售缺，请与本社发行部联系，联系及邮购电话：（010）88254888，88258888。

质量投诉请发邮件至 zlts@phei.com.cn，盗版侵权举报请发邮件至 dbqq@phei.com.cn。
本书咨询联系方式：niupy@phei.com.cn。

制造业是立国之本、强国之基、大国经济的"压舱石"。夯实"中国制造"的质量基础,是加快补齐短板弱项、培育竞争新优势的迫切要求,也是推动制造业迈向价值链中高端、加快新型工业化进程的现实需要。以大数据为代表的数字技术与质量管理深度融合,形成质量大数据,不断提升制造业中全要素、全价值链、全产业链的质量管理活动的数字化、网络化和智能化水平。

为贯彻落实《制造业卓越质量工程实施意见》(工信部联科〔2023〕249号)、《制造业可靠性提升实施意见》(工信部联科〔2023〕77号)、《制造业质量管理数字化实施指南(试行)》(工信厅科〔2021〕59号),深化数字技术在制造业可靠性提升中的应用,开展质量管理数字化理论与实践研究,发挥大数据等数字技术对质量提升的基础支撑作用,助力制造业高质量发展,工业和信息化部电子第五研究所依托工业装备质量大数据工信部重点实验室组织编写了本书,旨在为政、产、学、研、用各方组织开展质量管理数字化工作提供参考,以质量大数据赋能企业的全面质量管理,强化产业链质量协同,构建质量创新生态。

本书聚焦质量大数据的体系、模型、应用等方面,提出质量大数据的参考框架,并由其统领全书。质量大数据的参考框架包括业务维度、数据维度和技术维度三大维度。其中,数据资源是价值起点,技术支撑是工具,业务落地是目标,从业务维度、数据维度、技术维度统筹推动质量大数据的建设。

第 1 章为概览,给出了质量大数据的范畴,介绍了质量大数据的特点与发展背景,分析了质量大数据给质量管理带来的多方面创新,总结了质量大数据在典型行业中的价值体现,凸显了质量大数据的重要意义。

第 2 章分析了质量大数据面临的挑战;提出了质量大数据的参考框架,包括业务维度、数据维度和技术维度;介绍了质量大数据与其他技术的关系,以及质量大数据的实施框架。

第 3 章从生产体系、管理体系、应用模式三个方面分析了业务维度的质量大数据,介绍了典型的生产体系、管理体系,并对多个类型的应用模式进行了剖析。

第 4 章从数据维度,即从数据来源、数据资源体系、数据治理体系三个方面阐述了质量大数据资源的构建方法,回答了"质量数据在哪里""数据资源怎么建""数据质量怎么保障""数据资源怎么用"等问题。

第 5 章从技术维度，给出了质量全生命周期架构，提出质量数据平台技术架构，从数据存储、数据服务、数据分析等方向分析关键技术。

第 6 章从企业侧、产业侧与政府侧三个不同视角出发，给出翔实的质量大数据的实施路径。

第 7 章为应用案例，对典型案例进行了剖析，揭示了企业如何通过质量大数据来实现对质量的实时管理和精准控制，生产出高质量的产品，提供高质量的服务。

工业提质增效和经济高质量发展，都离不开高质量的管理体系、高质量的生产系统、高质量的工业产品。而这一切，都与质量大数据密切相关。质量大数据是一项新兴的技术，制造业质量管理数字化是一项综合性的系统工程，需要经历长期的发展过程。

本书的案例部分得益于很多企事业单位的无私奉献，特别感谢北京工业大数据创新中心有限公司、西安电子科技大学、华为技术有限公司、海克斯康制造智能技术（青岛）有限公司、北京寄云鼎城科技有限公司、格创东智（深圳）科技有限公司、昆仑智汇数据科技（北京）有限公司、航天云网数据研究院（广东）有限公司、浪潮工业互联网股份有限公司、北京索为系统技术股份有限公司、深圳华龙讯达信息技术股份有限公司、上海优也信息科技有限公司、湖北航天技术研究院、浙江讯飞智能科技有限公司、山东恒远智能科技有限公司、上海致景信息科技有限公司、江苏康缘药业股份有限公司等单位提供的宝贵实践案例。

本书的编写得益于工业装备质量大数据工信部重点实验室主任王勇等领导的关心和支持，也离不开社会各界专家的关注和指导，感谢清华大学软件学院院长、大数据系统软件国家工程实验室执行主任王建民教授，北京航空航天大学研究生院副院长、数字媒体北京市重点实验室主任李波教授，西安电子科技大学智能制造与工业大数据研究中心主任孔宪光教授，北京大学工业工程与管理系副系主任张玺教授，走向智能研究院执行院长赵敏，上海优也信息科技有限公司首席科学家郭朝晖，上海铭骏质量技术服务有限公司总经理韩俊仙，昆仑智汇数据科技（北京）有限公司总经理陆薇，中国电子科技集团第二十九研究所高级工程师史建成，工业和信息化部电子第五研究所研究员潘勇、张增照、何小琦、杨晓明等专家为本书的编写提供了真知灼见和宝贵的修改意见。本书的责任编辑牛平月为本书出版做了大量工作，在此一并表示感谢。

限于时间与篇幅，本书难免存在不当之处，衷心希望广大读者与各界人士给予批评、指正，督促我们把工作做扎实、做深入、做持久，为建设制造强国、网络强国、质量强国，加快新型工业化贡献力量！

目录

第1章 质量大数据概览 1
1.1 质量大数据的范畴与特点 1
1.2 质量大数据的发展背景 5
1.2.1 质量管理的演化历史 5
1.2.2 质量大数据的由来 10
1.3 质量大数据驱动质量管理创新 12
1.3.1 质量管理理念转变 12
1.3.2 质量数据分析方法演进 13
1.3.3 质量管理体系转型 18
1.3.4 信息系统升级 23
1.4 质量大数据在典型行业中的价值体现 25
1.4.1 质量大数据的作用 25
1.4.2 质量大数据的行业应用 28

第2章 质量大数据的内涵 30
2.1 质量大数据面临的挑战 30
2.2 质量大数据的参考框架 32
2.2.1 质量大数据的业务维度 33
2.2.2 质量大数据的数据维度 34
2.2.3 质量大数据的技术维度 36
2.3 质量大数据与其他技术的关系 39
2.3.1 质量大数据与工业互联网的关系 39
2.3.2 质量大数据与数字孪生的关系 41

2.3.3 质量大数据与工业大数据的关系 42
2.3.4 质量大数据与人工智能的关系 42
2.3.5 质量大数据与区块链的关系 43
2.4 质量大数据的实施框架 43

第3章 质量大数据的业务维度分析 46
3.1 生产体系 47
3.2 管理体系 48
3.3 应用模式一：重点业务环节的质量管理优化 50
3.3.1 以使用质量为导向的设计优化 51
3.3.2 以生产质量为导向的工艺优化 56
3.3.3 以产品质量为导向的设备预测性维护 59
3.4 应用模式二：供应链产业链的质量协同优化 61
3.5 应用模式三：质量生态共建、共创与共享 62

第4章 质量大数据的数据维度分析 64
4.1 数据来源 65
4.2 数据资源体系 65
4.2.1 数据资源目录 65
4.2.2 数据资源融合 69
4.2.3 数据共建共享 71
4.3 数据治理体系 72
4.3.1 数据标准体系 72
4.3.2 数据质量管理 74
4.3.3 数据安全防护 76

第5章 质量大数据的技术维度分析 77
5.1 技术架构 77
5.1.1 质量全生命周期架构 77
5.1.2 质量数据平台的架构 78
5.2 质量大数据存储技术 80

		5.2.1	多模态数据的数据湖技术	80
		5.2.2	质量大数据集成技术	86
	5.3	质量大数据服务技术		90
		5.3.1	质量大数据的领域建模技术	90
		5.3.2	数据服务：基于领域模型的查询技术	93
	5.4	质量大数据分析算法		93
		5.4.1	设计质量分析算法	93
		5.4.2	生产质量分析算法	105
		5.4.3	售后质量分析算法	115

第6章　质量大数据的实施路径 ... 119

6.1	质量大数据企业侧实施路径		120
	6.1.1	质量大数据建设规划	120
	6.1.2	质量大数据资源管理	123
	6.1.3	面向场景的质量数据建模与应用	129
	6.1.4	质量大数据可持续运营机制	133
6.2	质量大数据产业侧实施路径		134
	6.2.1	定标准：制定面向产业的质量大数据标准规范	134
	6.2.2	聚资源：汇聚质量大数据资源	134
	6.2.3	建体系：完善质量大数据服务体系	135
	6.2.4	筑生态：构筑质量大数据生态	135
6.3	质量大数据政府侧实施路径		136
	6.3.1	抓政策引领：加强质量大数据政策引领	137
	6.3.2	抓标杆建设：推动质量大数据标杆建设	137
	6.3.3	抓基础保障：夯实质量大数据的应用基础	137

第7章　质量大数据应用案例 ... 139

7.1	以产品质量为导向的设计优化		140
7.2	以生产质量为导向的工艺质量优化		143
	7.2.1	工艺质量参数优化	143

  7.2.2 工艺质量缺陷识别 151
  7.2.3 质量时空追溯分析 161
 7.3 以质量为导向的生产设备预测性维护 164
 7.4 面向供应链产业链的质量协同优化 174
 7.5 质量公共服务与新生态 182

参考文献 186

缩略语表 189

第1章

质量大数据概览

制造业是立国之本、强国之基，增强制造业的质量优势，对推动产业链向中高端升级转型至关重要。同时，质量作为评估工业设备、产品及服务能否稳定发挥其性能或作用的关键指标，对工业技术升级、降低工业成本和改善消费体验均有较大影响。现代工业设备、产品及系统十分复杂，仅仅采取传统的质量管理手段很难对其质量问题进行规避，从而实质性地提升其质量水平。随着大数据、传感器、人工智能等技术的飞速发展，一些原本较为隐蔽的质量特征、关联关系得到挖掘，"质量大数据"逐渐进入人们的视野。

1.1 质量大数据的范畴与特点

质量大数据是工业产品与质量相关的数据集的总称，是从客户需求到研发、设计、工艺、制造、售后服务、运维等产品全生命周期各个环节所产生的各类数据，以及相关质量工程技术和应用的总称。质量大数据的范畴主要包括三个方面。

第一个方面是企业运营管理中与质量相关的数据。这类数据来自企业信息化范畴，包括企业资源计划（Enterprise Resource Planning，ERP）、产品生命周期管理（Product Life-Cycle Management，PLM）、供应链管理（Supply Chain Management，SCM）、客户关系管理（Customer Relationship Management，CRM）和能源管理系统（Energy Management System，EMS）等。此类数据是传统意义上的数据资产。

第二个方面是工业装备制造过程中与质量相关的数据。这类数据主要是指在工业生产过程中，设备、物料及加工过程的工况状态参数、环境参数、工艺参数等与生产相关的数据。

第三个方面是企业外部数据。这类数据包括工业装备在被售出之后的使用、运维产生的数据，同时也包括大量客户、供应商的信息数据，以及外部的互联网数据等。

从应用场景分析，质量大数据是针对工业装备的质量设计、分析评价、智能管控、

质量大数据：体系与应用

运维服务等特定工业场景，贯穿于产品全生命周期的多源、多种类、多模态的数据的有效集成。通过分析挖掘质量大数据，能够建立有效的质量分析评价、管理控制、运维服务等模型，实现工业装备的质量追溯与优化提升。

质量大数据作为以大数据形式表征的工业产品、设备与系统的质量数据的集合，具有跨尺度、协同性、动态化、多样化等特征，如图1-1所示。

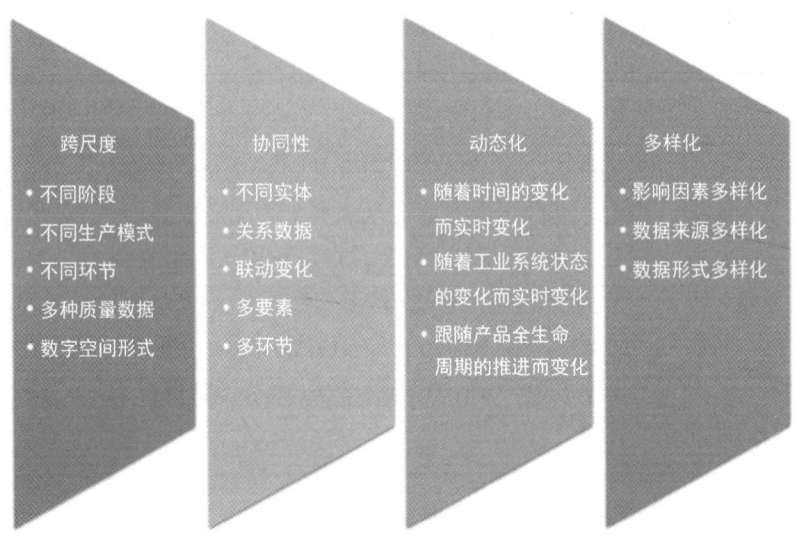

图1-1 质量大数据的主要特征

所谓"跨尺度"，是指质量大数据作为一个统称集合，囊括了多个行业的不同阶段、不同生产模式和不同环节的多种质量数据。这些数据由于表征对象、属性、量度等方面的差异，将工业对象的质量全貌以数字空间的形式进行了全面的展示，形成了质量数据在多个尺度间的跨越。例如，对于质量数据的主体，可根据行业、产业、企业、生产车间、生产线、设备、部件、零件的不同尺度分别建立质量数据库进行管理。在企业内部，进行这样的多尺度管理是为了有针对性地解决不同质量问题。

所谓"协同性"，是指质量大数据的不同实体与关系数据的联动变化。由于工业系统是一个多要素、多环节的系统，各个环节的质量指标数值均会影响下一个环节的运作。例如，对一个装备件C来说，它由零件A和B组装形成，当零件A的公差超过装备件C的精度要求时，待装配的C是不可能达到质量要求的；当零件A和B的偏差存在互补效果时，装备件C的质量反而更好些。因此，在产品的质量数据分析过程中，需要将各阶段的质量数据统一起来作为整体来看待。

所谓"动态化"，是指质量大数据是随着时间的变化和工业系统状态的变化而实时变化的。质量大数据包含的大量特性数据是跟随产品全生命周期的推进而变化的，统计并理解产品质量特性数据在产品全生命周期中的变化规律，能够使用户有效把握质量大数据的"动态化"特征，全面了解产品的质量情况。例如，产品故障率作为质量数据中与时间相关的代表数据，在产品全生命周期维度具有明显的"浴盆曲线"特征，如图1-2所示。这样的特征能够有效指导厂家进行精准的备件管理，以降低产品维护的备件库存成本或生产等待成本。因此，掌握产品质量大数据的"动态化"特征，能够直接提高企业的经营效益。

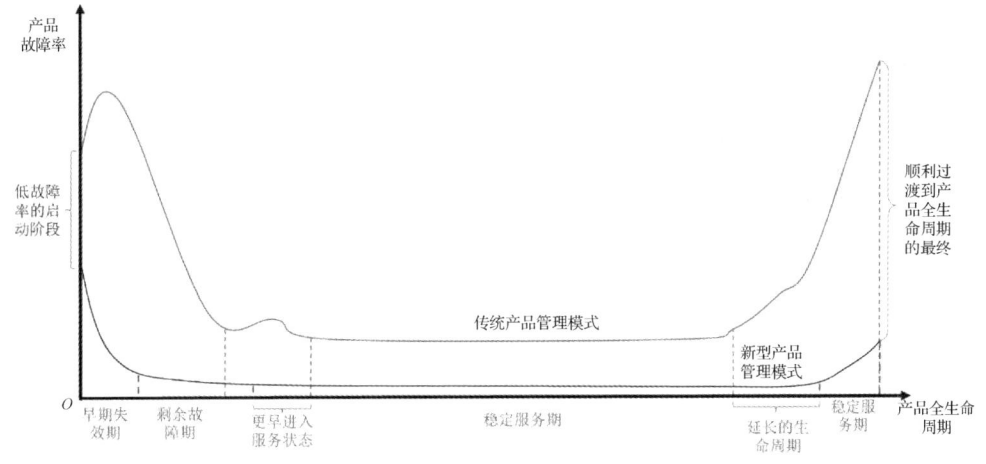

图1-2 "浴盆曲线"特征

所谓"多样化"，是指产品质量的影响因素多样化，包括人员、设备、物料、加工方法、加工环境、检测等多方面的因素。在企业建立工业产品质量大数据的过程中，数据来源和数据形式也是多样化的，需要进行专门的集成和归纳。例如，在汽车框架产品的设计过程中，材料和结构是影响其遭遇事故时安全性能的重要因素，而影响材料和结构的选择的则是产品设计人员，这使得产品设计方案的合理与否直接影响产品质量。在工艺阶段，设备选择、工艺制程方案与工艺参数是影响生产质量的关键因素；在使用运行阶段，产品的使用环境、运行负荷是影响产品质量的关键因素。因此，对产品的质量数据收集来说，往往需要考虑产品全生命周期的质量影响因素，针对这些因素进行数据的采集。

此外，质量大数据由于其来源和应用的特点，与其他工业大数据相比，还具有其他特征。

（1）理论工具等基础较好，但存在大量碎片化的先验知识。在管理上，质量大数据有6-Sigma管理、全面质量管理（Total Quality Management，TQM）、精益管理等

质量大数据：体系与应用

管理理念的支撑，也有 ISO 9000、ISO 9001、ISO 13053 等流程标准的支撑；在技术上，质量大数据有统计过程控制（Statistical Process Control，SPC）、方差分析（Analysis of Variance，ANOVA）等数理统计方法的支撑；在组织上，质量大数据有工艺设计、质量管理、设备运维等固有部门的支撑；在信息基础上，质量大数据有企业应用平台（Enterprise Application Platform，EAP）、数据采集与监视控制（Supervisory Control And Data Acquisition，SCADA）系统、实验室信息管理系统（Laboratory Information Management System，LIMS）等软件系统的支撑。

大数据分析与先验知识的有机融合在质量大数据中非常重要，不同人员的知识或经验经常不对称（数据分析人员对工艺与生产管理了解得不够充分，工艺人员和行业咨询师常常对大数据分析技术拿捏不准），需要一种可以使不同领域的专家有效协同的机制，通过数据驱动方式，提高现有质量管控的时效性、预见性和自适应性，从而实现对更大范围内的要素的优化。

（2）影响因素维度大，对"数据质量"的要求更高。影响质量的因素众多，不少关键过程的质量数据没有被采集或难以采集，关键质量指标缺乏全样本数据。关键参数稳定并不等于生产过程稳定，只靠数据无法完美勾勒出质量的物理空间。数据质量不仅包括数据结构层面的完整性、规范性、关联性问题，还包括业务语义层面的有效性（测量原理、安装方式和位置、采样频率、测量精度和可靠性）、一致性（时空颗粒度和位置的一致性）、全面性问题。

（3）质量大数据与生产管理的耦合度更高。质量大数据的应用中不存在统一的优化目标，这是因为企业在每个发展阶段对质量的要求均不同，既不可能为了追求质量而一味地提高设计制造成本，也不可能为了降低成本而一味地降低质量要求。同时，产品质量问题囊括了产品表面可检测的质量问题、设计问题、生产体系问题及流程潜在风险等，目前的质量大数据主要集中在企业更为关心的质量问题上，具有较大的特异性。随着社会产品迭代速度的加快，与之匹配的质量大数据分析优化的迭代速度也需要加快。现有质量体系与质量大数据的融合主要体现在重点质量指标改善、全面质量指标改善、质量控制能力量化和精确质量控制能力几个方面。其中，在重点质量指标改善上，质量大数据主要在关键质量指标统计分析、关键工艺数据分析、关键设备运行状况分析与设备可靠性分析等方面提供服务；在全面质量指标改善上，质量大数据主要应用于质量指标的统计分析、质量指标的相关性分析及指标优化等方面；在质量控制能力量化上，质量大数据主要应用在全集及多变量数据分析挖掘、动态参数的实时分析、生产与客户需求的关联等多维质量数据分析上；在精确质量控制能力上，质量大数据主要应用在对质量要素的精确管控上。

1.2 质量大数据的发展背景

世界工业经历了机械化、电气化、信息化等重大的变化过程和制造实践,开始向智能制造发展。向智能制造发展被称作"第四次工业革命",主要基于先进的制造和工程科技,如大规模数字化、大数据分析、高级机器人、自适应自动化、增材和精密制造(3D 打印)、建模,以及模拟、人工智能和材料纳米工程等。这场革命带来了系统、制造、分析和过程管理等方面的机遇与挑战,世界闻名的质量管理方法(包括全面质量管理、6-Sigma 管理、精益质量管理等)正是在此阶段被提出的。这些质量管理方法由著名的专家(休哈特、戴明、朱兰、田口玄一等人)提出,而后由商业和公共服务部门应用推广。其中,质量数据作为支撑质量管理的基础性资源,背后隐藏着难以估量的价值,因此加大数据挖掘的深度是制造企业提升核心竞争力的关键一环,也是企业实现智能化质量管理的关键因素。与质量相关的数据逐渐成为企业的核心资产。

1.2.1 质量管理的演化历史

质量管理的发展经历了四个阶段,如图 1-3 所示。

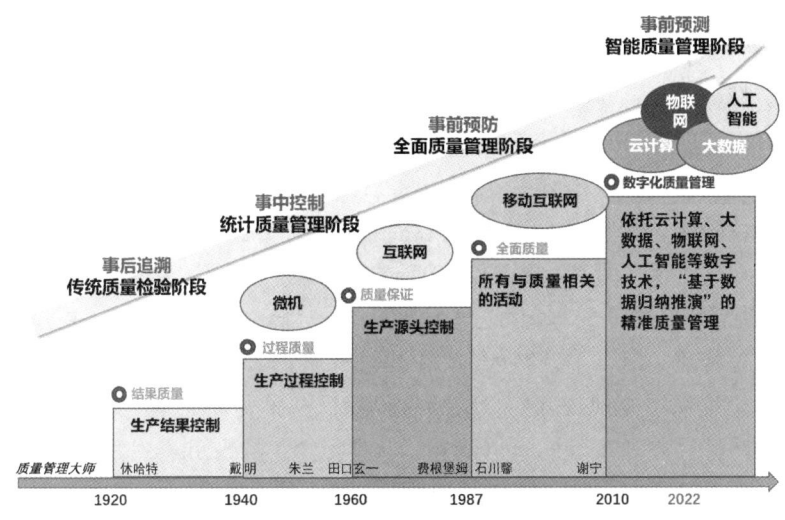

图 1-3 质量管理发展的四个阶段

1. 传统质量检验阶段(20 世纪初至 20 世纪 30 年代末)

在 20 世纪以前,受家庭生产和手工业作坊式生产等经营方式的影响,产品质量主要依靠工人手摸、眼看等感官估计和简单的度量衡器而定。步入20世纪，机器工业生产取代了手工业生产，社会对正式的企业管理技术和质量检验管理技术产生了需求。美国工程师泰勒总结了工业革命以来的管理经验，在传统质量检验阶段第一次将质量管理从生产管理中独立出来，管理特点是以事后追溯为主，聚焦结果质量。泰勒的科学管理理论使用各种各样的检测设备和仪表，对产品的质量进行严格把关，并做到了对所有产品的全覆盖。从20世纪初到20世纪30年代末，美国的工业企业普遍设置了专门的质量检验机构，建立了专职检查制度，质量管理水平在该阶段也很稳定。

在该阶段，数据载体特征是纸质化，数据量的特征是少量化。企业与质量管理相关的生产数据、检测数据主要以纸质形式进行存储，并且存储的数据较少。因此企业管理人员所能分析、掌握的信息十分有限，在进行重大决策时依靠直觉和经验。同时，制造企业仅能采用粗放式的数据管理模式，需要人工去获取、传递、管理和处理数据。在企业的经营管理与决策过程中，存在着大量的信息不对称问题。利益相关方无法及时获取业务的状态、进度和存在的问题等信息，管理人员也无法全面掌握业务的实际执行情况，导致业务流程不受控、业务推进速度慢、业务完成质量低等问题。

该阶段的代表人物及其理论有：泰勒的科学管理理论、专职检查制度；费希尔的方差分析和实验设计理论等。

2. 统计质量管理阶段（20世纪30年代末至20世纪50年代末）

随着大规模、大批量生产的进一步发展，企业开始呼唤更经济、节约的质量检测方法和模式。一些著名的统计学家和质量管理专家开始采取数理统计方法来解决质量管理问题。从20世纪30年代末到20世纪50年代末，以美国的戴明和贝尔实验室的工程师休哈特、道奇、罗米格为代表的质量管理专家提出了抽样检验的概念，从产品的质量波动中找出规律，采取措施消除故障产生的原因，将各个生产环节控制在正常状态，从而降低生产成本，保证产品质量。质量管理正式迈入统计质量管理阶段。该阶段的管理特点是以事中控制为主，聚焦过程质量。相较于传统质量检验阶段，统计质量管理阶段从单纯地依靠质量检验进行事后把关发展到生产过程控制，显著地将质量的预防性控制和事后检验相结合，形成质量管控的闭环。

这一阶段的数据载体特征同样是纸质化，数据量的特征同样是少量化。该阶段注重采取数理统计方法进行质量管理，相较于传统质量检验阶段，管理人员所能分析、掌握的信息更为丰富。该阶段过分强调采取数理统计方法，较少关注组织管理和人员的积极作用，并且当时数理统计方法对普通工人来说比较深奥，因此质量管理在当时被认为是"专家的事情"，部分企业对其产生了"望而生畏"的感觉，这在一定程度上影响了统计质量管理的普及与推广。此外,数据的查询、搜索、统计和分析非常困难,工作量也十分巨大,经常需要消耗大量的人力、物力、财力,费时费力。

该阶段的代表人物及其理论有:休哈特的统计过程控制理论;道奇的质量抽样检测理论等。该阶段将统计数学引入质量管理中,不但强调定性分析,还强调定量分析,这是质量管理走向成熟的标志。

3. 全面质量管理阶段(20世纪50年代末至20世纪末)

20世纪50年代末,社会生产力迅速发展,质量管理的理论外延也不断扩展。由于产品质量的形成过程不仅与生产过程密切相关,还与设计、运维、环境等因素密不可分,统计质量管理已无法满足企业对产品质量提升的需求。美国通用电气公司的质量经理费根堡姆博士于1961年出版了《全面质量控制》一书,最早提出全面质量管理的概念。全面质量管理的含义主要包括四个方面:(1)产品质量单纯依靠数理统计方法进行事中控制和事后检验是远远不够的,需要综合运用多种多样的质量问题解决方法和手段;(2)质量控制应向管理领域拓展,需要管理好质量形成的全过程,实现整体性的质量管理;(3)产品质量与生产成本紧密相依,脱离生产成本仅关注产品质量是没有意义的,需要强调生产成本的重要性;(4)产品质量的提高是企业所有人员的共同责任,并不仅仅是少数专职质量人员的工作。因此,全面质量管理阶段的管理特点是以事前预防为主,聚焦质量保证和全面质量。全面质量管理将质量管理从生产这个单一环节扩展到全环节(设计、生产、运维等),强调质量管理是一个以质量为中心、以全员参与为基础、以生产的全过程为管理对象的系统工程。

从费根堡姆提出全面质量管理开始,世界各国均进行了全面深入的研究和实践,并且由于国情的不同,在发展的过程中逐渐形成具有各国特色的质量管理体系。美国国防部总结以往的质量保证条款,提出了MIL-Q-9858A《质量大纲要求》和MIL-I-45208《检验系统要求》两项质量管理标准。英国将质量管理体系总结为3级质量保证体系标准BS 5750,该标准是ISO 9000国际标准的起源。国际标准化组织(ISO)总结各先进国家的管理经验,于1987年3月正式发布ISO 9000—9004质量管理和质量保证系列标准。这些国际标准适应国际贸易发展的需要,满足质量管理对国际标准化的需求,在世界各国得到关注和贯彻。

在该阶段,计算机、通信和网络等技术逐渐渗入企业质量管理,数据载体特征开始由纸质化逐步向电子化转变。数据的存储方式由纸质存储逐步转为无纸化、电子化存储,实现了数据的"便捷存储";数据的流通方式由纸质化人工传递向网络化快速传输转变,实现了数据的"快速流动";数据的存储结构向结构化转变,实现了数据的"高效处理"。由于光盘、硬盘逐渐取代了纸质的存储介质,因此数据量呈现大量化特征。该阶段数据的采集手段、传输手段、分析手段仍不够丰富：一是数据的采集需要工程师在生产现场用工具采集，实时性难以保证，数据采集精度难以满足实际的工业需求；二是数据传输以工业以太网、现场总线、局域网等有线传输为主，远距离数据传输不便且数据传输效率易受限；三是数据分析多以数值统计为主，并且非结构化数据（图片、文档等）的利用率低，对企业业务决策的支撑作用有限。

该阶段的代表人物及其理论有费根堡姆的全面质量管理理论、田口玄一的田口法等。除此之外，各行业也出现了权威的质量管理标准，如适用于各行业的质量管理标准 ISO 9001，适用于汽车行业的质量管理标准 IATF 16949，适用于医疗设备行业的质量管理标准 ISO 13485，适用于视频行业的标准 ISO 22000，适用于航空航天和国防制造业的质量管理标准 AS 9100 RevC、AS 9100 RevD，适用于医疗设备制造行业的智联管理标准 ISO 13485 等。这些不同行业的质量管理标准对促进本行业的质量管理发展具有重要的指导作用。

4．智能质量管理阶段（20 世纪末至今）

在全面质量管理阶段，企业倾向于按照质量管理标准建立质量管理体系，以流程为载体，将企业质量管理活动分解为流程中的 KPI，采取流程化的方法来进行相关的活动，从而达成质量管理的目的。随着物联网、大数据、云计算、人工智能等新一代信息技术的快速发展及其与制造业的深度融合，企业所管理数据的规模、种类和复杂度也爆发式增长，为制造企业管理效能的进一步提升提供了新动能，智能质量管理逐渐成为企业的宠儿。智能质量管理是基于新一代信息技术与质量管理的深度融合，提升产品全生命周期、全价值链、全产业链质量管理活动的数字化水平、网络化水平、智能化水平，提高品牌竞争力的先进质量管理模式。数据、信息和知识是该阶段质量管理的重要资源。

在智能质量管理阶段，人们开始将计算机技术引入质量管理和质量控制中，将一些专业化的系统作为（子）流程的工作模式，以实现（子）流程的标准化、专业化和自动化，并且推行数据集中分析、数据自主分析，将数据应用于决策，增强流程的执行力。此阶段先后推出产品质量先期策划（Advanced Product Quality Planning，APQP）系统、失效模式及后果分析（Failure Mode and Effects Analysis，FMEA）系统、企业资源计划（ERP）系统、制造执行系统（Manufacturing Execution System，MES）的相关子模块、全面设备管理（Total Productive Management，TPM）系统、供应商审核系统、计量管理系统等。企业在流程的策划和执行中不断整合各子系统，最后形成满足企业特定情况和要求的企业质量管理系统。

智能质量管理意味着采用信息技术管理与控制质量的全过程，并实现质量管理系统与企业其他信息系统的高度集成。该阶段通过对数据的分析和集成，实现对质量问题的事前预测。该阶段的管理特点是以事前预测为主，聚焦数字化质量管理。数字化信息技术与质量管理的融合，加快了质量信息的处理速度，为企业提高生产过程质量、产品质量，完善质量追溯等提供了数据支撑，并且进一步丰富了质量管理理论，促进了质量管理理论的发展。

在该阶段，数据载体特征是电子化，数据量的特征是海量化。数据的海量化是指由于多传感技术的快速发展，数据的采集手段更加丰富，数据的种类更加多样，数据产生的速度更快，数据的规模呈现指数级增长态势。该阶段对业务运营过程中产生的数据进行多维度的分析，并用分析结果驱动各个业务的发展，实现数据价值的释放及数据对业务的反哺，完成数据价值的运营闭环。数据分析过程从面向单环节、单领域、单业务部门的数据统计，转变为面向多环节、多领域、多业务部门的数据全局分析与洞见。数据分析对象由结构化和非结构化的数据，转变为视频、图像、文本等非结构化数据。总体而言，智能质量管理将成为未来质量工程的主要发展趋势。

5. 质量管理发展各阶段的特征

在传统质量检验阶段，由于存储介质落后，并且分析方法主要依靠对产品的结果检测，导致企业的质量数据较少，企业管理人员所能分析、掌握的数据有限，企业管理人员更倾向于根据直觉和经验来做决策。统计质量管理阶段质量数据的存储方式仍为纸质存储，但分析手段更为多元，在数据有限的情况下，企业所能分析、掌握的信息更为丰富。在全面质量管理阶段，光盘、硬盘存储逐渐取代了纸质存储，数据存储量相较于过去有了爆发式增长，实现了数据的"便捷存储"、"快速流动"和"高效处理"。在智能质量管理阶段，数据的采集手段更加丰富，数据的种类更加多样，数据产生的速度更快，数据的规模呈现海量化特征。通过对海量数据的价值进行充分挖掘，制造企业对知识的发现能力和获取能力得到了大幅提升，为智能化质量管理提供坚实的支撑。

本书对质量管理发展四个阶段的特征进行了比较，如表1-1所示。

表1-1 质量管理发展四个阶段的特征比较

阶段	传统质量检验阶段	统计质量管理阶段	全面质量管理阶段	智能质量管理阶段
时间段	20世纪初至20世纪30年代末	20世纪30年代末至20世纪50年代末	20世纪50年代末至20世纪末	20世纪末至今
管理特点	事后追溯	事中控制	事前预防	事前预测
聚焦范围	结果质量	过程质量	质量保证和全面质量	数字化质量管理

续表

阶段	传统质量检验阶段	统计质量管理阶段	全面质量管理阶段	智能质量管理阶段
管理技术	专职检查制度	数理统计方法	标准体系	大数据、云计算等
数据载体和数据量的特征	纸质化、少量化	纸质化、少量化	由纸质化、少量化向电子化、大量化转变	电子化、海量化
主要优势	质量数据开始以纸质形式得到存储	以数理统计方法进行质量管理，所能分析、掌握的信息较之前更为丰富	电子化实现了数据的便捷存储、快速流动、高效处理	数据的采集手段更丰富，种类更多样，分析角度更多维，实现数据价值的释放及数据对业务的反哺
参与管理人员	专职检验人员	质量控制人员	全体员工	全体员工

1.2.2 质量大数据的由来

随着物联网、大数据、人工智能、5G等新一代信息技术的发展，质量管理加快了向数字化转型的步伐，多重因素叠加使得与质量相关的数据逐步趋于海量化。"质量大数据"一词开始受到学界和产业界的广泛关注，企业对质量大数据的需求更加强烈。

（1）从产品生产的角度来看，产品需求趋于个性化，生产设备趋于复杂化，生产工序增加，推动质量相关数据的海量化。

① 用户对产品的需求转向"千人千面"。

目前，新一代信息技术正全面改造传统制造模式，数据和算法与消费者的个性化需求有机结合，推动制造业产品由传统的大批量、标准化生产向小批量、个性化定制转变。比如，某汽车头部品牌可为消费者提供上千种定制化产品服务，涵盖外观、动力、内外饰等。"千人千面"的小批量生产模式为与质量相关的海量数据产生提供了条件。

② 产品的复杂度不断提升。

为了支撑产品的自动化生产、智能化检测，生产设备也在不断变得复杂。以高端生产装备为例，一台用于制造半导体的光刻机会配备上万个传感器和几百个核心部件。如此复杂的生产设备在连续生产过程中会产生海量的与质量相关的数据。

③ 生产过程的工序增加。

随着产品的复杂度不断提升、用户需求逐渐个性化，生产工序也在增加，多工序导致与质量相关的数据逐渐增多，形成质量大数据。例如，在集成电路的生产过程中，需要不断使用精密设备进行反复加工，生产步骤将近1000个。此外，伴随着产品工艺的提高，为保证最终的产品良率，对每个子过程的良率要求更高。传统质量数据已不能满足高精度、多工序的生产，制造业对质量数据的"量"与"质"提出了更高的要求。

（2）从技术能力的角度来看，数据采集更为实时、全面，支撑技术不断深化，为质量大数据的发展提供契机。

① 数据采集更为实时、全面。

过去由于采集系统功能受限、企业未选择合适的数据采集系统等，难以保证数据采集的实时性。随着传输带宽的增加及传感器的普及，质量数据采集变得更为普及化和透明化，全周期实时采集已融入企业的生产制造过程和质量管理活动。

过去由于经济成本的限制，企业质量数据的采集分析一般按照一定的概率进行随机抽检，难以体现数据采集的完整性。随着数据隐性价值的显现，与海量质量数据带来的价值相比，经济成本逐渐被制造企业所接受，质量数据的采集分析开始由随机抽检向全面检测过渡。

过去由于质量分析方向的限制，质量大数据的采集往往聚焦于研发设计、生产制造、经营管理、运维服务等环节中的一个环节。随着以质量为中心的全维数据关联模型的应用，企业逐渐实现全环节数据采集，并且在不同环节的数据之间找到关联。在产生质量问题时，不需要人工来回翻阅不同系统的资料进行排查。

② 支撑技术不断深化。

随着传感器和物联网技术的发展，对物理过程的感知变得更加实时和密集，系统可以得到实时反馈。将与质量相关的海量数据有效应用到实际控制过程中，进一步提高设计水平、控制水平、系统的可靠性和运行效率，是制造企业数字化转型的关键。

质量大数据的一些关键应用领域在技术上不断深化，实现了质量大数据的支撑系统和应用系统的建设。YMS（Yield Management System，良率管理系统）集数据管理、数据分析和专业工具于一体，在晶圆制造、封装测试等过程中（尤其是量产阶段）收集数据进行分析，帮助工程师迅速找到提高良率的关键点。QMS（Quality Management System，质量管理系统）、PLM系统支撑制造企业借助与质量相关的大数据，实现设计数字化、管理数字化、生产过程数字化、产品数字化和制造装备数字化。这些系统的发展，为质量大数据在更广范围内的应用提供了支撑。

（3）从产业生态的角度来看，产业链的质量协同、跨企业的质量协同，积累了大量与质量相关的数据。

产业链的质量协同、跨企业的质量协同，主要为供应链上的一个或几个头部企业，针对产品供应链质量控制的问题，建立管理模型，要求上下游供应商按照流程共享数据，并以此作为促进供应链的质量薄弱环节改善的依据。在此过程中，供应链上的制造设备、数据、技术、管理、市场等要素实现了全面互联，积累了大量与质量相关的数据，驱动经营管理、产品设计、生产制造、产品运维等关键环节的资源优化，实现供应链、管理链、服务链、产业链的整体质量提升。

1.3 质量大数据驱动质量管理创新

在大数据技术快速发展的背景下，数据量的激增不断冲击着质量管理理念与质量管理体系，给质量管理工作带来直接的影响。利用质量大数据来推动质量管理的改进与变革，是大数据浪潮下质量管理的重要内容。

1.3.1 质量管理理念转变

随着计算能力和存储能力的提升，大数据分析方法与传统分析方法的最大区别在于分析的对象是全体数据，而不是样本数据，其最大的特点在于不追求算法的复杂性和精确性，而追求高效地对整个数据集进行分析。质量大数据为质量管理带来四个理念上的转变，这些转变将改变质量管理中数据分析的方法。

第一个转变：分析样本由部分变为整体。在大数据时代来临以前，传统分析方法受分析时间、人力成本、科学技术水平等因素的制约，往往采用抽样技术对样本数据进行分析。在大数据时代，可以分析更多的质量数据，甚至某个事物的全部质量数据，并且"样本"可以等于"总体"，而不需要随机抽样和多级抽样，可以洞察全局、整体的质量，更容易形成"系统质量观"。

第二个转变：数据统计由强调数据的精确性变为接受数据的混杂性。在传统数据统计时代，数据分析倾向于对有限数据的精确建模和计算。在大数据时代，因为数据量非常庞大，数据分析不再热衷于追求数据的精确性，而是可以适当忽略微观层面的精确性，专注于宏观层面的洞察力，偏重于用概率说话，接受数据的混乱和不准确性，不追求最好的质量（质量是有成本的，很多时候并不是质量越好效益越高，需要综合考虑），而追求最具效能的质量，更容易形成"效能质量观"。

第三个转变：分析逻辑由分析事物的因果关系变为分析事物的相关关系。传统数理统计方法更注重基于数据设计模型探究事物间的因果关系。在大数据时代，质量分析将从分析事物的因果关系跃迁到分析事物的相关关系，让我们突破目前已掌握的质量可靠性理论的局限，发现新的质量问题，挖掘新的潜在价值，更容易形成"超前质量观"。

第四个转变：算法结构由追求复杂全面变为追求简洁实用。在大数据时代，"数据+算法"研究范式将由于数据"量"的增长实现"质"的变革。简单算法比传统的复杂算法更有效，改变了传统基于有限数据不得不花费大量精力追求算法的复杂性、精密性和智能性的模式，花费更少的精力寻找有效的简单算法，计算分析的效率也将提升，更容易形成"简洁实用质量观"。

1.3.2 质量数据分析方法演进

质量数据的分析方法经历了从传统分析方法到基于大数据的分析方法的演变。传统分析方法大多数先对原始数据进行抽样或者过滤，然后对样本数据进行分析，寻找特征和规律，其最大的特点是通过采用复杂的算法从有限的样本数据中获取尽可能多的信息。传统抽样数据的量可能还不够大，根据调查研究的需要确定样本数据的量，是整个抽样的前提。样本数据的总体规模涵盖不全面，可导致抽样误差和结果的无效。同时，传统分析方法着眼于对已经认识到的因素的分析，忽视了故障因素的隐蔽性，不能针对所有因素进行全面系统的分析，可能造成分析结果不全面，甚至不正确。

传统分析方法包含基于概率统计的分析方法、基于时间序列的分析方法、基于失效物理的分析方法等。

1. 基于概率统计的分析方法

基于概率统计的分析方法是指在对随机现象的研究中，利用样本数据提供的信息去推断总体数据的规律性，并做出有关总体数据的某种结论。推断统计是建立在概率与概率分布的基础上的统计方法。基于概率统计的分析方法主要包括抽样估计与假设检验两种方法。

（1）抽样估计。

抽样估计是指根据样本数据提供的信息对总体数据的某些特征进行估计或推断。用来估计总体数据的特征的样本数据也叫估计量或统计量，待估计的总体数据也叫总体参数。抽样估计可分为点估计和区间估计两类。

点估计也叫定值估计，是指直接以一个样本的估计量来估计总体参数。当已知一个样本的观察值时，便可得到总体参数的估计值。点估计常用的方法是矩估计法和极大似然估计法。

区间估计是指根据样本估计量以一定的可靠程度推断总体参数所在的区间范围。这种估计方法不仅以样本估计量为依据，而且考虑了样本估计量的分布。因此，该方法既能给出估计精度,也能说明对估计结果的把握程度。

抽样估计需要依靠抽样方法。抽样方法可分为重复抽样和非重复抽样两种。重复抽样也叫回置抽样,是指从总体中抽取一个单位容量,每次抽出后再将其放回总体中参加下一次抽取,连续抽 n 次,得到一个样本。重复抽样中的 n 次抽取就是 n 次相互独立的随机试验。非重复抽样是指不将抽中的单位容量放回总体中,下一次的样本只能从余下的总体单位中抽取。非重复抽样中的 n 次抽取可被看作 n 次互不独立的随机试验。抽样方法的不同,会导致样本的代表性及抽样误差不同。非重复抽样中的样本更能代表总体,抽样误差较小,在实践中通常被采用。

(2)假设检验。

假设检验是指事先对总体参数或总体分布形式做一个假设,然后根据样本信息来判断原假设是否合理,从而决定是否接受原假设。假设检验可分为两类:一类是参数假设检验,简称参数检验;另一类是非参数检验或自由分布检验,主要有总体分布形式的假设检验、随机变量独立性的假设检验等。

假设检验一般有四个步骤。

第一步是提出原假设和备择假设。对每个假设检验问题,一般可同时提出两个相反的假设。原假设和备择假设不是随意被提出的,应根据所检验问题的具体背景而定。我们常常采取"不轻易拒绝原假设"的原则,没有充分理由不能否定原假设,没有足够把握不能轻易肯定备择假设。

第二步是选择适当的统计量,并确定其分布形式。不同的假设检验问题需要选择不同的统计量作为检验统计量,如总体均值、比例可选取正态分布的统计量等。

第三步是选择显著性水平,确定临界值。显著性水平表示拒绝原假设所冒的风险。给定了显著性水平,就可根据相关的概率分布表查到临界值,从而确定原假设的接受区域或拒绝区域。

第四步是做出结论。根据样本资料计算出检验统计量的具体值,并与临界值比较,做出接受或拒绝原假设的结论。

2. 基于时间序列的分析方法

客观事物处在不断的发展变化之中,对于事物发展变化的规律,不仅要从事物的内部结构、相互关联中去认识,而且要从事物随时间演变的过程中去研究。这就需要运用统计学中的基于时间序列的分析方法。

基于时间序列进行分析的目的,一是描述事物在过去的时间里的状态,二是分析事物发展变化的规律,三是根据事物过去的行为预测其在将来的行为。

客观事物随着时间发展的变化，是受多种因素共同影响的结果。在诸多影响因素中，有的是长期起作用或对事物的变化发挥决定性作用的因素；有的只是短期起作用，或者偶然发挥非决定性作用的因素。在分析时间序列的变动规律时，可以先将众多影响因素按照其对现象变化影响的类型，划分为若干种时间序列的构成要素，再对这些构成要素分别进行分析，以揭示时间序列的变动规律。时间序列的构成要素通常可归纳为四种，即长期趋势、季节变动、循环变动、不规则变动。

（1）长期趋势。

长期趋势是指现象在一个相当长的时期内所表现的沿着某一方向的持续发展变化。长期趋势是受某种固定的起决定性作用的因素影响的结果。

（2）季节变动。

本来意义上的季节变动是指受自然因素的影响，在一年中随季节的更替而发生的有规律的变动。现在季节变动的概念有了扩展，一年内由于社会、政治、经济、自然等因素的影响，形成的以一段时间为周期的有规则的重复变动，都称为季节变动。

（3）循环变动。

循环变动是指以若干年（或月、季）为一定周期的有一定规律性的波动。与长期趋势不同，循环变动不是单一方向的持续变动，而是有涨有落的交替波动。与季节变动不同，循环变动的周期长短不一致，规律性不明显，一般较难识别。

（4）不规则变动。

不规则变动是指受众多偶然因素的影响，呈现的无规则变动。

3．基于失效物理的分析方法

基于失效物理的分析方法是指以可靠性理论为基础，配合物理和化学方面的分析，说明构成产品的零件或材料失效的本质原因，并以此为改进设计和消除失效的依据，最终提高产品的可靠性。基于失效物理的分析方法通过分析相关试验的结果，发现与零件、材料失效相关的特性参数、数学模型、退化模式等失效机理信息，进而建立产品寿命与各参数间的数学模型，提出根本的改善方法。

基于失效物理的分析方法从物理本质上描述产品的失效机理，构建产品失效物理退化量与产品可靠性之间的内在联系，并据此进行可靠性的统计推断。其目的在于说明失效本质，为减少或消除失效提供定量依据，最终提高产品的质量。

4．基于大数据的分析方法

随着信息技术的不断发展，企业信息化程度越来越高，企业通过使用多种技术和系统可获得质量数据，因此质量数据的量呈现爆发式增长。如何利用大数据分析技术从海量的质量数据中挖掘出有价值的信息，获得新的知识或信息，是质量数据分析方法的发展必然要考虑的问题。人工智能以大数据和深度学习等为基础，将传统的质量数据统计分析提升到智能计算分析，其中高效的建模算法是大数据技术从理论到应用转化的重要载体。一般来说，数据是基础，算法是核心，二者互相影响、互相促进。数据挖掘、知识图谱等方法被广泛应用到质量数据分析中，并从大量质量数据中揭示出隐含的、先前未知的且具有潜在价值的信息。

（1）数据挖掘。

数据挖掘包括分类、回归分析、聚类分析、采用人工神经网络等方法，以下对这些方法进行简单的介绍。

① 分类。

分类的目的是通过分类模型找出一组数据对象的共同特点，然后按照分类模式将其划分为不同的类别，可以应用在质量数据分类与预测中。常见的应用场景有故障检测、故障诊断等。分类模型的评价指标包括准确率、召回率、F1 值等。

分类算法包含线性算法和非线性算法两种。线性算法有逻辑回归、LDA（Linear Discriminant Analysis，线性判别分析）等，分类决策边界为直线或线性平面。非线性算法有 FDA（Flexible Discriminant Analysis，灵活判别分析）、KNN（K-Nearest Neighbor，K 最近邻）、支持向量机、树方法等。

② 回归分析。

回归分析是指通过函数表达式，反映质量数据属性特征之间的关系，一般分为线性回归和非线性回归。回归分析通过确定因变量 Y 与自变量 X 之间的定量关系，对数据内部的规律进行分析，可以应用在产品质量变化的预测及相关关系的研究中。线性回归具有可解释性强、计算速度快的特点，OLS（Ordinary Least Square，普通最小二乘法）是线性回归中最常用的算法。

③ 聚类分析。

聚类分析是指根据质量数据的相似性和差异性将众多变量的特征进行分组，目的是根据相似性进行数据分类。通过聚类分析，具有同一类别属性的数据之间的相似性很大，异类数据之间的相似性和关联性都比较小。

④ 采用人工神经网络。

人工神经网络作为一种先进的人工智能技术，具有很强的容错能力、自组织能力、自主学习能力和自适应能力，能够模拟复杂的非线性系统，适合进行非线性预测分析等。人工神经网络非常适合大数据领域对质量数据的挖掘与分析。典型的人工神经网络主要包括前馈神经网络（Feed Forward Neural Networks，FFNN）、径向基（Radial Basis Function，RBF）神经网络、深度信念网络（Deep Belief Networks，DBN）、卷积神经网络（Convolutional Neural Networks，CNN）、深度卷积神经网络（Deep Convolutional Neural Networks，DCNN）、逆图形网络/逆向的卷积神经网络（Inverse Graphics Networks，IGNs）、深度卷积逆向图网络（Deep Convolutional Inverse Graphics Networks，DCIGN）、生成式对抗网络（Generative Adversarial Networks，GAN）、循环神经网络（Recurrent Neural Networks，RNN）、长短期记忆（Long Short-Term Memory，LSTM）、双向循环神经网络（Bidirectional Recurrent Neural Networks，BiRNN）、双向长短期记忆网络（Bidirectional Long Short Term Memory Networks，BiLSTM）、深度残差网络（Deep Residual Networks，DRN）等。

（2）知识图谱。

知识图谱是一种大规模语义网络，该技术将知识库以图谱的形式展现出来，使知识具有可解释性、可推理性，从而使机器具备认知能力，实现对现实世界的事物及其相互关系的形式化描述。知识图谱在智能质量管理的实现过程中扮演着重要的角色，典型的知识图谱与质量大数据的结合图如图1-4所示。

例如，知识图谱目前普遍与计算机辅助工艺规划（Computer Aided Process Planning，CAPP）相结合。CAPP是连接CAD与CAM系统的桥梁，借助CAPP辅助工艺过程设计，可以有效地提高工艺设计的效率，提升工艺编制的一致性，保证产品质量的稳定性，同时还有助于优化工艺等。CAPP的基础是完备的知识库。随着互联网技术和人工智能技术的飞速发展，企业面临的数据类型与环境更加复杂：一方面，企业不仅需要处理结构化数据，还需要处理各种类型的非结构化数据；另一方面，企业需要在管理内部数据的情况下，与外部数据进行交互，防止"闭门造车"的现象出现。因此，CAPP与知识图谱相结合的需求呼之欲出。知识图谱具有很强的知识检索能力和数据存储能力，通过自身设定的知识推送算法，可以很轻松地获得所需要的数据和知识，同时智能化的认知能力和知识推理能力也可以使CAPP获取更多的隐性知识。

未来随着数据量的不断增长，企业对技术处理数据的要求也变得越来越高。采用大数据相关技术已成为质量数据分析的发展趋势。

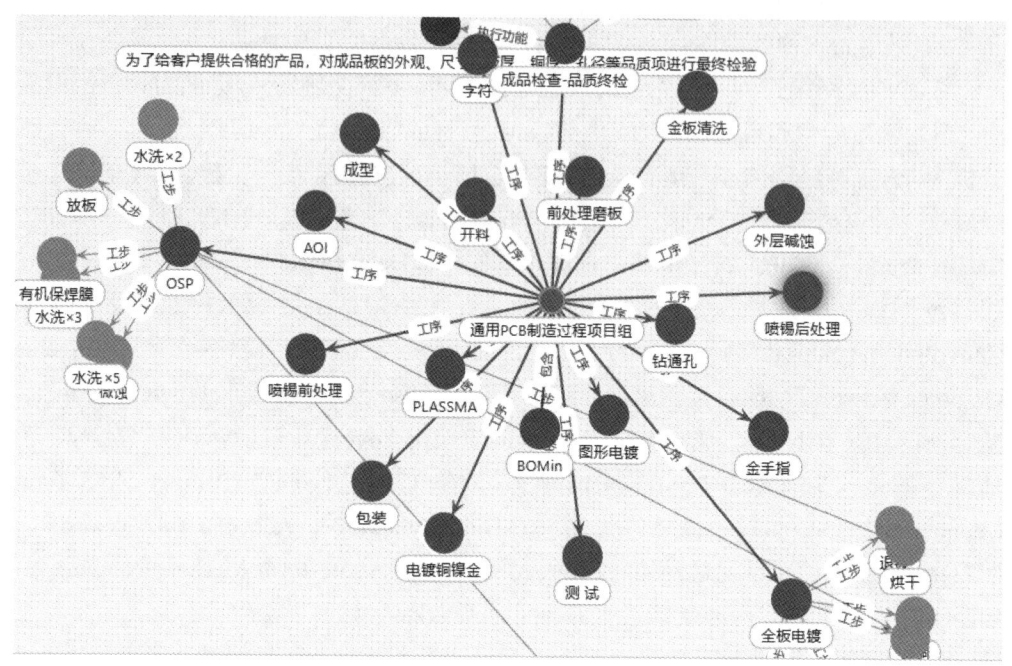

图 1-4 典型的知识图谱与质量大数据的结合图

1.3.3 质量管理体系转型

现有的质量管理体系有望在大数据的支持下实现更加精准的质量控制。PDCA（Plan、Do、Check、Act）又称戴明环，用于改善重点质量问题的流程管理；TQM进一步将质量问题分解到生产经营活动中；DMAIC（Define、Measure、Analyze、Improve、Control）是6-Sigma管理中的重要工具，用于改进现有的制造过程、服务过程及工作过程。大数据应该在结合企业现状的基础上，灵活融合这些管理思想和工具，从更全面的维度和更大的时间跨度上探究质量规律，使企业具备更加精准的质量控制能力。质量管理体系与大数据的融合如图1-5所示。

随着制造业数字化转型、高档数控机床的配置应用和自动化采集设备的广泛应用，工业装备生产产生的质量数据逐渐被全方位采集和多形式记录，数据量得到大幅提升，数据类型、数据传输方式得到大幅扩展，不断采集和积累的质量数据将质量管理推进到大数据时代。随着大数据时代的到来，基于大数据的质量控制、质量追溯等技术开始得到应用，质量控制变得比以前更加精准，基于质量大数据的智能质量管理模式将会是未来质量管理模式的重要发展方向。在既有质量管理体系下，质量大数据可以提升关键环节的效率和质量，主要体现在质量问题的可视、可溯、可解决这三个方面，如表1-2所示。

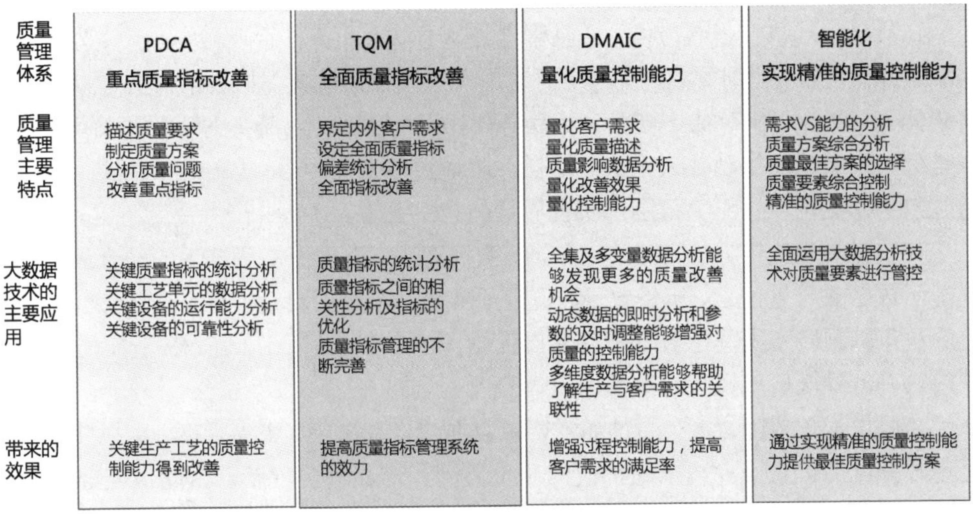

质量管理体系	PDCA 重点质量指标改善	TQM 全面质量指标改善	DMAIC 量化质量控制能力	智能化 实现精准的质量控制能力
质量管理主要特点	描述质量要求 制定质量方案 分析质量问题 改善重点指标	界定内外客户需求 设定全面质量指标 偏差统计分析 全面指标改善	量化客户需求 量化质量描述 质量影响数据分析 量化改善效果 量化控制能力	需求VS能力的分析 质量方案综合分析 质量最佳方案的选择 质量要素综合控制 精准的质量控制能力
大数据技术的主要应用	关键质量指标的统计分析 关键工艺单元的数据分析 关键设备的运行能力分析 关键设备的可靠性分析	质量指标的统计分析 质量指标之间的相关性分析及指标的优化 质量指标管理的不断完善	全集及多变量数据分析能够发现更多的质量改善机会 动态数据的即时分析和参数的及时调整能够增强对质量的控制能力 多维度数据分析能够帮助了解生产与客户需求的关联性	全面运用大数据分析技术对质量要素进行管控
带来的效果	关键生产工艺的质量控制能力得到改善	提高质量指标管理系统的效力	增强过程控制能力，提高客户需求的满足率	通过实现精准的质量控制能力提供最佳质量控制方案

图1-5 质量管理体系与大数据的融合

表1-2 质量大数据从不同方面提升关键环节的效率和质量

	大数据的作用	大数据在质量管理中的作用	
		大数据平台	大数据分析
可视	时效性、真实性、全面性	将生产全要素的横向（以设备、工艺流程为中心的数据档案）、纵向（生产周期、保养周期）拉通	新的检测方法（基于视觉、音频或传感数据的分析） 传感器或器具矫正
可溯	支持专家深入探索，而不用到各处抓数据	生产全要素的关联与追踪（基于行业大数据模板）	问题排查自动化：基于行业知识图谱、关联模型
可解决	把例行的事情自动化，缩短完成低价值工作的时间； 把模糊的规则明确化，降低波动性和不确定性； 把复杂的问题简单化（降维、找出典型模式）； 把事后响应变成提前通知，把预防变成基于状态的按需行动	透明化管理（可借助AR/VR等技术）； 对比分析（横向/纵向Benchmark）； 典型工况案例库； 典型设备异常案例库	质量分析 • 质量根因分析 • 控制参数优化 • 质量异常预警 • 质量时空模式分析 设备稳定性 • 异常波动检测 • 偏差识别 • 预测性维修

更重要的是，通过一些数字化过程，质量管理将实现从"科学化""定量化"到"智能化"的转型。

质量大数据：体系与应用

在质量管理执行模式方面，质量管理将从"以人和流程管理为中心"变为"以数据洞察和智能决策为中心"。过去是问题找人，人来找设备、找数据去支撑，现在是问题先去找数据，在对数据进行分析后再去找人；过去是人需要主动发现改善点，现在是潜在改善建议主动找人确认。这样，质量管理人员不再受限于生产现场的情况，通过数字孪生可以在更大范围内实现质量的集中管理。

在质量管理决策方面，基于大数据、数字孪生、人工智能等技术的融合应用，构建基于数据的质量判定、质量改进、质量预防等一系列的决策模型，促进依靠人工判定的决策机制转变为基于数据驱动的自优化、智能化决策机制，有效提升质量业务决策的效率，降低质量风险，改善用户体验。

在质量管理范围方面，通过加强质量数据的自动采集、集中管理、交换共享，以质量数据流动促进企业内部跨部门的质量协同和产品服务创新，带动供应链产业链上下游的质量管理联动，加快质量管理新模式的培育，有效提升质量协同效率，提升供应链产业链的质量水平。

在管理经验和知识的传承方式方面，"以人和文档为载体"的传承方式将转变为"以数字为载体"的传承方式。产品质量管理过程可以在很大程度上被保存下来，这样质量管理知识就可以跨越物理时空，实现更大范围的沉淀；知识载体是数据和模型，经过不同场景中大量数据的证伪检验，在可信度上获得了相对客观的评价，减少了传承损失，降低了复用成本。

随着质量管理水平的不断提高，组织的管理决策对质量数据的需求越来越大，将质量大数据与质量管理相结合，是质量管理发展的主要方向。本书介绍两种与质量大数据相融合的质量管理体系。

（1）基于 PDCA 的质量数据闭环分析模型。

PDCA 是质量管理的一种典型方法，清晰地将全面质量管理过程拆分成了多个可执行的阶段。PDCA 的四个步骤依次为计划（Plan）、执行（Do）、检查（Check）、处理（Act）。基于 PDCA 的质量数据闭环分析模型如图 1-6 所示。

① 计划。

计划主要有两点：一是定义质量数据指标体系；二是确定质量标准。质量数据指标体系从不同的维度反映质量数据问题，是检测质量数据优劣的工具。而评价质量数据是否有用，是否能推动企业提高业务绩效，则需要有科学的衡量标准。质量标准是衡量质量数据是否有用的依据，帮助企业评价质量数据是否能满足需求。

第1章 质量大数据概览

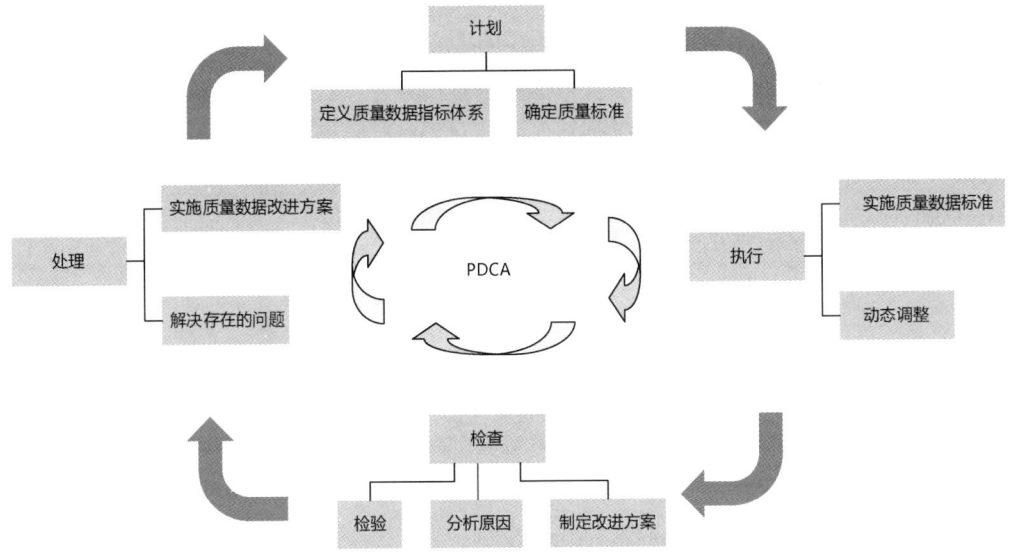

图 1-6 基于 PDCA 的质量数据闭环分析模型

② 执行。

执行是实施计划所确定的内容。例如,根据质量数据指标体系来评价产品或服务的质量数据,并参照质量数据标准,确定质量数据的优劣,从而进行产品设计、研发、生产、检验、销售等环节的调整工作。

③ 检查。

检查分为检验、分析原因、制定改进方案三个阶段。检验阶段主要检验质量数据是否符合标准,并根据检验结果整理质量数据的问题清单。分析原因是指根据问题清单,分析这些问题产生的原因。制定改进方案是指根据质量数据的问题清单及问题分析结果,制定质量数据改进方案。

④ 处理。

处理步骤主要实施质量数据改进方案,解决质量数据存在的问题。

质量数据闭环分析模型需要信息化技术的支撑,根据基于 PDCA 的质量数据闭环分析模型搭建的质量数据分析管理平台如图 1-7 所示。

基础信息平台提供质量管理相关人员、组织、流程的信息,便于质量管理工作的开展;质量知识库用于存储各类质量知识文件,包括质量标准、质量指标、质量文档和质量案例等;质量体系提供质量目标、体系文件、监督审核、管理评审等模块;质量活动基于 PDCA,评估质量数据是否符合标准,得到质量数据的问题清单,制定质量数据改进方案,并以各种形式展开质量交流、技术分享等;质量数据管控基于符合标准的质量数据,对其进行深入分析,如数据挖掘、质量预警、数据监控等,实现质量数据的可视化。

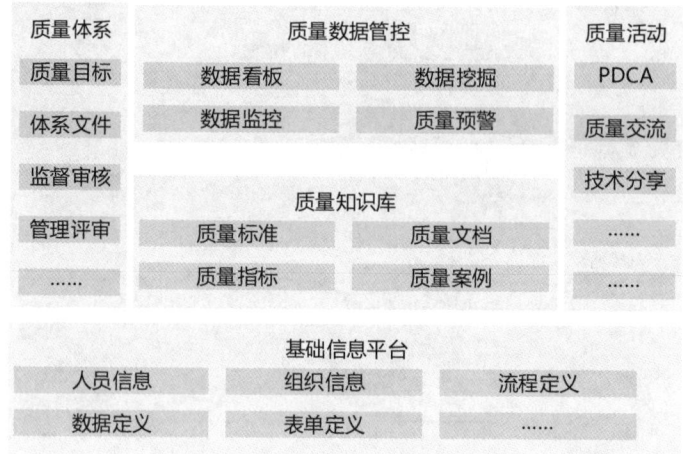

图1-7 质量数据分析管理平台

（2）基于数据挖掘与6-Sigma管理的质量管理方法。

6-Sigma管理也称为六西格玛管理，旨在持续改进组织的业务流程，从而让用户满意，是一套系统的业务改进体系与管理方法。通用电气公司提出了6-Sigma管理的五步法——DMAIC，即界定（Define）、测量（Measure）、分析（Analyze）、改进（Improve）和控制（Control）。DMAIC能减少过程缺陷和无价值作业，从而提高服务质量，降低成本，缩短运转周期，达到让客户满意、增强组织竞争力的效果。

在大数据时代，组织的管理决策越来越基于数据和分析，而非经验与直觉。组织需要将大数据与6-Sigma管理相结合，将数据挖掘技术有机地运用在6-Sigma管理过程中，在6-Sigma管理实施的每个步骤，根据不同数据的类型与特点，在使用常规的6-Sigma管理工具的基础上，辅以数据挖掘类工具的运用，从而达到有效处理大量数据、深入挖掘隐含关键指标、优化实施方案、提高产品和服务的质量、让客户满意等效果。数据挖掘与6-Sigma管理各个步骤的融合如表1-3所示。

表1-3 数据挖掘与6-Sigma管理各个步骤的融合

阶段	主要功能	数据挖掘功能	挖掘工具	管理优化
界定	界定项目阶段、客户需求等	帮助确定关键测量指标	主成分分析 Adaptive Lasso	通过数据挖掘更精准、高效地锁定关键指标

续表

阶段	主要功能	数据挖掘功能	挖掘工具	管理优化
测量	对过程、量测系统及关键指标进行测量	辅助处理大数据，数据前处理	假设检验 回归分析	提高数据质量与处理效率
分析	分析问题产生的根本原因	深入挖掘原因和结果的隐含关系或量化关系	主成分分析 Logistic 回归 人工神经网络	有效挖掘数据间的隐含联系
改进	制定、评价并实施相应的解决方案	帮助实施最优化的方案	回归预测 灰色预测	采用具有针对性的数据挖掘算法优化方案
控制	长期对优化过程进行控制，固化成果	长期挖掘组织的数据价值	MEWMA 控制图 ARIMA 模型	对组织积累的数据进行长期优化控制

1.3.4 信息系统升级

产品质量信息管理方面的研究与应用起步较晚，是在早期的诸如统计过程控制、测量系统分析（Measurement System Analysis，MSA）等的基础上发展起来的。在经过长期的市场竞争和技术发展后，各产品研发企业开始采用较为先进的信息化技术，以提升产品研发的快速设计、精益制造和质量可靠性管理的整体能力和水平，同时建设了很多与产品质量相关的信息管理系统。但是，由于产品研发企业在质量信息管理方面还较多地使用旧的管理方法和技术，传统质量信息管理系统在应用方面存在着缺乏规范统一的采集机制、缺乏高效的大数据存储和分析技术等较多的不足，因此，基于质量大数据的质量信息管理系统应运而生。

基于质量大数据的质量信息管理系统以产品质量数据的特点为出发点，围绕产品质量的设计、分析、管理和改进等技术需求，汇集产品数据管理、产品故障数据管理、产品检验试验数据管理、综合质量数据分析、过程监控及质量预警展板、经验知识数据管理等多个功能模块，覆盖包含产品设计、生产、检验与试验、售后维修的全过程，旨在以高效的大数据服务技术支撑产品的质量可靠性管理体系，促进产品质量可靠性的根本提升。

典型的基于质量大数据的质量信息管理系统的总体框架如图 1-8 所示。

质量大数据：体系与应用

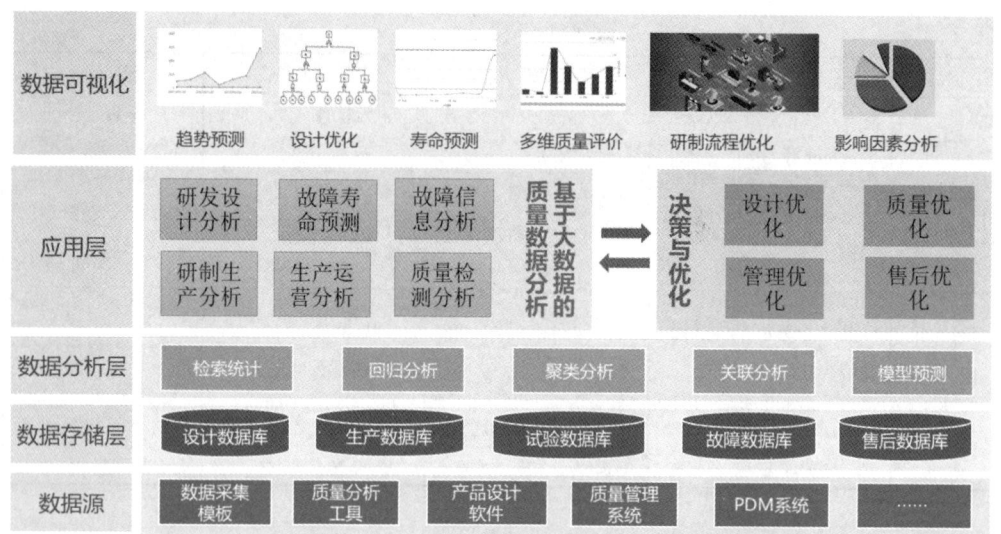

图 1-8 典型的基于质量大数据的质量信息管理系统的总体框架

首先，采集产品全生命周期的质量数据，作为底层数据支撑；其次，将采集到的分散在各个部门和产品研发各个阶段的故障数据和质量数据，通过大数据存储和处理技术实现存储和预处理；再次，通过数据挖掘、机器学习和知识图谱等数据建模和分析技术，建立产品故障模型，形成故障数据库和故障机理模型库，应用于产品综合质量表现分析、寿命预测和趋势预测等，为产品的研发、使用和维护提供智能决策；最后，对产品质量优化的数据处理分析结果的可视化展示，有利于决策层从整体上把握产品的质量，提高决策的科学性。

与传统质量信息管理系统相比，基于质量大数据的质量信息管理系统的改进点如下。

（1）提供了规范、统一的采集机制。产品在生产制造、设计仿真、检验试验和售后维修等过程中会产生大量的质量数据，基于质量大数据的质量信息管理系统使得产品质量数据的管理分析工作可赋能产品设计环节，实现产品设计与质量可靠性设计工作的协同，保证质量分析结果有效地助力产品设计端。

（2）提供了数字化质量数据管理分析协同的工作环境。基于质量大数据的质量信息管理系统可实现工作项目间的无缝连接，协同开展产品的质量可靠性设计分析、评估验证等工作项目，保证工作的一致性、准确性和完整性，可有效地实施产品质量可靠性的再设计、再分析、再验证，推动产品质量可靠性水平的提升。

（3）提供了高效的质量大数据存储技术和分析技术。基于质量大数据的质量信息管理系统可对文档型、图片型、综合型等多种非结构化数据开展分析处理，可将产品研发各个阶段的质量数据进行汇总、存储、分析,并及时地将分析结果反馈给研发部门,形成质量闭环管理,改进产品的设计,达到产品质量优化的目标。

1.4 质量大数据在典型行业中的价值体现

1.4.1 质量大数据的作用

质量大数据是为解决庞大体量的工业产品数据的存储管理、分析应用而产生的,通过对数据间的关联关系进行展现,实现设备的故障预测、故障诊断、健康评估和智能维护,起到服务生产的作用。质量大数据贯穿了产品设计、生产制造、成品检测、运营维护的质量管理,其主要作用集中在七个层面:研发设计优化、质量根因分析、控制参数优化、质量异常预警、质量时空模式分析、质量检测和生产设备智能运维,如图1-9所示。

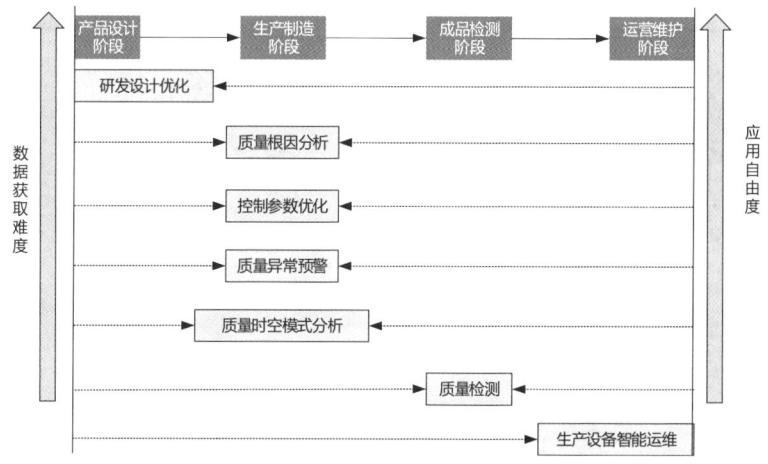

图1-9 质量大数据主要作用的七个层面

(1)在产品设计阶段,依托质量大数据实现研发设计优化。

传统的产品设计阶段更加依赖经验总结、专家知识。研发设计优化是指建立设计质量指标与产品设计、生产制造、成品检测、运营维护各阶段的质量大数据之间的对应关系,辅助企业在产品设计阶段更及时地做出决策。

以产品设计阶段较为常用的 FMEA 为例。在实际工作中,FMEA 高度依赖工程师的自身经验,分析周期长;相似产品的历史分析数据被存储于各个工程师的计算机中,经验知识共享度不高,不便于内容的检索、变更、共享;不同工程师对 FMEA 的要素(失效、改善措施等)的描述存在差异,不利于产品生命周期数据的拉通,也不利于知识的智能化应用。将知识图谱与企业各环节的质量大数据相结合，可以建立面向企业或行业的 FMEA 知识库，统一 FMEA 要素的描述方式，以图形化、网状的形式建立经验知识库，共享 FMEA 经验知识，根据产品类别、失效类别等实现智能化推荐，为研发设计过程提供精准决策，不断提升产品的竞争力。

研发设计优化需要获取高质量的样本数据，才能建立较为精确的映射关系，因此数据获取难度较大。

（2）在生产制造阶段，依托质量大数据实现质量根因分析、控制参数优化、质量异常预警、质量时空模式分析。

① 质量根因分析。

质量根因分析是指建立质量指标与生产过程监测参数之间的对应关系，监测参数可以是产品设计、生产制造、成品检测等各个阶段的数据，可用于实现工艺优化、质量控制、质量预警等，应用范围较广。质量根因分析要在全体值域给出因素 X 与质量指标 Y 的关系，并保证因素 X 的高质量，因此数据获取难度及模型建立难度较大。典型的质量根因分析的三条技术路线为系统辨识、回归模型和融合模型。

系统辨识是指使用统计分析估算机理动力学模型的参数，常用算法为递归最小二乘（RLS）算法。回归模型是指构建质量与参数及其他因素（设备健康状态）的回归模型，可以将机理或经验公式作为特征量，常用算法有人工神经网络、长短期记忆、随机森林等。融合模型是指将统计学习模型作为机理模型的后补偿，常用算法为合成少数类过采样技术（Synthetic Minority Oversampling Technique，SMOTE）算法等。

② 控制参数优化。

控制参数优化是指对生产过程中的质量大数据（设备的使用时长、来料类型等）进行分析，合理地调整控制参数组合，提升产品的生产制造质量，可用于实现产品质量控制与工艺设计优化。与质量根因分析相比，控制参数优化不需要找到监测参数与质量指标之间的精确关系，只需要找到较好的那部分质量指标与控制参数之间的关系，因此其数据获取难度小于质量根因分析。

控制参数优化典型的技术路线有理想批次寻优、质量动力学模型。

理想批次寻优一般基于质量大数据对多项质量评价指标进行综合评估，先在历史数据中筛选出若干理想批次，再考虑在不同的外部条件（来料质量、生产环境等）和不同的质量指标的情况下，对理想批次进行聚类，然后在每一类中，基于半参数化或参数化的方法，总结出最佳参数区间及在线控制策略。

质量动力学模型主要通过分类模型或回归模型，基于质量大数据，构建质量与参数及其他因素（设备健康状态等）的数学模型，找出质量数据理想的参数区间和在线控制策略。

③ 质量异常预警。

质量异常预警是指根据当前制造过程采集的质量大数据，对本批次产品的质量进行预测，对高风险的在制品进行预警，为质量提升提供指导。受技术和经济因素的影响，在线质量检测通常为多个制程的统一检测（可以归到引起不良的制程站点），存在严重滞后。如果能够根据历史数据将当前制程的参数与对应的质量指标关联（可以融入其他可观测因素），并挖掘它们之间的关系，建立质量指标的预测模型，将为质量的提高提供决策层面的指导。对很多生产过程（增材制造等）来说，尽早抛弃高风险在制品通常更经济。

质量异常预警的典型技术路线有产品质量指标预测、不良模式匹配等。产品质量指标预测属于监督学习，是指根据当前的设备状态参数和近期良率走势，采用基于质量大数据的回归建模方法，预测产品质量，进行风险预警。不良模式匹配属于无监督学习，适用于业务上相对明确的不良模式，基于生产过程中产生的质量大数据和统计学习算法，对实际数据进行时序相似度评价，并以此为基础进行异常预警。

④ 质量时空模式分析。

质量时空模式分析主要挖掘不同生产线、不同季节、不同物料等的质量大数据对质量的影响，提高人们对工艺流程的认识，为工艺设计提供帮助。方差分析和假设检验是进行类别变量对比的常用方法。在时空模式建模上，通常将变化描述为宏观尺度成分和微观尺度成分的组合。宏观尺度成分描述时间趋势（随设备开机时长或关键器件工作时长变化的质量趋势等）、空间趋势（一个面板上不同点位间的变化趋势等）、时空交叉影响趋势，通常用回归模型（线性回归、多项式回归、样条函数、局部加权回归等）或状态方程模型刻画时间趋势。微观尺度成分描述短期自相关或局部空间的相关性，通常采用 ARIMA 等零均值高斯过程模型，整体上可以采用 EM 等算法进行模型的参数估计。

（3）在成品检测阶段，依托质量大数据实现质量检测。

质量检测是指通过将质量大数据和算法结合，对成品的质量进行自动检测，及时发现质量不合格的产品。质量检测可以通过超声波检测仪、工业相机等设备，采集产品的质检数据，利用信号处理、图像识别等技术手段，发现产品表面、内部等的质量问题。例如，在纺织行业订单交付环节，部分疵点需要依靠人眼检出，而人眼检测存在难以识别的疵点、未被检出的疵点，并且人眼检测难以标准化，导致布匹评级受主观因素影响较大。因此，可建立布面质量数据库，采用基于深度学习的计算机视觉算法，并使用物体检测、物体分割、细粒度分类等方法来解决生产环境中布面疵点的实时监测问题。

（4）在运营维护阶段，依托质量大数据实现生产设备智能运维。

生产设备智能运维包含两方面的研究：一方面是对生产设备进行预测性维护；另一方面是对处在试用期的产品进行质量洞察。对生产设备进行预测性维护，主要通过采集工业设备的状态数据来完成，动态信号以振动信号（加速度、速度、振动位移）为主，静态信号以温度、压力、形变为主。无论是动态信号，还是静态信号，常用的判别特征都有最大值、最小值、平均值、峰值等，其算法相同，可统一设计成统计类基本算子，为典型的领域图谱（轴心轨迹等）提供刻画其几何结构的相似度基本算子，并支持后续的相似度计算。分析基本信号在某时间窗内上升、下降的程度，需要设计时间窗基本算子。利用信号分析基本技术提取表征设备运行状态更加具体的指标，需要设计二阶基本算子。对生产设备进行预测性维护，可以减少由设备原因所导致的产品质量差、生产效率低等问题的产生；对处在试用期的产品进行质量洞察，有助于我们及时了解产品交付后的质量是否合格，从而改进产品设计、制造工艺等，并且根据试用期的运维数据判断用户是否正确使用该产品，为售后人员进行售后服务提供帮助。

1.4.2　质量大数据的行业应用

（1）质量大数据在汽车行业中的应用。

汽车产品的全生命周期包括设计、制造、销售和使用等环节，质量大数据的应用主要集中在制造环节。汽车制造环节的质量数据主要包含生产设备监控数据、质量检测数据、设计数据等，这些数据既包含PLC、传感器等采集的结构化数据，也包含工业相机、超声探测仪等采集的非结构化数据（图像），是典型的多源异构数据。建立统一的质量数据管理系统，能够集成分散存储在各系统的质量数据。基于这些质量数据，建立质量评估模型，可以对生产过程中产品的质量进行实时评估，如利用三坐标测量数据与图纸设计数据可以对零件加工精度进行实时评估；针对不合格产品，通过产品ID，定位其生产过程数据，基于这些数据进行故障根因分析，支撑产品质量的改进；此外，还可以基于质量大数据建立预测模型，实现质量的预警及预测。

（2）质量大数据在电子信息行业（半导体）中的应用。

电子信息行业是典型的高科技和重资产行业，半导体生产中的面板生产与晶圆生产被誉为高端制造业的"皇冠"，该行业对制造的品质和良率具有相当高的要求，因此，半导体行业的产品良率和品质提升已是质量大数据的重要应用环节。半导体制造工序复杂，并且重复工序多，每一道工序的一点点误差都会随着流水线不断积累，最终影响产品的质量。然而，半导体的生产节奏快，难以对每一个产品的每一道工序都进行检测，导致大量不良品产生。半导体行业生产自动化程度很高，基本实现了无人化生产，自动化设备在生产过程中会产生大量的监测数据，通过对这些数据进行深入挖掘与分析，可以帮助半导体企业进行质量管控，提升产品良率。通过采集工艺制程设备的运行参数和产品抽检的量测数据，可以建立运行参数—量测数据映射模型，实现产品虚拟量测，将量测不合格的产品抽取出来进行实际量测，可以大大提高产品检测效率，减少不良品产生的风险。此外，基于虚拟量测数据，可以及时发现制造偏差，在不停产的情况下通过反馈机制进行生产工艺阐述的调优和补正，减少偏差的积累和传递，有效提高产品的良率。

（3）质量大数据在医药行业中的应用。

医药的制造属于半流程制造，质量的波动会随着生产过程的推进在各道工序中逐步传递，并最终影响产品质量。通过集成 DCS、PAT、SCADA 等系统的数据，建成集生产质量、工艺、设备等数据于一体的质量数据管理系统，可将数据按照批次进行管理。先通过挖掘生产质量与工艺参数、设备参数之间的关联，构建产品质量实时预测模型，再通过预测结果进行反推，进行生产工艺参数的优化，然后通过反馈机制反馈至执行系统，实现工艺参数的在线优化调整。此外，采用统计分析的方法，按照批次对数据进行统计分析，通过生产制造的纵向比较，找到质量波动的关键参数，并对其进行精确控制，可提高产品的生产质量。

可以看出，质量大数据在不同行业中的应用存在差异。这背后的驱动因素是什么？背后的不变量是什么？背后的核心技术有哪些？这些问题笔者将在本书中一一解答。

第 2 章

质量大数据的内涵

质量大数据有助于将各类工业场景下的质量风险暴露出来,实现质量关系挖掘、质量水平优化和质量经验积累,达到工业产品和服务向中高端转型升级的目的,提升整体行业效益。本章尝试剖析质量大数据的内涵,内容覆盖质量大数据的参考框架、质量大数据和其他技术的关系,以及质量大数据的实施框架等。

2.1 质量大数据面临的挑战

由于质量大数据的建立依赖各种硬件设备及软件系统的安装、调试、部署,其中涉及大量的数据传输及转换协议技术,并且其应用过程涉及对数据隐私安全、数据服务成本的考量,因此质量大数据在工业应用方面面临着诸多挑战。

(1)从行业的视角来看,质量大数据在不同行业中的应用存在差异,使得实施路径难以跨行业复制。

究其原因,主要的驱动因素是生产模式和质量管理体系的不同。例如,在医药、食品等行业,生产模式主要为大批量标准品生产模式,全产业链质量追溯是质量管理的重点;在半导体行业,小批量多品种生产是主要的生产模式,先进过程控制(Advanced Process Control,APC)是质量管理的重点;在汽车制造行业,大批量少品种生产是主要的生产模式,全生命周期(从研发、制造到运维)的质量管控与优化是质量管理的重点。

同时,质量大数据在不同行业中得到应用时,内在的不变量是质量数据资源及大数据相关技术。不同行业所使用的质量数据资源都有可能是时序数据、对象数据,并且采用的时序数据的分析方法、对象数据的分析方法、数据管理的方法类同。企业在应用质量大数据时,会考虑数据如何存储(存储技术)、数据如何建模和查询(数据服务技术)、如何对数据进行分析和提炼有效信息(数据分析技术)。

（2）从业务的视角来看，工业质量数据的获取成本高，需要良好的软硬件资源进行采集和管理。

工业质量数据涉及多要素、多领域、多环节、多组织。随着产品的集成度和复杂度越来越高，质量大数据涉及人、机、料、法、环等，具有较大的体量。在采集这些数据时，需要安装大量的传感器、采集卡、工控机、网关、边缘服务器等，并开发云端系统进行数据采集、信号转换和数据存储。这些设备及软件的开发成本高昂，普通制造企业难以承受。即便能够部署相应的软硬件，如何对体量逐渐增大的数据进行管理也是困扰企业的关键问题。因此，找到质量大数据的潜在价值，有效服务企业产品的提质、降本、增效，才能克服质量大数据获取成本高的困难。

（3）从数据管理的视角来看，质量数据结构差异大、采集传输涉及多种协议，给质量数据管理提出挑战。

质量数据一般分布在 DCS、MES、QMS 等不同的工业系统中，存在跨域异构、难以融合的问题。一方面，对技术人员来说，在分析数据前需要将数据分别从这些不同系统中导出，在形成本地文件后再进行融合分析，效率低下；另一方面，对于对数据处理效率有一定要求的任务来说，这样的做法容易导致分析结果产生较大的延迟，无法有效服务任务。从工业设备的实际情况来看，设备数据传输协议涉及底层 PLC、单片机、传感器、网关、路由器、服务器等多个层级，每个层级都有大量的协议类型，对这些不同协议单独进行定制化开发的工作量过于庞大，不具备良好的通用性。国内已有部分研究机构考虑通过协议识别、数据解析的方式来进行数据的自动采集与传输，实现不同数据在多个协议间的自由转换。目前这项技术仍处于研究阶段，未有落地的产品出现。

（4）从技术的视角来看，质量大数据涉及多主体参与，保障隐私安全是一个难题。

由于质量大数据在一定程度上反映了企业实际的技术水平，因此其具备一定的敏感性。由于产品在设计、生产、试验、使用等多个环节中涉及多个角色，因此需要对不同身份的用户进行权限的规定，在保障质量大数据有效服务于产品设计、生产制造、运营维护等阶段的质量分析与优化过程的基础上，保障质量大数据的隐私安全，避免因数据泄露产生损失。近年来，随着区块链、加密算法、数据屏蔽技术的不断发展，数据安全问题已经得到了极大的缓解，但由于过于复杂的数据加密技术在一定程度上提高了数据解析传输的效率，数据安全的保障在一定程度上提高了企业进行数据使用的成本。未来轻简化的数据安全技术将成为工业领域质量大数据的主要需求。

（5）从价值落地的视角来看，部分企业对质量工作的长期性、协同性认识不足，再加上质量大数据带来的短期利益不明显，导致企业落地质量大数据面临挑战。

制造企业在初期投产阶段，一般以缩短质量爬坡期为中心目标，数据体量较小，在无明显优化规律的情况下，主要将大量的生产试验和粗粒度的工艺筛选作为质量优化的举措。在稳定生产阶段，以减少质量损失风险为目的的质量分析集中在工艺改进措施上，以提高效益为目的的质量分析集中在工艺参数优化上。由于工艺的复杂性，此阶段的工艺参数优化一般需要积累大量的数据，并进行多轮的优化迭代才能看到产品质量的明显提升。对制造企业来说，这种长期投入带来的不确定性，往往限制了其对质量大数据基础设施的投入力度。制造企业往往在进行设备本身 PLC 所带数据的采集接入之外，不再追加传感器、采集卡等外部设备监测系统的投入。这种现象反映了制造企业对质量提升、成本不确定性，以及高定价产品竞争性的担忧，对自己向高端市场冲击的信心不足。未来随着传感器、采集装置等相关基础设施的成本不断下降，此类问题可能在一定程度上得到解决。

本书基于质量大数据在行业应用中所面临的挑战，试图给出解决思路：从业务、数据、技术三个维度，梳理质量大数据的参考框架；从企业侧、产业侧、政府侧三个方面，给出质量大数据的参考实施路径；列举翔实的质量大数据典型案例，剖析质量大数据的典型实践。

2.2 质量大数据的参考框架

由于质量管理在不同生产体系、管理体系中的模式不同，因此这些不同体系中的质量大数据的边界和内容也有所差别。从数据要素的角度来看，质量大数据是指工业产品的各种质量要求（功能性质量、性能性质量、可靠性质量、感官性质量等）在不同阶段（产品设计、生产制造、运营维护等）所产生的与产品质量相关的各类数据的总称，覆盖了人、机、料、法、环等多个因素。从业务范围的角度来看，质量大数据除了被应用于单个企业内部的特定业务环节，还被应用于上下游企业构成的供应链，甚至覆盖一个产业生态圈。从应用技术的角度来看，质量数据技术包括数据规划、检测采集、传输存储、建模查询、管控治理、统计分析和管理应用等，质量大数据更聚焦针对海量异构质量数据的平台、分析和应用等相关技术。

从上面的描述可以看出，质量大数据有数据要素、业务范围、应用技术等不同的角度，不同角度上的差别决定了质量大数据在不同行业、不同企业的侧重点不同。基于对多个行业的实践和调研，本书归纳出图 2-1 所示的质量大数据的参考框架，从业务、数据、技术三个维度对质量大数据的范畴和内涵进行刻画。

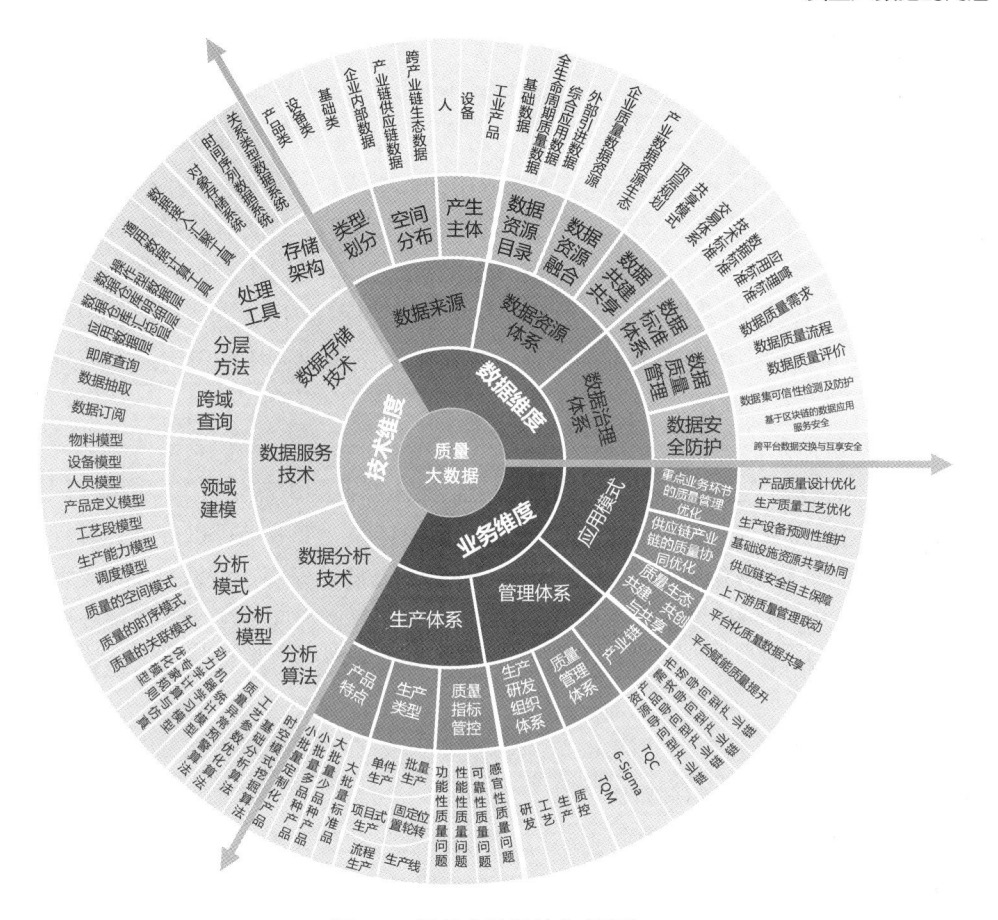

图 2-1 质量大数据的参考框架

2.2.1 质量大数据的业务维度

业务维度刻画了质量大数据的业务上下文，包括生产体系、管理体系和应用模式三个方面。

（1）生产体系。

生产体系包括产品特点、生产类型和质量指标管控。根据产品特点，工业产品可以分为小批量定制化产品（工艺品、水力发电机组）、小批量多品种产品（冲压件、印刷品）、大批量少品种产品（汽车、工程机械、3C产品）、大批量标准品（石化产品、食品）等类型。不同的产品特点决定了产品的生产类型，生产类型包括单件生产（Job Shop）、批量生产（Batch Manufacturing）、项目式生产（Project Process）、流程生产（Continuous Flow）等。产品特点和生产类型决定了质量指标管控的侧重点（功能性质量问题、性能性质量问题、可靠性质量问题、感官性质量问题等）。

目前的质量大数据一般集中于大批量标准品的生产场景中，这类产品的制造工艺、设备条件一致且产品质量指标明确，对其进行质量优化的难度低且经济效益较大。质量学界提出的质量管理工具主要被应用在此类生产场景中。对小批量定制化产品来说，产品质量因设计或制造工艺的区别存在一定差异，对质量数据进行融合分析存在一定难度，往往需要结合行业工业机理和算法知识。随着大规模定制化制造模式的兴起，质量大数据的采集管理与分析技术也开始转变。如何从大体量数据中挖掘不同生产模式下的共性并进行准确的分析，将是未来生产业务体系中质量大数据相关技术需要共同面对的挑战。

（2）管理体系。

管理体系包括产业链（产业链的形态及企业在产业链中的位置）、质量管理体系（TQM、6-Sigma 管理、TQC 等）和生产研发组织体系。产业链可以分为资源导向型产业链、产品导向型产业链、需求导向型产业链、市场导向型产业链等不同类型。一个企业在产业链中的位置决定了其质量管理的侧重点；质量管理体系的选择取决于生产体系和产业链；生产研发组织体系决定了企业内部的质量管理落地途径和业务场景。

（3）应用模式。

应用模式根据应用场景可以总结为三种。

① 重点业务环节的质量管理优化：各类企业将质量管理在研发、生产、存储、运输、供应、销售、服务等环节的数据融合应用，开展数字化质量设计、质量检验、质量控制、质量分析和质量改进，提升企业质量管理的效率。

② 供应链产业链的质量协同优化：供应链上下游企业基于数字化产品模型和全生命周期质量信息追溯，以及对各环节业务数据的协同分析，实现数据驱动的全价值链、全生命周期的质量策划、质量控制和质量改进，实现企业内及上下游企业间质量管理的协同和联动。

③ 质量生态共建、共创与共享：具备平台化运行能力和社会化协作能力的企业，与生态圈内的合作伙伴共建质量管理平台，实现生态圈数据的智能获取、开发、在线交换和利用，建立质量生态管理体系，形成质量共生新生态。

2.2.2 质量大数据的数据维度

从数据维度来看，质量大数据可根据数据来源、数据资源体系和数据治理体系进行划分。

第 2 章
质量大数据的内涵

（1）数据来源。

数据来源的分析和管理是质量大数据的基础，是实施质量大数据的第一步。数据来源包括产品设计、生产制造、售后、回收等产品全生命周期的质量数据和供应生态质量数据。

产品全生命周期的质量数据是指产品"从初始到报废"全流程的相关质量数据，包括产品信息、设备信息、生产信息、质量检测信息、运维信息、人员信息、安全信息等，涉及 CAX、ERP 系统、PLM 系统、MES、QMS 等工业软件系统。其中，质量检测信息、运维信息作为产品端和设备端能够直接反映其质量的标记数据，在产品全生命周期和设备运行周期内能够直接被用来判别产品或设备的主体质量。例如，在汽车制造企业中，金属结构件的质量检测数据包括表面毛刺、硬度、抗冲击强度、碰撞试验效果等。这些数据从静态、动态等方面反映了产品在力学、热学、精度、光洁度等方面的情况，并以不同的形式影响了产品的使用体验。

此外，产品质量大数据的主要部分为生产工艺与设备状态的相关数据。例如，在半导体行业中，企业基于 EAP（Equipment Automation Program）系统，通过 SECS（SEMI Equipment Communications Standard）、GEM（Generic Equipment Model）等通信协议，完成对机台状态监测信息的收集。而对质量检测机台的数据，可基于 FDC（Fault Detection and Classification）系统完成收集。这些与产品工艺、设备状态相关的信息能够反映产品、设备的质量状况，是企业开展设计、工艺、运行质量的优化的主要数据来源。

在传统的企业中，各个业务流程的信息分散在各部门孤立的业务系统中。这些信息通过跨部门、跨层级的整合，构成了企业内部的质量大数据。随着互联网与工业的深度融合，外部互联网也是质量大数据不可忽视的来源。外部互联网提供的数据包括供应商数据、市场反馈信息、市场分析信息等。此外，外部互联网还存在数量庞大的公开数据，如影响工业装备作业的气象环境数据、影响生产成本的法规数据等。

随着科技进步、消费升级，质量的作用从满足功能、性能发展到提升客户体验成为必然趋势。很多企业都已把质量定义为客户体验。不同于产品和设备的功能或性能方面的质量数据，与客户体验相关的质量数据往往分散在战略部门、市场/企划部门、研发设计部门等多个业务部门，对此企业目前尚未形成成熟的统一管理模式。家电行业已将客户画像、客户需求的提炼数据，先进标准的检索数据，前期预研过程中的数据作为客户体验质量数据的重要部分进行管理。

（2）数据资源体系。

从不同粒度来看，数据资源体系包括企业资源体系和产业资源体系。企业资源体系以企业自身为核心，注重企业内部质量数据的采集与存储，基于企业产品生命周期的质量管控需求，集成企业内部不同来源的质量数据，构建企业质量数据资源，实现基于企业质量数据资源的跨部门协作、数据共享等。以手机制造厂商为例，提供机内的电路板和大部分元器件，以及手机外壳、电池、镜头、LED 屏幕等部件的均为上游供应厂家，手机制造厂商主要完成产品的组装及软硬件系统集成测试，因此 PCBA（印制电路板）、芯片、屏幕等相关零部件的质量数据并不属于在该企业内部能够采集到的数据资源。对企业来说，其数据资源体系的构建主要依赖从自身参与的生产中所得到的相关数据。

产业资源体系以供应链产业链为核心，注重跨企业、跨区域的供应链产业链上下游企业质量数据的串接、集成，以提升供应链产业链质量管控能力为目标，集成企业、质量服务机构、质量监管机构的数据，构建产业质量数据资源，实现基于产业质量数据资源的跨企业协作、质量风险防控、数据共享等。

（3）数据治理体系。

质量大数据的建立意味着对数据进行质量管控，保障数据在后续应用分析过程中的准确性、可靠性。数据质量管理是质量大数据治理的核心，通过不同方式的数据质量治理，实现高质量数据的获取与存储，是数据质量管理的主要目的。数据治理包括基于数据标准的数据治理和按需治理两种方式，治理标准、治理工具、数据质量指标是数据治理的核心要素。数据治理体系从顶层的数据治理制度、标准与规范到基于平台的数据治理实施，保障数据质量，以数据推动数字化质量管理，打破数据孤岛，确保源头数据准确，促进数据共享，保障数据隐私与安全。

治理标准：治理标准包括数据质量管理制度、国际质量相关法律法规、数据治理规范等，如《产品生命周期数据管理规范》《信息技术服务 外包 第 4 部分：非结构化数据管理与服务规范》《信息技术服务 治理 第 5 部分：数据治理规范》。

治理工具：治理工具支撑质量大数据治理工作，为后续具体的分析应用提供可靠和安全的质量数据。治理工具包括数据标准工具、数据质量工具、元数据管理工具、主数据管理工具、数据生命周期管理工具和数据安全管理工具等。

数据质量指标：制定数据质量指标，在质量数据的收集存储、分析应用和维护等阶段，对所产生的质量问题进行识别、监控和预警等，能够保障质量数据的完整性、准确性、及时性和一致性。

2.2.3 质量大数据的技术维度

为了让数据更好地被管理和分析，企业或行业需要建立质量数据平台，横向打通各线数据，对质量相关数据进行统一汇聚和集成。质量数据平台需要端到端地考虑数

第 2 章
质量大数据的内涵

据消费场景，同时支持数据管理、数据分析计算管理和质量应用，如图 2-2 所示。数据的质量应用与其他业务的应用开发没有太大差别，因此，技术维度主要从数据存储技术、数据服务技术、数据分析技术三个层面讨论。

> 质量数据平台的架构包括数据存储层、数据服务层、数据分析层和应用层。技术维度更聚焦质量大数据相关技术，从**数据存储技术、数据服务技术、数据分析技术**三个层面讲解，旨在让质量数据更好地被管理和分析。

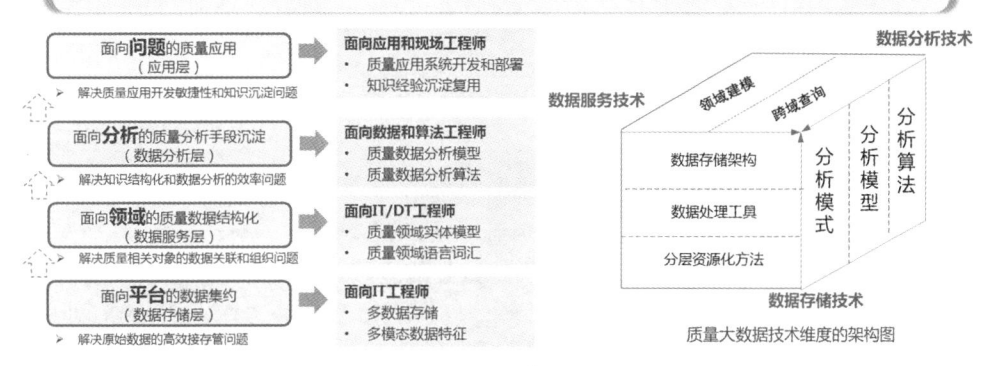

图 2-2 质量数据平台

（1）数据存储技术。

数据存储技术主要解决海量多模态数据的接入与存储问题，包括数据存储架构、数据处理工具和分层资源化方法。多模态数据湖技术需要突破的是针对不同类型数据的存储技术，在充分考虑多源异构数据各类特性的基础上形成对多源异构数据进行高效处理和计算的技术，以及如何对数据分层进行管理。简言之，该技术研究如何形成可扩展的一体化存储系统和工具集。多模态数据湖的关键技术主要包括如下几种。

① 多模态质量数据存储架构。针对工业数据在与质量相关的物理过程的不同阶段、不同流程呈现多种类型（关系、时序、非结构化等）的特点，可研制不同的数据存储管理引擎和系统，对多模态数据进行高效的汇聚和存储，按照产品编号、产品生命周期、质检情况等多种维度对数据进行灵活组织和高效访问。

② 质量大数据处理工具集。质量大数据处理工具集聚焦如何把数据汇聚到数据湖里，以及为对数据湖中的数据进行分析和利用提供计算支持。构建一个高效的通用计算层，为数据存储层之上的其他层级（数据服务层、数据分析层）在进行蕴含业务语义的数据分析、多模态数据间关联计算等操作时，提供高效的计算支撑。

③ 质量大数据分层资源化。将数据湖中存储的多模态数据进行分层，可使企业在数据访问性能、数据口径统一度、减少重复开发等方面显著受益。

（2）数据服务技术。

数据服务技术主要解决高维质量数据的有序和灵活访问，包括领域建模和跨域查询等技术。

① 领域建模。从质量分析和应用的视角看，需要把上述数据进行集成和关联，构建统一的数据服务，才能从根本上提高质量大数据的访问效率，加快质量分析和应用的创新速度。例如，对PCB缺陷进行图像数据的采集与标注，需要根据PCB的类型和工艺阶段建立对应的质量数据集，供各相关领域的用户进行访问和下载。因此，在传统的大数据平台之上，需要对多维质量数据进行统一管理和查询，以统一数据服务的形态，对上层应用提供数据访问能力。

② 跨域查询。数据关联查询引擎的作用是，根据工业物理对象模型，先对上层应用发出的数据关联查询请求进行分解，并调度到底层的各个数据系统中实际执行，再把查询结果汇总，加工成上层应用所需要的格式。该技术的使用，实际上是将各类质量数据集作为主体并赋予对应的属性，便于技术人员的查询调用。采取这样的方式，使数据管理方更好地了解不同类型质量数据的基础。跨域查询技术的应用，需要基于领域建模给定的标签建立详细的分类准则。这种模式比较多样，可以将行业等主体作为分类查询的节点（能源电力、石油化工、海洋船舶等行业），也可以将不同阶段的不同工具作为查询的节点（设计软件、仿真分析软件、生产管理系统、加工装备等工具）。工业设备数据字典可以作为跨域查询技术的重要参考。对已有分类准则的行业来说，可以直接参照相关标准。

（3）数据分析技术。

数据分析技术主要解决共性的质量分析模式、模型和算法的问题。共性的质量分析算法可以归纳为基础分析算法、时空模式挖掘算法、质量异常预警算法和工艺参数优化算法四类算法。这些算法各有不同，但又存在递进关系。

其中，基础分析算法主要基于已有的质量数据，根据统计学或信号处理算法，计算数据包含的特征，如均值、均方根、IMF分量等。

时空模式挖掘算法主要面向产品设计、生产、使用过程中部分或全部质量影响因素的挖掘过程。由于这些因素涉及生产设备的性能、状态、结构设计参数、工艺参数、质量检测数据、使用工况、故障失效记录等方方面面的数据，而且这些数据由于格式存在差异且多样，通常无法在一个维度上对其进行融合分析。因此，对这些数据进行分析需要建立跨阶段、与时间相关联的数据分析模型，使得在同一产品主体上施加的质量影响因素能够被模型进行统一的考虑。

质量异常预警算法根据产品质量与其使用性能保持能力之间的关联，以保障产品使用性能在规定范围内的能力为目标，构建一套包括部分参数的预警模型。该模型可以直接或间接地控制产品设计或生产的质量。例如，消费者使用的厨房刀具刃口变钝的时间与其材料硬度有直接关联，为了使刀具的锋利度在使用时间内维持在相应范围内，需要对刀具刃口的硬度进行测量，如果未达到阈值要求，则需要对产品质量进行预警。刀具的使用情况较为简单，对于这种技术在工业上的真正作用，本书以通用设备为例进行讲解。例如，某品牌冰箱运行噪声的正常范围为 30~40dB，结果在某一个时刻，冰箱的运行噪声超过了 42dB。该品牌冰箱的技术人员认为设备的压缩机部件已经处于濒临损坏的状态，需要对其进行预警。这种技术的大规模应用，可以避免由设备突发故障引起的各种损失。例如，轮船的叶轮传动轴的密封油压力减小，如果这样的事件未被察觉，有可能导致船舱动力室进水等严重的后果。总而言之，异常预警是为了保障客户的切身权益而发明的数据分析技术。

工艺参数优化算法是为了提升产品质量或降低维持质量的成本而采取的算法。对企业来说，通过不断的优化工艺，实现设计水平、工艺水平或使用质量的直接或间接提升，是提升产品竞争力的关键举措。例如，航空发动机的叶轮一开始的制造过程是对叶片整体进行加工。由于叶片尺寸较大，所以叶轮的末端在加工过程中容易振动，致使加工误差增大。2021 年，英国罗罗发动机公司宣布其新款航空发动机——涡扇发动机试产成功。除了使用更加先进的材料和结构，罗罗发动机公司在工艺方面也进行了改进，将原来叶片的一体式五轴加工改进为分段式加工，并通过高精度焊接和进一步精细磨削的方式，大幅提升了叶片的加工精度，使涡扇发动机在高速运转过程中的动平衡进一步改善，大幅减少叶轮轴跳动引起的机械结构磨损。这项技术的广泛应用使得涡扇发动机在同类航空发动机中取得推重比最大、燃油效率最高的亮眼成绩。

2.3 质量大数据与其他技术的关系

质量大数据是基于工业场景提出的概念，属于工业大数据的一部分，在实际应用过程中需要与其他的新型工业技术融合使用，以实现质量数据的有效传输利用及可视化。

2.3.1 质量大数据与工业互联网的关系

质量大数据主要为产品全生命周期的设计、生产、运维等阶段的质量分析管理提供数据，主要聚焦于与质量相关联的服务，提升产品的设计质量、制造质量和运行质量。工业互联网是将工业系统中的基础设备进行互联，并将其数据、应用以分布式平台的形式进行统一管理的系统，与质量大数据有着密不可分的关系，如图 2-3 所示。

质量大数据：体系与应用

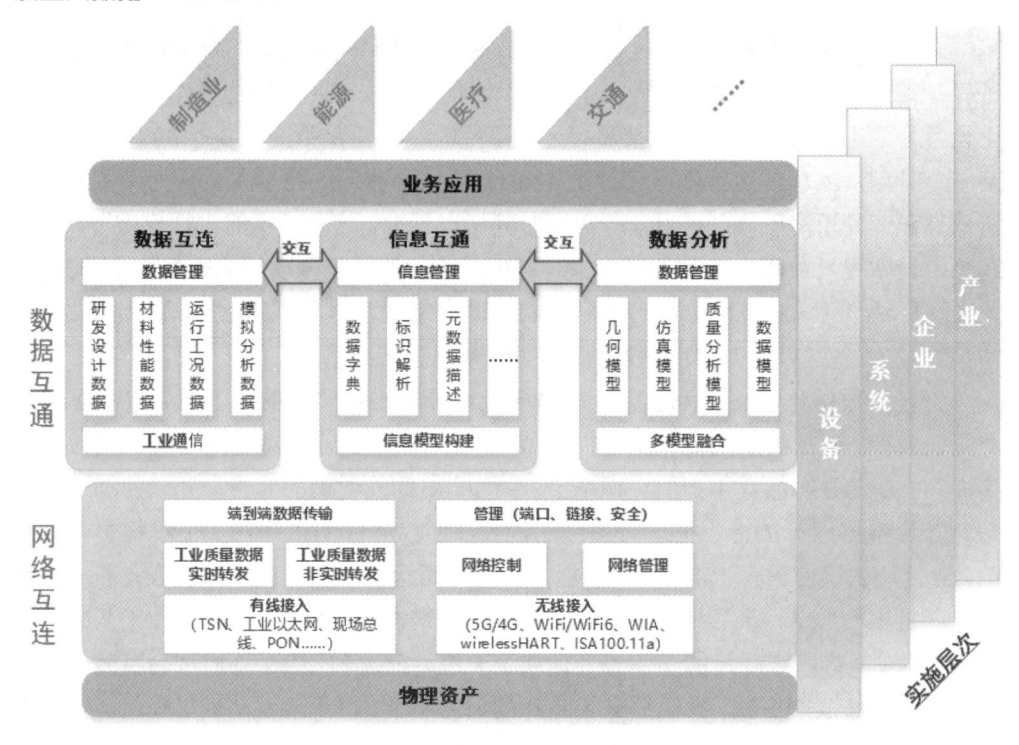

图 2-3 基于工业互联网的质量大数据应用模式

从实际的工业系统来看，工业设备的状态、工艺数据、产品数据、反馈调整操作等数据是作为质量大数据的不同要素进行融合分析的，而工业互联网是将这些数据进行平台化管理的系统。基于工业互联网的质量大数据应用模式与当前工业系统的特征具有较好的适配性：一方面，容器化部署技术不会使底层的硬件变化或迁移操作造成数据的丢失或服务的中断；另一方面，网络化结构能够更加有效地利用各种计算资源和存储资源，从而保障质量大数据的相关服务。从现代生产企业数据的特点来看，绝大部分与质量相关的数据都来自包括生产设备、检测设备、计量设备、试验设备等在内的各类工业设备。工业互联网作为将各类基础设备互连，将工业系统接入、组网并进行平台化搭建的综合系统，能够将不同设备采集的数据进行统一管理。工业互联网使得各类设备产生的数据不再孤立，可以在同一环境中使用高级算法模型进行分析处理，以简便的方式挖掘这些数据内在的关系。因此，从关联性来看，工业互联网是提升质量大数据的采集效率、管理效率、分析效率的有效技术，质量大数据的价值在这样的条件下才能够被更好地利用。

2.3.2 质量大数据与数字孪生的关系

数字孪生是将物理模型与信息模型在外观、结构、监测数据上建立映射的技术，使用户能够在信息模型中看到物理世界难以监测的数据全貌，是质量大数据的支撑技术之一。数字孪生在质量设计仿真验证、生产过程可视化、生产过程仿真和异常预警等方面有很多应用。基于数字孪生的质量大数据应用模式如图2-4所示。

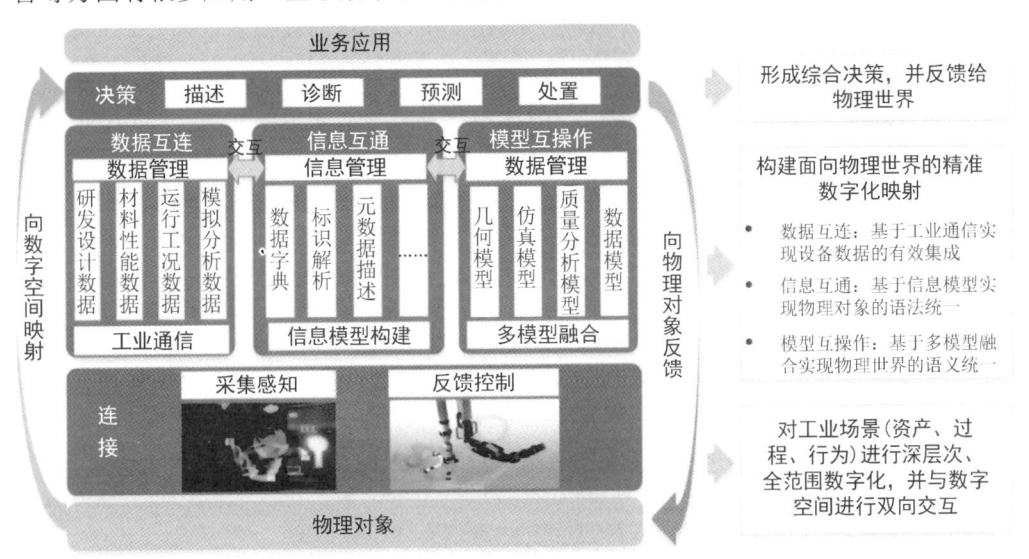

图2-4 基于数字孪生的质量大数据应用模式

数字孪生是充分利用物理模型、传感器更新、运行历史等，集成多学科、多物理量、多尺度、多概率的仿真过程，在虚拟空间中完成映射，从而反映相对应的物理世界过程。数字孪生是一种超越现实的概念，可以被视为一个或多个重要的、彼此依赖的物理世界的数字映射系统。"元宇宙"可以被看作数字孪生在交互层面的扩展，是利用科技手段进行连接与创造的，与现实世界形成映射与交互的虚拟世界，是具备新型社会体系的数字空间。在工业场景中，为了更好地研究设备运行和产品加工过程中的内应力、形变、损伤、振动等多种难以观察的质量数据，可以应用工业数字孪生技术将工业实体模型与其物理特性数据相结合，通过各类孪生算法模型，完成物理实体的数字空间映射。数字孪生作为一种综合可视化与数据融合处理分析技术的载体，能够将质量数据的特征、分析结果显示及质量优化反向控制的功能集成在一个系统中。

从定位上看，数字孪生是一种包含了各类物理对象与数字模型及其相互关联关系的集合，能让质量大数据在微观机理上的分析呈现更加具象化的效果，同时基于仿真分析技术，能够挖掘出工业物理实体本身各类内部和外部的应力缺陷。

2.3.3 质量大数据与工业大数据的关系

质量大数据是工业大数据的重要组成部分，是工业活动中与质量相关的人、机、料、法、环等相关要素产生的各种数据，其建立是以质量的优化为目标的。工业大数据作为工业系统中方方面面数据的统称，其建立意义除了促进质量的优化，还包含促进生产智能化、促进产品性能优化、节省工业运营成本、加快产品迭代速度、提升供应链的稳定性等方面。从狭义来看，质量大数据作为衡量企业全生命周期运行质量的重要手段，对企业产品赢得消费者的认可、获得市场竞争力具有重大作用。站在企业的角度来看，质量管理只是一个业务维度，企业还有设备管理、生产管理、能源管理等其他业务维度，这些业务维度同样也需要大数据的支持。从范围来看，质量大数据作为工业大数据的一部分而存在。对企业来说，一个底层数据源（设备的工况数据）可能被用于支持多个业务应用领域，因此质量大数据和其他工业大数据常常存在多种交叉。从技术的角度来看，工业大数据平台、大数据分析、人工智能等技术在不同问题上有很多共性，通用的工业大数据技术往往可以解决质量大数据的问题。

2.3.4 质量大数据与人工智能的关系

人工智能是分析质量大数据的重要技术手段，包括专家系统、机器学习（包括深度学习）、进化计算、模糊逻辑等方向，在质量大数据中有很多应用场景，特别是专家系统和机器学习。从技术应用方向来看，质量大数据中基于视觉的产品质量检测、工艺质量分析、质量优化、质量问题整理等方面的任务均可以通过人工智能技术进行简化的处理。例如，深度学习在表面质量检测、X-ray检测等图像检测方面有广泛的应用，大大提高了质量检测的效率和覆盖率。机器学习在异常预警、工艺参数等场景中也有不少应用。质量排查通常会涉及多个环节、大量参数、多个周期，排查工作量大，排查周期长，规则引擎（专家系统的简化形式）可以在质量排查自动化方面发挥很大的作用。

质量大数据的要素维度高、类型多样，但样本偏少，这些特点促使人工智能的很多新课题产生，如小样本学习、多模态学习、联邦学习等。人工智能提升了质量大数据的处理效率，也能从数据的利用方式上增加数据的使用价值，产生企业需要的分析结果或优化措施。

2.3.5 质量大数据与区块链的关系

区块链是质量大数据可以利用的关键技术。区块链是一个分布式的共享账本和数据库，具有去中心化、不可篡改、全程留痕、可以追溯、集体维护、公开透明等特点。这些特点保证了区块链的"诚实"与"透明"，能够解决信息不对称问题，实现多个主体之间的协作信任与行动一致。区块链作为数据质量追溯的支撑技术，已经被应用在大数据安全领域中。从质量大数据的组成部分来看，既有直接通过各类传感器、PLC 或 MES、QMS 等工业系统采集的数据，也有相关工厂、设计人员导入或记录的数据，这些数据在生成过程中可能会存在差错，导致数据的准确性和真实性受到影响。例如，某工厂的生产工人因为考虑到实际合格品率较低可能影响自己的收入，所以修改合格品率的数据记录。在这种情况下，如果借助了区块链技术，就可以通过多个记录方或其他数据的佐证来验证该条数据的真伪，从而提升质量大数据的质量。除此之外，区块链还能够实现产业链不同企业间产品标识的链接机制，保证了质量数据在跨产业链情况下的精准、高质量传输，也为产业链的质量协同优化和联邦学习奠定技术基础。

在质量大数据的应用场景中，除了产品追溯，其他场景都面临着信息差异大（不同行业的质量数据信息差异大，不同分析主题的信息需求的范围和颗粒度差异也很大）的挑战，这为区块链技术的发展提出新的课题。

2.4 质量大数据的实施框架

质量大数据的实施需要数据采集、数据存储、数据建模分析、产业生态、基础设施等技术与资源的协作，是一项系统性工程。企业侧作为质量大数据的实施主体与价值挖掘者，面向企业质量分析与管理的痛点，探索企业质量大数据的实施策略，推动企业数字化质量管理与智能管控的发展；产业侧是行业质量大数据生态的引领者，立足于促进行业质量发展的目标，为企业质量大数据的实施提供方向引导、资源支持、行业服务等，推动行业质量大数据的生态建设；政府侧作为质量大数据的保障者，聚焦制造业高质量发展的需求，从推政策、建标杆、筑公共服务等建立质量大数据的社会保障环境，不断完善质量大数据的基座，保障工业企业质量大数据的实施环境。2.4 节给出了企业侧、产业侧、政府侧质量大数据的实施路径，指导质量大数据的实施，推进制造业的可持续、高质量发展。质量大数据的实施框架如图 2-5 所示。

质量大数据：体系与应用

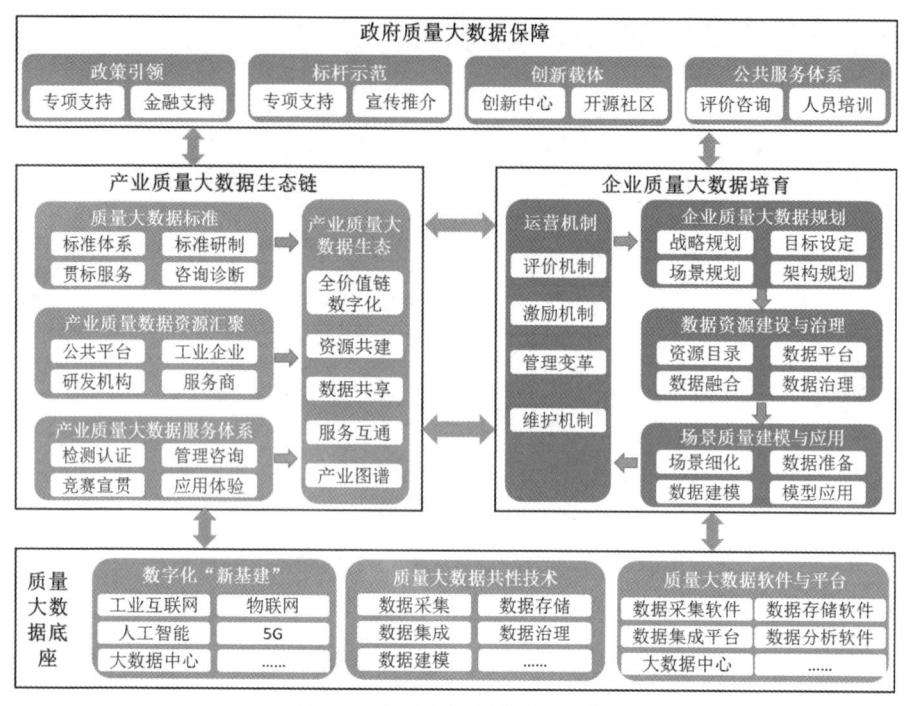

图 2-5 质量大数据的实施框架

企业侧聚焦企业产品的质量管理需求，结合行业和企业内部的现状，开展质量大数据的实施，具体实施路径如下。

路径一：质量大数据建设规划（定规划）。面向企业的质量价值链，结合企业的内外部环境，开展企业质量大数据的建设规划，明确企业质量大数据的战略目标、意图、应用场景和平台，为质量大数据的实施指明方向。

路径二：质量大数据资源管理（管数据）。建立企业质量大数据资源体系编目，构建企业质量大数据平台，实现企业质量数据的融合、治理，形成企业质量大数据资源。

路径三：面向场景的质量数据建模与应用（推应用）。面向业务场景，依托平台开展质量大数据的建模及应用部署，实现模型的应用。

路径四：质量大数据可持续运营机制（做运营）。建立质量管控实施效果的评价机制、激励机制与组织体系，形成企业质量大数据可持续运营机制。

在产业侧，质量大数据的实施路径主要为创新质量大数据公共服务，提升各类服务的供给水平，包括定标准（制定标准规范）、聚资源（汇聚数据资源）、建体系（完善质量大数据服务体系）、筑生态（构筑质量大数据生态）四个方面，如图 2-6 所示。

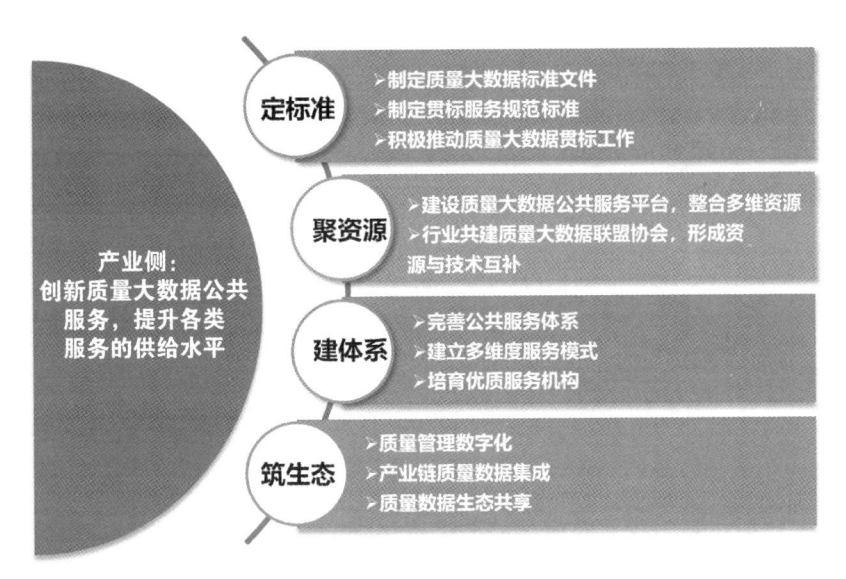

图 2-6 产业侧质量大数据的实施路径

在政府侧，质量大数据的实施路径主要向完善政策保障和支撑环境的目标发力。发力点包括抓政策引领、抓标杆建设、抓基础保障，如图 2-7 所示。

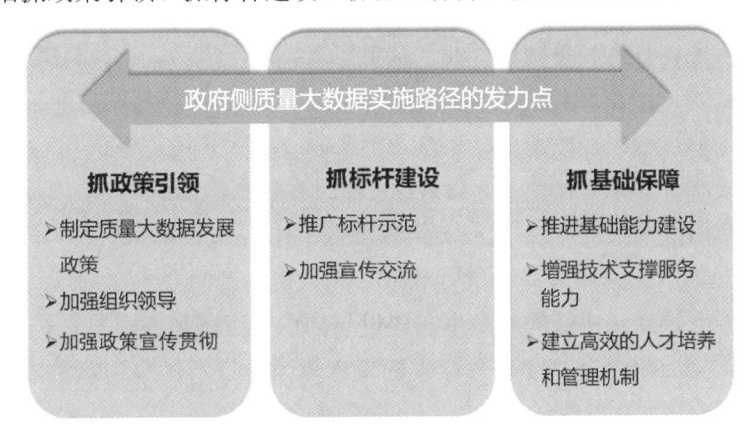

图 2-7 政府侧质量大数据的实施路径

第 3 章

质量大数据的业务维度分析

质量大数据在不同行业中应用的侧重点不同。例如，质量大数据在原材料行业（钢铁、石化、建材等）应用的侧重点在于生产制造数字化质量管控，包括生产环节质量数据自动采集与处理，开展全流程质量在线监测、诊断与优化，以市场、过程质量指标为牵引设置智能预警的管控限制，自动触发质量改善闭环流程，持续提升质量控制水平，强化供应链上下游质量管理联动，提升从采购寻源到生产销售全过程的质量协同管控水平。对于装备制造行业（发电机组、透平机械、工程机械等），数字模型的产品质量设计、生产制造数字化管控、基于产品全生命周期管理的服务质量提升，是质量大数据应用的侧重点。在个人消费品行业（家电、服装等），质量大数据更加重视供销服智能化质量改进。在医药、食品等行业，产品全生命周期质量追溯是质量大数据应用的侧重点。《制造业质量管理数字化实施指南（试行）》将这些应用方向总结为面向重点业务环节的质量管理数字化、面向产品全生命周期和全产业链的质量协同、面向社会化协作的质量生态建设与知识分享三类应用模式。

质量大数据应用模式行业差异产生的根本原因是生产体系和管理体系的差异，表 3-1 所示为质量大数据业务维度三个方面的内容。

表 3-1 质量大数据业务维度三个方面的内容

方面		内容
生产体系	产品特点	小批量定制化产品（工艺品、水力发电机组）
		小批量多品种产品（冲压件、印刷品）
		大批量少品种产品（汽车、工程机械、3C 产品）
		大批量标准品（石化产品、食品）

续表

方面		内容
生产体系	生产类型	项目式生产（Project Process） 单件生产（Job Shop） 批量生产（Batch Manufacturing） 流程生产（Continuous Flow）
	质量指标管控	功能性质量问题、性能性质量问题、可靠性质量问题、感官性质量问题
管理体系	产业链	产业链的形态及企业在产业链中的位置
	质量管理体系	TQM、6-Sigma 管理、TQC 等
	生产研发组织体系	研发工艺、生产、质控等
应用模式	重点业务环节的质量管理优化	企业内研发设计、制造、运维、服务等环节的改进
	供应链产业链的质量协同优化	上下游企业间的协同质量改进
	质量生态共建、共创与共享	基于平台化和社会化协作，构建质量关联的相关资源、能力和业务的新生态，如构建质量大数据资源服务平台、质量管控能力的产业协同网络

3.1 生产体系

产品特点决定了生产类型，二者共同影响质量管控指标的选择。对不同生产类型来说，质量大数据在质量管理上的着力点可能不同。在表 3-2 所示的生产类型中，流程生产能追踪到生产批次就很不错了，而且很难与设备状态（气化炉温度、炉渣堵塞状况）精确关联。此外，生产线模式下不同加工类型的质量追溯的含义也不同：对于装配类型的生产线，按照 BOM 结构跟踪到单件就可以了；对于轨梁等轧制生产线，需要实现"米跟踪"（根据成品的缺陷位置，推算在前面工艺段中对应的时刻和位置）才有意义。

表 3-2　生产类型

	生产类型	示例
灵活性↑ 产量↓	项目式生产（Project Process）	桥梁、楼宇建造
	单件生产（Job Shop）	手工品、定制化部件
	批量生产（Batch Manufacturing）	日化品
	流程生产（Continuous Flow）	化工

不同的行业在质量指标管控上的重点不同。典型的产品质量问题包括功能性质量问题、性能性质量问题、可靠性质量问题、感官性质量问题等。如图 3-1 所示，功

能性质量问题主要关注设计功能在加工制造过程中的实现情况和在运行阶段的保持情况。性能性质量问题主要聚焦产品的使用表现及退化情况，如电源耐久性、发动机加速度等。可靠性质量问题主要聚焦产品在运行过程中发生故障的概率分布情况。感官性质量问题主要从用户角度出发，聚焦设备运行中的噪声、振动、气味等可影响到使用者感官的多种因素。对质量问题进行划分，有利于降低质量数据获取的复杂性。

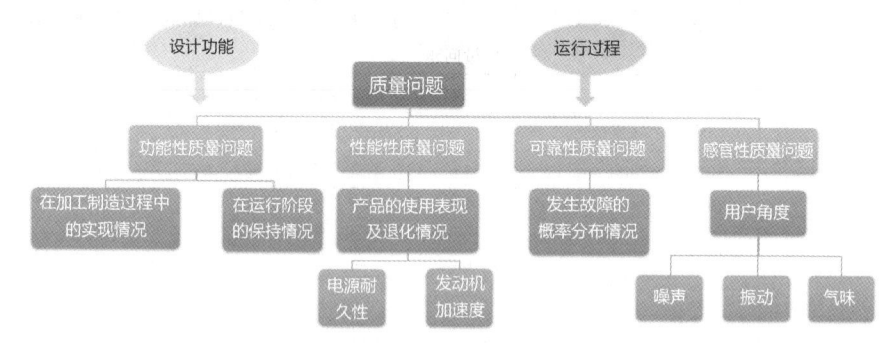

图 3-1　产品质量问题分类示例

3.2 管理体系

管理体系包括产业链、质量管理体系、生产研发组织体系等内容，其在很大程度上由生产体系决定。例如，产品—过程矩阵（见图 3-2）表现了不同的管理体系是与不同的产品特点和生产类型相匹配的。

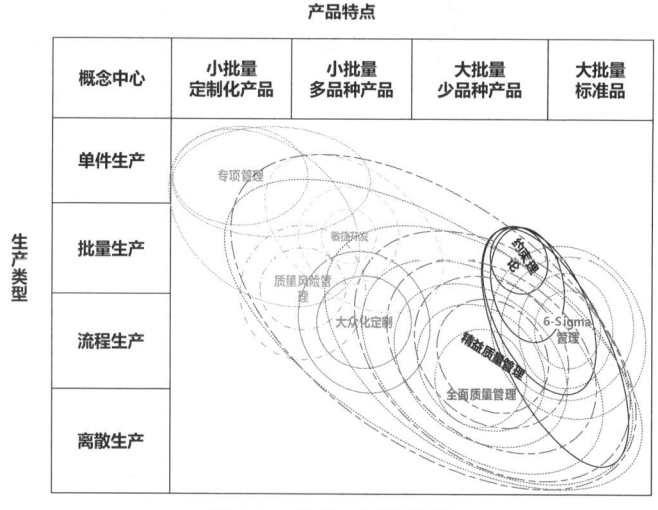

图 3-2　产品—过程矩阵

第3章
质量大数据的业务维度分析

质量管理体系是指应用在质量方面指挥和控制组织的管理体系，是组织内部建立的、实现质量目标所必需的质量管理模式。在实际生产制造过程中，不同的产品特点和生产类型决定了质量管理体系的多样性。本书重点介绍三种典型的质量管理体系。

（1）全面质量管理。

全面质量管理的基本内容覆盖市场调研过程的质量管理、设计研发过程的质量管理、生产制造过程的质量管理、售后过程的质量管理等。

市场调研过程的质量管理分为调研前、调研中和调研后三个阶段。调研前需要对调研对象的特征进行初步了解，设计出契合调研目的和要求的问卷；调研中需要根据不同的调研方法采取对应的质量管理措施，如文献调研法需要关注资料的可靠性和准确性，抽样调查法需要严格遵循随机原则等；调研后需要保证调研数据可更好地为设计研发过程融入用户需求提供基础和支撑。

设计研发过程的质量管理包括对设计研发进行策划、控制设计研发的输入输出、开展设计评审工作、试验试制等。对设计研发进行策划需要确定产品质量目标，明确并识别产品质量目标、实现产品质量目标所需要的过程，并确定产品验收的相关要求准则，确保过程有效运行和产品质量的实现；设计研发的输入是调研结果、技术方案等，输出是设计结果，一般以图纸、试验品的形式呈现；设计评审的目的是在设计阶段及时发现方案中存在的缺陷与不足，提高设计质量；通过试验试制进行质量管理是为了预估批量生产时可能出现的问题，保证最终产品质量的提升。

生产制造过程并不仅仅是产品实际质量的完成过程，还是包含了最多职能部门和最多参与者的过程，更是与"质量大数据"最为密切的过程。生产制造过程的质量管理是指在生产制造过程中形成符合产品设计要求的控制措施，其目的是对产品生产过程进行监控，以便及时发现并消除异常，保证产品质量达到要求并维持稳定的状态。

售后过程的质量管理是全面质量管理贯穿产品全生命周期的体现。售后过程的质量管理不仅仅是为了提供良好的售后服务，更是为了帮助企业挖掘产品的不足和市场的隐性需求，从而丰富产品的种类，拓宽销售渠道，夯实企业信誉，最终实现更好的发展。

（2）6-Sigma 管理。

6-Sigma 管理通过对过程的界定（Define）、测量（Measure）、分析（Analyze）、改进（Improve）和控制（Control），消除过程缺陷和无价值作业，从而提高质量和服务水平，降低成本，缩短运转周期，取得让客户满意、增强组织竞争力的效果。6-Sigma 管理又被称为 DMAIC 流程。

Sigma 在数理统计中表示标准差,是用来评估产品和生产过程特性波动大小的参数。Sigma 水平越高,意味着组织生产的产品满足质量要求的能力越强。6-Sigma 管理的质量水平意味着 100 万个产品中缺陷产品的个数不超过 3.4 个。

6-Sigma 管理的质量水平并非绝对静止的目标(不良率为百万分之三点四),而是旨在通过 DMAIC 流程,持续改进企业业务流程,实现无缺陷的过程设计。因此,6-Sigma 管理已成为一种管理模式的代名词,含义是客户驱动下的持续改进,目的在于综合运用质量管理的理念和方法,达到甚至超越规定的质量水平。6-Sigma 管理已成为一种质量文化和一种以客户满意为宗旨、以过程数据为参考、以持续改进为目标、推动全员参与的质量管理理念。

(3)质量风险管理。

质量风险管理是一个系统化的过程,是指在产品的整个生命周期中,对风险的识别、衡量、控制及评价的过程。质量风险管理现在被广泛应用于制药行业,覆盖药品从研发、生产、销售一直到从市场消失的全部过程。质量风险管理通过对质量的风险评估(包括风险的识别、分析和评价)、风险控制、风险沟通和风险审核,对经营全过程(延伸至外包活动)的风险进行控制性管理。

风险评估一般是指利用掌握的科学知识、经验、事实、数据,前瞻性地推断未来在产品整个生命周期中可能出现的故障及其影响。风险控制包含实施风险管理决策的措施。风险沟通是指决策者和其他风险承担者之间关于风险和风险管理的信息交换或共享。风险审核是指对风险管理过程的输出/结果进行审核或监控。

质量风险管理是用来识别、评估和控制质量风险的一个系统程序,它可以得到前瞻性或回顾性的应用。前瞻性的应用是指通过对质量管理体系中可能存在的风险因素进行判断性、推断式的分析评估,确定这些因素在流通过程中对产品质量的影响。前瞻性的应用注重风险因素的牵连性、影响性、可发展性,是对风险因素的本质的挖掘。回顾性的应用是指以已经或可能出现的质量风险为研究对象,追溯、评价已发生的事件的研究方式。回顾性的应用是一种由"果"至"因"的研究方式。

3.3 应用模式一:重点业务环节的质量管理优化

各类企业将质量大数据在研发、生产、存储、运输、供应、销售、服务等环节融合应用,开展数字化质量设计、质量检验、质量控制、质量分析和质量改进,提升质量管理的效益。

3.3.1 以使用质量为导向的设计优化

设计是决定产品固有质量的根本。传统的设计模式优先考虑产品的功能、性能，产品的质量则通过生产过程及产品的质量检测等途径被验证，导致当前的产品设计普遍存在设计的产品功能满足需求却可靠性水平不高的问题，不能满足用户的高质量产品使用需求。市场调研、交易、设计、仿真、试验验证、用户使用等活动，将产生大量与质量相关的多维、动态、异构的数据，亟须开展数据驱动的用户使用需求准确刻画、需求向功能特性映射、产品设计历史数据挖掘和再利用、设计方案评价等研究，将质量大数据与设计理论融合，实现质量为先的创新设计，具体技术路径如图 3-3 所示。

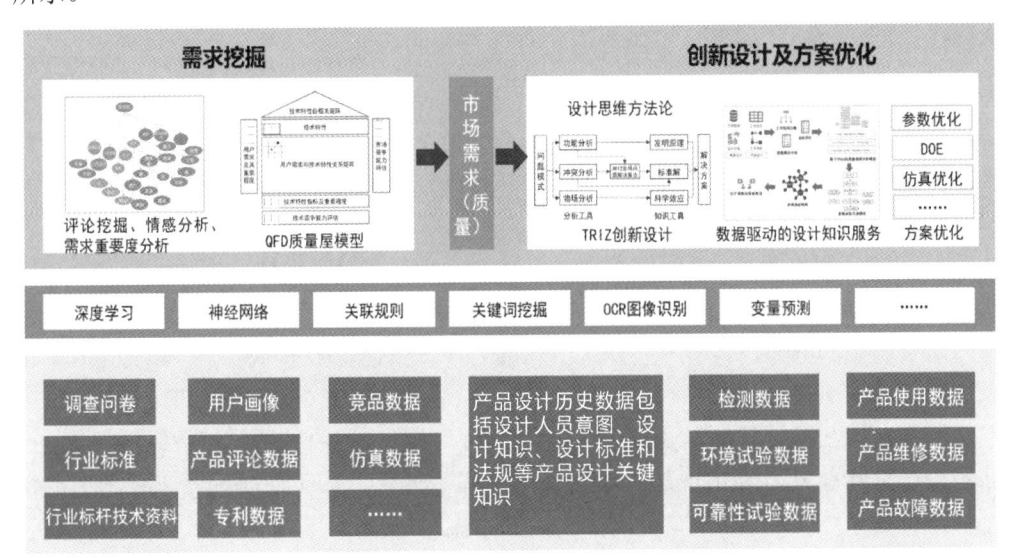

图 3-3 创新设计的技术路径

传统设计质量优化基于 QFD（Quality Function Development，质量功能展开）技术的四阶段模式，被广泛应用于各类实体产品与服务的生产企业中，如图 3-4 所示。

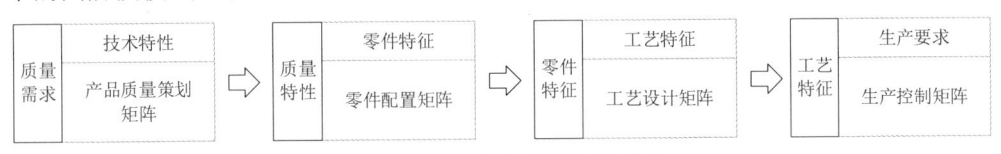

图 3-4 QFD 技术的四阶段模式

质量需求阶段。通过对客户需求的调研，以及分析客户需求向产品特性的转化，最终获取产品特性。同时，通过对比自身产品与竞品的技术特性，以及对自身产品与竞品的市场竞争力进行对比性评估，得到不同技术特性的目标值。

质量大数据：体系与应用

质量特性阶段。相关人员以质量特性为基础，在众多设计方案中选出最优方案，同时基于零件配置矩阵，实现相关零件特征的有效转化。

零件特征阶段。工艺设计矩阵的有效使用，可对零件特征及质量特性相关工艺参数进行有效保障。

工艺特征阶段。有效使用生产控制矩阵，可对较为关键的零件特征及工艺参数开展合理转化，实现管控制度及方案的有效获取。

QFD 技术认为客户的期望、偏好与需求是产品研发期间的具体驱动力，在产品设计及生产期间对客户的需求进行有效引进，可实现对相关需求的有效满足。QFD 技术利用现代设计手段，对传统设计方式的变化进行了有效体现，其自身是产品设计研发期间对全过程质量进行有效保障的系统化手段。通过合理使用 QFD 技术，可实现客户满意度、制造、研发、市场等层面合理有效的结合。

随着大数据、工业互联网等技术的发展，企业在设计阶段能够将之前的产品设计、生产方案与产品质量之间的关联进行考虑，从而达到优化产品设计方案的目的。企业依靠物联网、移动互联网、工业软件等的数据收集能力，汇聚客户需求、设计历史数据、试验数据、使用数据、专利标准等研发设计相关数据，依托云计算等数据处理能力，通过深度学习、关联分析、图像处理、变量预测等数据处理算法，开展需求挖掘、设计及方案优化，实现全数据驱动的产品创新设计。例如，在重型工业装备的液压系统流量阀的研发过程中，存在节流阀、调速阀和分流集流阀三种选择方案，按照传统的设计质量来优化流程，在设计师对不同方案进行考虑的过程中，技术特性、零件特征及工艺特征只能基于其工作经验得到，一旦出现设计师经验短缺的情况，产品的设计方案就极容易出现部分质量缺陷、成本优化、加工性等因素未被考虑的情况。在大数据技术被引入后，系统厂家可对类似产品的海量先验质量数据进行分析，得到每种流量阀在不同负载工作情况下的漏油率、故障率、返修率。同时，系统厂家可根据不同方案开展仿真试验，将质量情况、要求、加工性能和方案预估成本等情况考虑进去，建立设计质量的优化模型，对各影响因素设置不同的权重进行优先度计算，最终获得量化的不同方案。

基于质量大数据的产品设计质量优化方法如下。

（1）挖掘市场需求，完成产品功能特性映射。

通过深入分析调查问卷、深度访谈内容、产品评论、竞品信息、行业标杆技术资料等大量的数据，得到客户的显性需求和隐性需求。具体包括通过频繁项集等自然语言处理技术挖掘产品评论中有价值的产品特征，将其转化为需求信息；基于人工神经网络对客户需求的重要度进行评估，得到更精确的需求；将更精确的需求依次转化为产品设计、零部件特性、工艺和生产要求的质量功能等。例如，基于产品的结构、功能，结合维修数据、传感器获取的数据、故障数据等，分别构建产品质量特性参数空间和产品运维使用数据空间，建立显性需求，并开展显性需求与质量特性参数之间的相关性分析。基于相关性分析的结果，依托历史数据构建概率神经网络需求预测模型，实现需求的识别，从而实现隐性需求的挖掘及显性化，通过采取QFD技术推动从需求到产品特性的转化。

目前国内基于质量大数据的产品设计优化应用还较少，但从一些研究来看，这样的方法产生了很好的效果，能够为企业产品提供较多的好处。广东工业大学陈庆新教授的团队针对新能源汽车的外观设计优化任务，对汽车用户的感性需求数据进行挖掘。该团队通过爬虫采集了各类用户使用意见等数据，针对文本开发了长短时记忆、条件随机场和多层感知机等数据挖掘框架，采用Apriori+结构方程模型的方式完成对设计特征和感性图像得分的量化，最终在287个品牌1805辆汽车的369105条评论中抽取大量信息，通过智能分析与挖掘技术实现新能源汽车的外观辅助设计。

（2）应用数据驱动的设计优化理论，提升产品设计质量。

产品设计的历史数据蕴含了大量的设计动机、产品设计知识、发明创新、设计标准和法规等关键知识，有的以专利的形式被保存了下来。通过知识建模、知识抽取、知识计算、知识融合等人工智能技术，构建研发设计知识图谱，可改变设计知识的传递模式，提升设计效率。基于需求、产品设计历史数据、科学原理、发明原理、科学效应、标准等数据，可提取领域中重要的术语、概念。按照产品研发设计的逻辑关系组织概念，构建面向设计场景知识的框架体系，得到本体知识模型。在术语、概念的基础上，定义类、属性、关系及实例等，最后基于OWL对本体知识模型进行形式化描述。基于本体知识模型，梳理并构建数据与产品设计的关联关系，如产品的可靠性设计、功能设计、结构设计等与数据的关系，产品的功能、结构、质量特性指标、故障的映射关系等。运用自然语言处理技术、深度神经网络技术等构建研发设计场景的知识图谱。基于该知识图谱，融合运用TRIZ创新设计方法，面向功能分析、冲突分析、物场分析等设计业务活动（包括具体的可靠性预计、故障树、FMEA、DOE等），提供智能语义检索、智能化推送、研判等知识服务。

现代产品设计理论常常强调设计方法的重要性，忽略了设计目标、设计内容和设计方法的关联。实际上，这三者之间存在复杂的关系，但以前的产品设计过程由于缺乏工具，无法得到对这三者的关系进行分析所需要的足量数据。在产品各阶段的质量数据能够被足量收集的情况下，三者之间的具体关系能够以相关表达式或模型表征出来，指导产品设计人员做出最佳的设计方案。

在一般情况下，产品的质量设计要求可以用一系列指标进行表征，部分可以量化的质量设计需求可借鉴行业标准进行确定，如家电的漏电风险等级、绝缘保护等级、抗电磁干扰强度等。对于难以量化的质量设计需求，可以通过定制开发相应的算法模型或基于模糊理论等方法进行表征，如汽车的舱内制冷效果、加减速顿挫感等。在这些需求被较完善地收集后，可以通过建立合理的模糊聚类规则或根据其他的信号数据从中提取出特征来。比如，通过采集座舱不同位置的温度和加速度，根据它们的关联关系分析温度变化的规律，并计算其对应特征，采用阈值或无监督分类的方式进行判别。当然在评价实际的工程效果时，可以将这些判别方式与人为经验相结合，通过配置权重的方式得到结果，帮助设计师改良现有产品的结构、材料或制造方式。

（3）全数据驱动，多途径推进方案优化。

一方面，挖掘可靠性试验、环境试验、检测的数据，以及各版本产品的运行数据、维修数据、故障数据，评估设计目标（需求）的实现程度，不断优化、迭代产品设计方案；另一方面，通过构建产品生命剖面模型、采用蒙特卡洛离散事件仿真等技术，基于质量特性数字模型开展任务约束下的产品功能、性能、环境、可靠性等质量特性的仿真，实现基于仿真的方案优化。

产品复杂度的增加不仅对产品的功能特性提出更高要求，还对产品的质量特性提出更高要求。在传统的质量工作中，根据产品研制工作计划，专业技术人员分阶段进行系统功能架构、逻辑架构、物理结构等功能特性的设计，质量工作人员逐项开展可靠性建模、FMECA、FTA、测试性分析等质量特性工作，工作项目众多，数据采集效率低下且数据集成能力较弱，不同设计分析工作的过程数据与结果数据互不流通，形成数据孤岛，导致工作效果难以保证，工作效率难以提高。

随着产品数字化和智能化的发展，产品研制模式也在逐渐向数字化和智能化转变，传统的基于文档的系统工程研制模式越来越难以满足产品研制及质量特性的工作需求。大数据等新一代信息技术的蓬勃发展，不断推动着系统研制向基于大数据分析和应用的智能化研制转型升级。在此背景下，数据驱动的质量特性协同设计应运而生。其实现的关键是构建质量特性数据库和质量特性知识图谱，结合产品研制过程中质量特性协同设计分析工作的流程，提出质量特性知识智能推送方法，实现质量特性协同设计知识在产品研制过程中的智能应用，从而有效提升产品质量特性协同设计的工作效率和知识应用水平。数据驱动的产品质量特性协同设计的一般流程如图3-5所示。

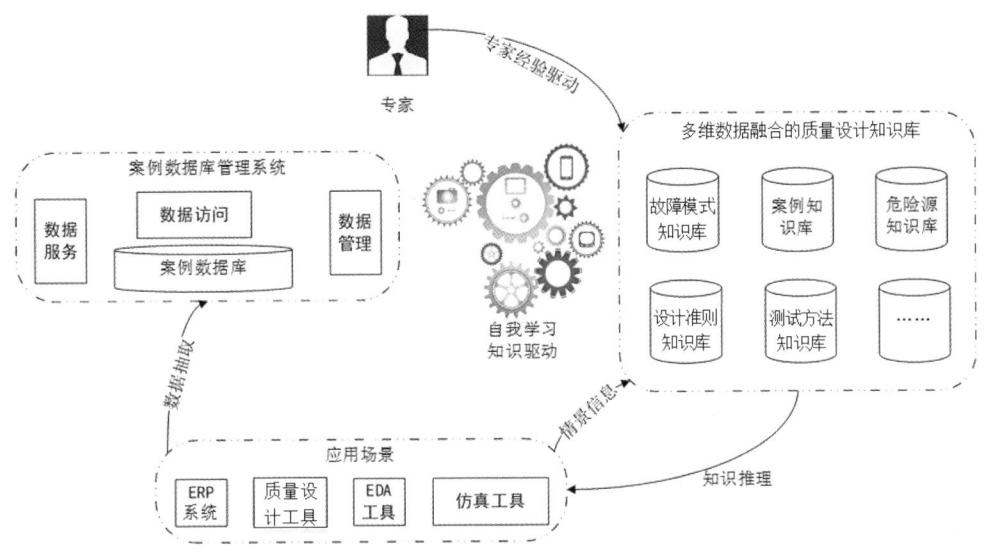

图 3-5　数据驱动的产品质量特性协同设计的一般流程

无论采取哪种方法，数据驱动的产品质量特性协同设计一般都按以下四个实施步骤开展。

（1）质量特性数据规范化处理。

借助元数据管理的思想，分析与质量信息相关的技术文档，同时结合行业普遍认可的定义和描述，建立工业产品质量特性数据规范，规范各质量信息，实现对工业产品质量信息的准确化、规范化、唯一化管控。

（2）建立质量特性数据库。

根据工业产品研制过程中质量特性数据的差异，分类建立工业产品质量特性数据库，通过支撑数据的结构化及有效复用来推动产品质量特性协同设计工作的顺利开展。

（3）构建质量特性知识图谱。

采用一系列技术手段，从原始数据库和第三方数据库中提取事实知识，将其存入质量特性知识库的数据层和模式层，并不断更新迭代，利用工业产品全生命周期产生的数据指导产品的质量特性协同设计。

（4）典型场景下的质量特性知识智能化应用。

识别设计人员所进行的设计业务流程、应用的具体背景和环境，基于业务流引擎和知识引擎的双驱动，实现知识推送；采用基于推理的语义检索技术，实现数据的快速检索匹配。

3.3.2 以生产质量为导向的工艺优化

复杂产品的生产装配过程涉及采购与制造外协、生产操作、后服务与运维、设备计量与维护等众多环节，构成要素与设计、人、机、料、法、环等的关系复杂，且存在受时空变化影响的不确定规律。传统基于手工或半自动化的信息采集和分析方法，和采用 PDCA 实现质量管控和提升的方法，存在数据样本偏差较大，维度信息不完整，序列间断，数据共享、查询和追溯不便，数据孤岛严重等问题，难以实现在实际工业场景中对跨时空和实时的数据进行质量信息的挖掘分析。"单环节、单要素、单专业"的产品质量管控手段导致的质量影响因素不可知、生产过程不易控、质量性能难预测等共性难题，亟须通过对质量大数据驱动的产品质量智能管控理论和方法进行研究来解决，实现"全周期、多要素、跨领域"融合的质量管控方式，其具体技术路径如图 3-6 所示。

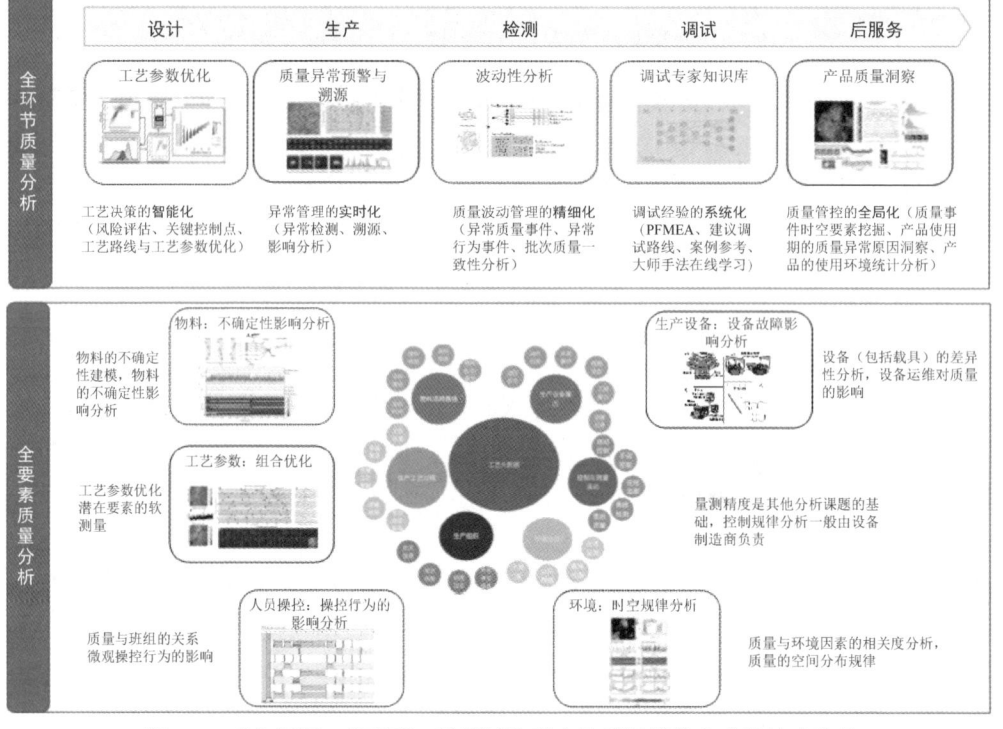

图 3-6 "全周期、多要素、跨领域"融合的质量管控方式的技术路径

生产质量优化的主要思路是根据质量目标的特性挖掘相关的因素，根据行业知识经验分析可能的关联模式，建立相应的分析优化模型，完成工艺质量的优化提升，

其具体过程大致可分为以下几个步骤。

（1）工艺质量关联数据的采集获取。

从质量要素的视角来看，建立人、机、料、法、环等全要素的数据集合，通过 MES、ERP 系统、PDM 系统等获取足量的数据，构建完整的工艺、状态和质量标签的数据集合。

（2）工艺质量数据分析逻辑确定。

根据工艺质量问题所属行业的特点，形成物料不确定性、人工操控行为、设备运维、工艺参数和环境变化对质量的经验影响模式，确定应如何对工艺流程中的各类数据进行组合处理与分析。这种确定主要受目标影响。例如，一个多工序的手机或电脑主板的生产过程，其工艺包括板的压合、蚀刻、电镀、钻孔、印刷、贴片、焊接等，每种工艺都有自己对应的质量控制目标：压合需要控制板的变形度；蚀刻和电镀需要检测主板表面铜线的轮廓是否完整、误差是否超差；钻孔需要控制板内孔壁的质量和孔位、孔径的误差；印刷、贴片、焊接需要控制元器件的贴装强度、误差和焊点缺陷。

对生产质量分析优化任务来说，工艺质量数据的分析逻辑越简单，其实现的难度就越低。在实际工程中，集成度较高、工序结构复杂的工艺质量分析难度较大，需要根据多次的试验进行调整。在大数据技术的影响下，这些数据均可以通过建立对应的数据管理系统得到妥善保管，并在应用过程中一点一点地积累成产品质量的优势，最终使产品与竞品拉开距离。

（3）工艺质量数据处理。

在确定工艺质量数据的分析逻辑后，需要对工艺质量数据进行处理，确保分析结果尽可能准确。在对工程实践中的数据进行采集时，由于采集系统、通信传输协议及硬件方面的故障，最常出现的问题为数据缺漏、明显偏离。对于这样的问题，在数据量庞大的情况下，一般采用直接删除的方法；在数据样本较为缺乏的情况下，要对这部分数据进行修正，方法包括线性、均值插值等。

在处理完存在问题的数据后，面临的是对维度不一致的数据的处理。最直接的例子是，在一个工艺流程中，有些数据是与时间无关的，如工艺设定参数、功率、挡位；有些数据是与时间相关的，如压力、温度；有些数据无法通过数值直接表示，如检测图像、声发射数据等。在实际工程中，这些数据由于维度不一致，无法直接分析，需要通过一定的处理，得到统一的维度。目前对于与时间相关的状态数据或图像、声音等非结构化数据的处理来说，目的是从这些数据中抽取出一些特征，使之降到常规可直接分析的维度。例如，利用希尔伯特-黄变换对齿轮变速箱的高频振动信号进行分解，得到不同频率的信号，然后通过信号特征提取算法得到对应信号的数值特征。对图像等非结构化数据来说，可通过图像卷积进行特征提取。将不同维度数据的特征与工艺的设定数据融合,这样就得到了同一层面可分析的影响因素——标签的工艺质量数据集合。

（4）建立工艺质量分析模型。

在建立好可分析的工艺质量数据集合后,需要对其工艺参数、状态与质量指标之间的关联进行分析。这种数据的关联表征来自对各项数据变化过程中隐含的规律的挖掘,常用的工艺质量分析模型包括BP神经网络、LVQ神经网络、决策树、多层感知机、极限学习机等机器学习模型。按照这样的方法,我们可以有效地找到影响工艺质量的关键因素,为进一步的工艺优化提供条件。

（5）工艺质量的优化。

在建立工艺质量与各类影响因素的关联模型后,我们能够清楚地知道工艺参数、状态参数对工艺质量的影响。由于影响因素众多,这样的组合难以在枚举的方式下找到优化的工艺参数和工艺方案。应用科学的优化方法,在庞大的数据空间中快速找寻优化的工艺参数与工艺方案。常用的工艺质量优化方法包括遗传算法、帝国竞争算法、粒子群算法等启发式优化算法。这类算法的好处是在兼顾寻优效果的同时保障了寻优的速率。除了这种在数据空间中寻优,对于有明显规律的变量关联,还可以直接通过解析式进行拟合逼近,并通过偏导函数进行寻优方向的调整。对于工艺与质量之间关联较为简单的情况,可以改为采用单纯形法、凸规划等一般优化理论方法完成工艺参数的寻优。最终在明确的关联关系的基础上,通过采用各种优化方法完成工艺优化。

以电子制造业核心技术之一的表面贴装技术（SMT）为例。SMT生产线主要包括锡膏印刷、贴片、回流焊、测试包装等环节,各个环节都可能导致最终产品的质量问题。其中,锡膏印刷是SMT生产线最重要的环节。工作人员先利用终端SMT生产线在运行过程中产生的包括人、机、料、法、环等多个方面的质量数据,结合深度学习等大数据技术,可构建锡膏印刷质量预测模型；再根据锡膏印刷质量预测模型的结果,反向优化锡膏印刷的工艺参数,从而提升生产质量,如图3-7所示。

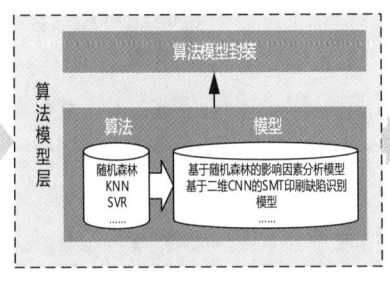

图3-7 SMT生产线工艺参数的优化

在目前的工业生产过程中,随着大规模定制化制造方向的兴起,离散制造成为生产该类型产品的主流方式。由于离散制造的产品类型多样,加工工艺参数众多且变化复杂,其生产工艺优化成为企业面临的技术难点。与传统工艺场景不同,这种大规模定制化的离散制造只是在一定范围内进行细节的调整,生产一系列形状、尺寸、性能相似的产品,无法收集到足够的数据,因此无法通过传统的 SPC 方法进行简单的工艺稳定性评价或工艺影响因素判别。

学术界和工业界提出的加工系统动力学分析与基于人工智能的质量数据分析相融合的方法,能够从多种微小的加工工况中提取到对应的共性,并在产品的质量特性上累积质量效应。目前此方法仍处于研究阶段,但其提出了将质量大数据与传统工业机理相结合的思路,在未来将逐步得到应用,有效解决复杂工艺的质量优化问题。

3.3.3 以产品质量为导向的设备预测性维护

对生产企业来说,在进行设备维修时经常采用定期的预防性维修策略,存在过度保养(影响产能)与欠保养(影响产品质量与设备寿命)并存的情况。在质量大数据的支撑下,基于物料追溯模型,生产企业可以及时发现设备性能的劣化,并可以预知其对质量的影响,在主动调整工艺参数的同时,基于质量与产能的均衡,有针对性地实现以产品质量为导向的设备预测性维护。

对于设备提供商,生产企业的生产质量大数据为其设备设计提供了方向。使用期设备的异常状态、性能劣化曲线、不同工况/环境/材料等要素下的质量表现,让设备设计与生产需求更适配,避免过度设计或欠设计,也为设备提供商从供应商的角度参与生产企业质量问题的解决提供了可能。

这两种应用场景都是基于生产要素动态变化处置流程(见图 3-8)完成的。在产品工艺设计环节,该流程引入失效分析和故障处置相关知识模型,分析要素不确定或要素动态变化产生的影响,进行在线预警和措施推荐;在生产加工环节,该流程基于过程工艺参数的动态变化情况,对质量结果进行预测,通过工艺参数在线优化功能模型,对加工工艺、设备控制指令等及时调节,保证生产过程处于受控状态,质量水平处于动态稳定状态;在检验和调试测试环节,该流程基于质量预测分析模型对出现的问题快速纠正。

以产品质量为导向的设备预测性维护如图 3-8 所示。

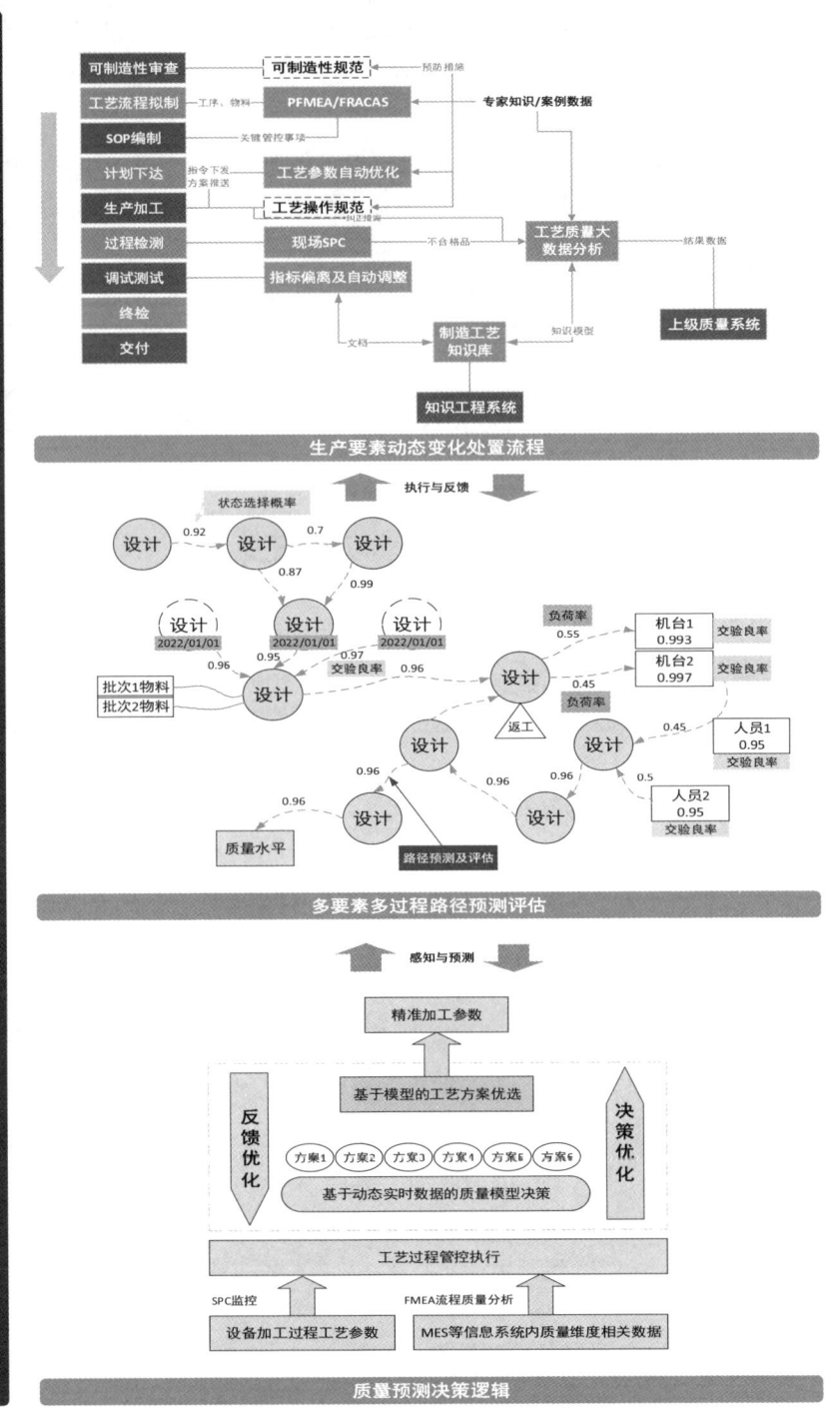

图 3-8 以产品质量为导向的设备预测性维护

3.4 应用模式二：供应链产业链的质量协同优化

由于现代工业门类体系庞大且环节众多，产品的质量优化已经无法由一家企业或一个流程来完成，需要借助供应链产业链中上下游企业/部门的充分协作。以存储类芯片为例，从石英砂开采到最终的成片，涉及工序达一千多道，上下游覆盖企业类型多达数十种。这样大体量的工程，需要供应链上下游企业间的精密协同配合和质量数据互通才能完成。

产业链质量协同是指构建"全员、全过程、全价值链"的质量生态系统，实施"全价值链的全面质量管理"，满足服务对象和各相关方的需求，促进产业及相关组织健康可持续发展。产业链是指各个产业部门之间基于一定的技术经济关联，依据特定的逻辑关系和时空布局关系客观形成的链条式关系形态，是一个多元、多主体的过程链条，或多组织联合互动的产业系统。网络化、数字化为产业链上下游要素资源的有效整合提供了可行的技术手段，为行业质量管理与检测带来契机。

从推进供应链产业链的质量协同优化的角度来看，需要上下游企业的相互协助和明晰的质量数据管理体系，避免因合作造成数据泄露等安全事故。从国内外企业的发展情况来看，供应链质量协同模式主要为供应链上的一个或几个头部企业，针对该供应链质量控制的问题建立一套模型，要求上下游企业按照流程共享数据，并以此作为促进供应链的质量薄弱环节改善的依据。例如，波音公司和苹果公司都自主研发了供应链协同系统，明确各企业在供应链中产品质量、成本、效率等方面的定位，促使企业不断优化产品的生产过程，最终服务于产品的竞争力提升。国内在供应链质量协同管理方面仅提出了一些理论，并无企业大规模实践的案例。从产业体系来看，我国具有完善的工业产业链和制造能力，并在一些地方有着各种类型的工业产业集群，加上许多产品的制造工艺较为成熟，这使得国内企业在供应链管理上更注重效率，而非质量问题。这些企业在市场上发现产品质量问题后，更倾向于通过采用售后手段解决。从实际问题来看，我们尽管有最全面的生产供应链，但由于大多数企业的盈利水平较低，并不具有对质量水平开展系统性提升的实力。因此对我国来说，帮助企业建立供应链质量协同管理体系，仍需要政府在资金和政策上的支持。从实施的风险来看，完成供应链质量协同管理，需要做好两步工作。

（1）产业质量基础设施资源共享和协同。

以产业链为纽带，依托行业协会、生产性服务机构、产业联盟和大中型骨干企业，结合行业趋势与现状分析，布局并推动计量、标准、检测、认证等质量基础设施的建设；以产业集群为基础，应用大数据技术深入分析产品质量、品牌、知识产权和技术性贸易措施等，协同推动完善产业链标准体系、质量管理体系和知识产权管理体系；结合供应链产业链的质量追溯体系，依托大中型骨干企业，牵头提升重点领域上下游产业标准的协同性和配套性，加强质量数据资源的建设，建成覆盖全产业链和产品全生命周期的质量标准体系和质量数据资源体系，推进产业质量基础设施资源在产业中的深度应用。

（2）基于平台的产业链安全和自主可控能力保障。

平台化商业模式突破以一个组织为管理对象的限制，将质量管理扩展至所有相关方，构建"全员、全过程、全价值链"的质量生态系统，实施"全价值链的全面质量管理"。工业互联网作为新一代信息技术与现代工业融合发展的新模式，以数据为纽带，打造开放共享的价值网络，将制造产业的设备、数据、技术、管理、市场等多要素全面互联，以丰富多样的数据驱动经营管理、产品设计、生产制造、产品运维等关键环节的资源优化，实现供应链、管理链、服务链、产业链的整体质量提升。以高端装备制造为例，亟须实施高端装备国产化研制质量提升攻关，依托工业互联网平台的数据和工业机理知识，攻克一批影响质量提升的关键共性质量技术，组织实施基础零部件、基础工艺、基础材料、共性技术研究的质量提升，加强质量技术改进、技术创新和管理创新，使重点产品的关键质量性能、质量可靠性、环境适应性、使用寿命等指标明显提升，推进质量可靠性技术升级和质量技术创新发展，提升产业链的安全和自主可控能力。

3.5 应用模式三：质量生态共建、共创与共享

具备平台化运行和社会化协作能力的企业，要推进质量大数据相关资源、能力、业务的在线化和平台化，与生态圈内的合作伙伴共建质量大数据管理平台，实现生态圈内数据的智能获取、开发、在线交换和利用，建立以客户导向、智能驱动、生态共赢为核心的质量大数据生态体系，充分运用大数据分析等数字技术开展生态圈质量智能预测和协同管理，逐步打造质量共生创新生态。

相关行业协会、龙头企业、社会团体、专业机构等应依托工业互联网平台、数据集成平台等，建设的质量大数据公共服务平台如图3-9所示。

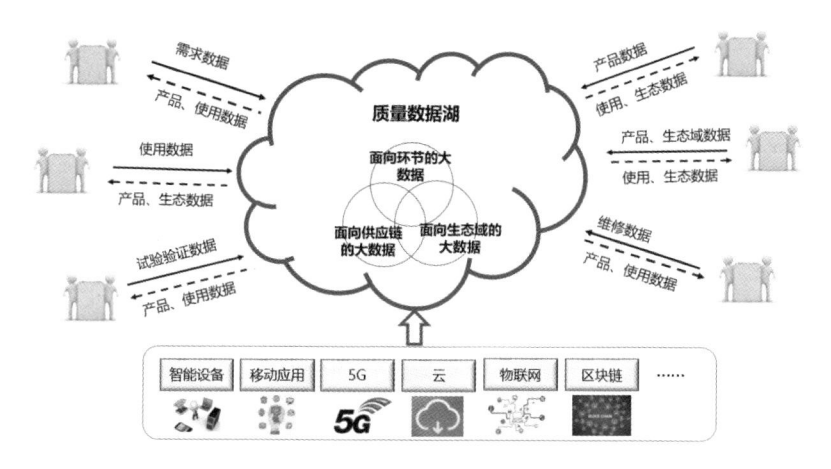

图 3-9　质量大数据公共服务平台示意图

一方面，质量大数据公共服务平台提供平台化数据共享服务，利用区块链技术多中心化架构、数据不可篡改的特性构建底层可信数据支撑体系，通过汇集质量管理、政府监管、企业运营、第三方服务等的数据形成质量数据湖，以数据为支撑采用"平台+生态"的发展理念，提供一体化质量提升服务，形成机构制定标准、第三方提供检测、企业加强提升、数据反馈企业的"多方共治一体化"闭环运行模式，提供质量信息在线查询、质量风险分析、质量成本分析和质量追溯等服务，为高质量发展和品牌提升提供新动能。

另一方面，质量大数据公共服务平台赋能质量提升，实现质量数据、知识、经验方法的数字化、模型化、平台化，通过高效复用降低质量管理成本，提升质量创新水平。企业要推动质量大数据公共服务平台与其他企业的研发设计平台、生产制造平台集成，促进业务的协同创新，推进质量管理与技术创新、产业化布局的同步规划和一体化建设。同时，企业要基于质量大数据公共服务平台提供的质量大数据管理诊断服务，加强诊断指标和数据的迭代优化，加强对质量大数据管理的诊断、培训和辅导，提升质量管理的整体绩效。

基于质量大数据和工业互联网，有可能形成产业集群的新生态。龙头企业将质量管理与工艺的知识以工业 App 的形式沉淀下来，以工业互联网为载体，将成熟的质量管理方法传递给周边企业，形成领先企业带动其他企业的新模式。例如，在电子消费品更新换代快的情形下，很多机台不太适应新型号的质量要求，但将这些机台简单淘汰非常可惜，因为对于一般产品，这些机台仍然是很好的设备，并且在此生产线上已经积累了大量的质量管理与工艺的经验。若能够把这些机台转移到中小企业，并将其工艺经验、工程能力、质量控制、原材料的采购能力以工业互联网的形式一并转移，可快速提升中小企业的加工能力，有可能形成产能转移及制造协同的新生态。

第 4 章

质量大数据的数据维度分析

质量数据是实现数字化质量管理应用的前提与基础,基于信息化手段集成质量数据,建设质量大数据资源,以动态化、流程化、平台化的形式对其进行智慧敏捷化管理,以平台化、脱敏化、模块化的方式进行数据安全共享,推动质量管理智能应用,最终将实现产业链质量管理水平的提升。

本章聚焦质量大数据的数据维度,从数据来源、数据资源体系、数据治理体系三个方面阐述质量大数据资源的构建方法,系统地回答了"质量数据在哪里""质量大数据资源怎么建""数据质量怎么保障""质量数据怎么用"等问题。质量大数据资源的总体框架如图 4-1 所示。

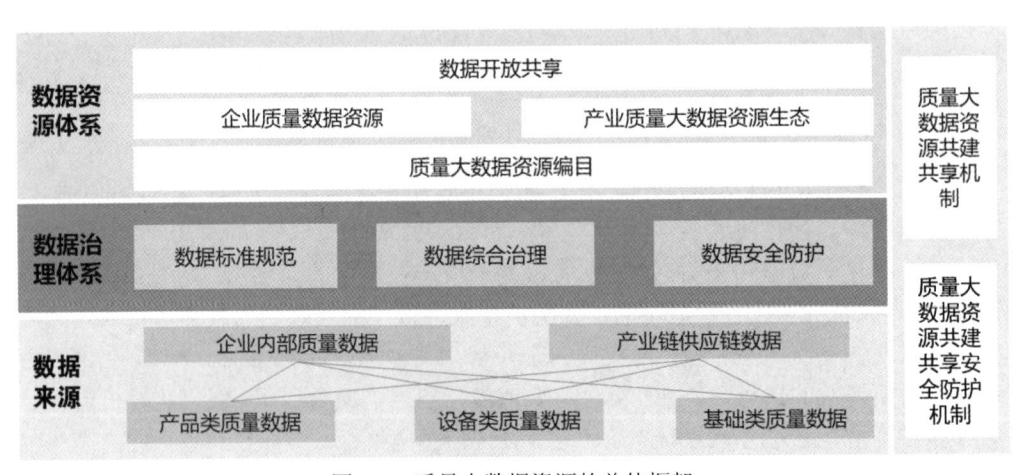

图 4-1 质量大数据资源的总体框架

4.1 数据来源

质量大数据是指围绕工业产品的各种质量要求（功能性质量、性能性质量、可靠性质量、感官性质量等）在不同阶段（产品设计、生产制造、运营维护等）所产生的与产品质量相关的各类数据的总称。

从数据类型角度来看，质量大数据分为产品类质量数据、设备类质量数据、基础类质量数据。其中，产品类质量数据是指产品全生命周期的质量数据，包括需求分析、研发设计、生产制造、使用、回收、营销等环节产生的与产品直接相关的质量数据；设备类质量数据是指生产系统运行与维护的数据，包括生产设备运行、维护维修等环节产生的间接影响产品质量的数据；基础类质量数据是指产业生态质量数据，包括供应链质量生态数据、政府监管质量数据、外部环境数据等。

从数据空间分布的角度来看，质量大数据一般可分为两类：一类是企业内部与生产、运营、管理相关的质量数据，包括产品研发设计、生产制造、运维服务等环节的质量数据，存在于企业或产业链内部，一般来源于企业的生产运营管理系统，如 CAX、PLM 系统、ERP 系统、MES、QMS、WMS、SCADA 系统等；另一类是供应链产业链数据，包括市场质量需求数据、供应链生态质量数据、环境数据、质量监管数据等。

从数据产生主体角度来看，质量大数据一般由人、生产设备和工业产品产生。人产生的数据是指由人输入到计算机中的数据，如设计数据、业务数据、测试数据等；生产设备产生的数据是指作为企业资产的生产工具在生产过程中产生的数据，如工厂生产调度、质量控制等数据；工业产品产生的数据是指企业交付给用户使用的物理载体产生的数据，如通过传感器感知到的产品运行状态信息。

4.2 数据资源体系

4.2.1 数据资源目录

制造企业的质量管理决策者在开展质量管控与分析时，大都面临着相同的问题：不明确企业内部有哪些质量数据；数据存储在什么地方；如何才能更好地发现数据、管理数据，并充分挖掘其价值。这些问题可以通过构建质量大数据资源体系编目解决。

质量大数据：体系与应用

构建质量大数据资源体系编目，能够有效地整合企业内部各部门，以及跨企业、跨区域间的质量数据信息，推动全供应链质量数据资源的共建，实现产业质量数据的集成与融合，打通信息壁垒，做到质量数据的敏捷化管理，为质量需求分析、质量趋势分析、质量预警、质量优化等数据应用服务提供数据支撑。

针对企业建设质量大数据的需求，从产品全生命周期的角度，可将企业质量大数据资源体系划分为产品设计质量数据、产品生产质量数据、产品售后运维质量数据、产品报废回收质量数据、供应链质量数据五大维度，同时根据这五个维度的数据特点及属性，进一步将企业质量大数据资源体系划分为15个三级类目、42个四级类目，形成质量大数据资源体系编目，如图4-2所示。

1. **产品设计质量数据**

产品设计质量数据包括质量设计需求、产品设计数据、设计评审信息三类数据。其中，质量设计需求涵盖功能性质量需求、经济性质量需求、社会性质量需求；产品设计数据包括产品设计方案数据、产品设计质量性能、产品质量仿真及试验数据，如设计图纸、设计参数等；设计评审信息包括方案质量评审、设计缺陷闭环管理信息，如设计质量评估、风险评估、设计缺陷及改进等。

2. **产品生产质量数据**

产品生产质量数据包括产品试制质量数据、产品量产质量数据、产品质量检测数据三类数据。其中，产品试制质量数据包括试制环境信息、试制工艺信息、试制质量闭环管理信息，如设备信息、材料信息、设备运行数据、质量缺陷分析及改进信息等；产品量产质量数据包括人员信息、设备质量信息、量产环境信息、工艺质量信息、生产质量闭环管理信息、质量评估信息，如人员基本信息、设备运行数据、质量异常信息等；产品质量检测数据包括来料检测数据、半成品检测数据、成品检测数据，如检测方法、检测环境、检测设备、检测结果、产品批次等。

3. **产品售后运维质量数据**

产品售后运维质量数据包括产品物流质量信息、产品使用数据、产品维护数据、产品维修数据四类。其中，产品物流质量信息包括物流及调度信息、物流质量，如运输方式、运输成本、运送质量等；产品使用数据包括产品运行状态数据、关键部件监控数据、产品使用环境数据、客户使用评价，如运行时间、运行参数、使用温湿度等；产品维护数据包括维护策略、维护保养记录，如预防性维护措施、历史维修记录等；

产品维修数据包括故障信息、故障分析信息、维修信息，如故障时间、故障模式、故障机理分析、维修方式、维修成本、备件信息等。

4．产品报废回收质量数据

产品报废回收质量数据包括回收质量评估信息、回收工艺质量信息、回收质量检测信息三类。其中，回收质量评估信息包括产品回收策略、零部件回收性能评估信息，如产品零部件分级回收标准、技术指标、回收性能等；回收工艺质量信息包括回收处理工艺、回收设备信息、回收质量信息，如回收工艺设计、工艺参数、设备运行参数、拆卸质量等；回收质量检测信息主要是指零部件质量性能检测信息，如检测方法、检测环境、检测设备、检测人员、检测结果等信息。

5．供应链质量数据

供应链质量数据包括供应链上下游的物料质量信息、供应商质量信息两类。其中，物料质量信息包括电子类器件质量性能信息、机械类部件质量性能信息、基础辅料质量性能信息，如物理化学性能指标、出入库检测信息等；供应商质量信息包括供应商服务能力、供应商供货能力，如供应商的服务质量信息、信息共享成熟度、历史供货信息、供货风险等。

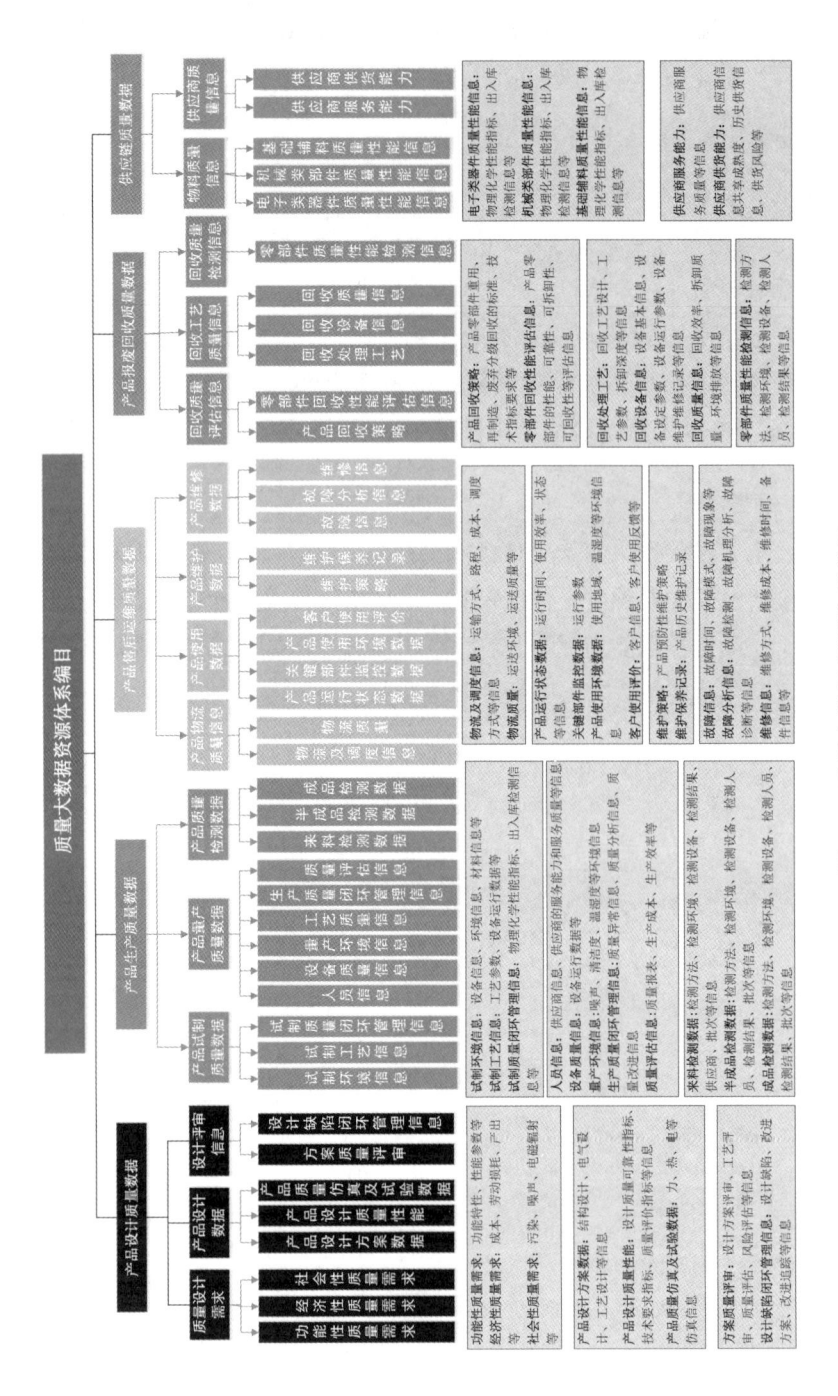

图 4-2 质量大数据资源体系编目

4.2.2 数据资源融合

数据资源融合是指将业务系统、数据采集器中多层次、多角度、多方面的异构质量数据接入并融合到数据资源平台，为数据分析挖掘、数据服务应用提供基础数据资源，以实现全业务、全组织、全过程的数据关联和挖掘。数据资源融合可以采用图 4-3 所示的 JDL 模型，该模型把数据融合划分为 5 个层次，并为不同领域的数据融合提供了一个较为统一的流程，明确了数据融合的过程、功能及可用技术。

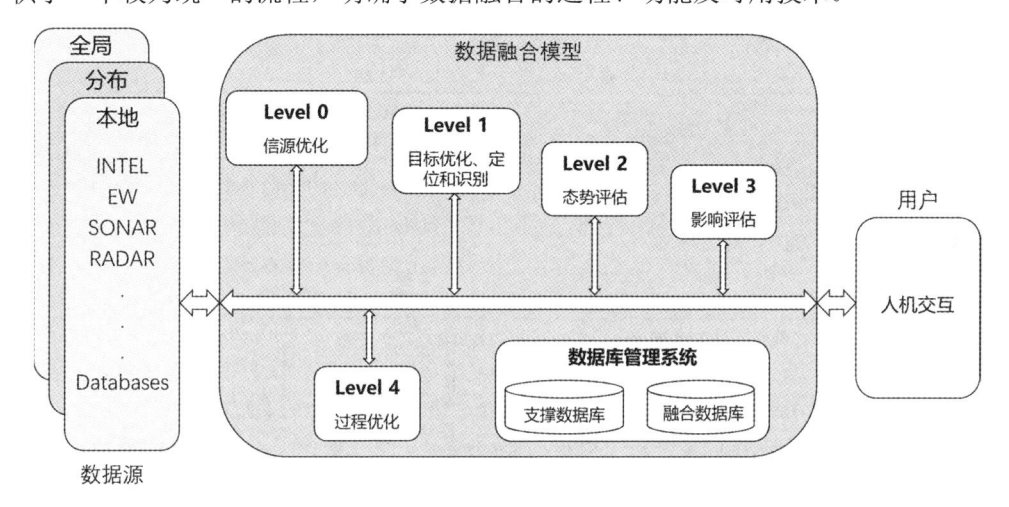

图 4-3 JDL 模型

在数据融合过程中，要结合业务需求及质量数据源的特点，选择数据级融合、特征级融合和决策级融合的方式；在数据融合体系的结构方面，一般采用集中式结构、分散式结构、分布式结构，其中分布式结构既可节省通信和计算消耗，又可提升融合速度，获得广泛应用。数据融合的关键是融合算法，融合算法包括加权平均法、卡尔曼滤波法、聚类分析法等，可根据质量数据源的特点来选择融合算法。典型的数据融合算法如表 4-1 所示。

表 4-1 典型的数据融合算法

数据融合算法	概述	特点
加权平均法	加权平均法是最简单、直观的数据融合算法，它为不同传感器提供的数据赋予不同的权重，通过加权平均生成融合结果	该算法直接对原始传感器数据进行融合，能实时处理传感器数据，适用于动态环境，但是其权重系数带有一定的主观性，不易设定和调整

续表

数据融合算法	概述	特点
卡尔曼滤波法	卡尔曼滤波法常用于实时融合动态底层冗余传感器数据,用统计特征递推决定统计意义下的最优融合估计	卡尔曼滤波法的递推特征保证系统处理不需要大量的数据存储和计算,可实现实时处理,但是其对出错数据非常敏感,需要有关测量误差的统计知识作为支撑
贝叶斯推理法	贝叶斯推理法将每条传感信息依据概率原则进行组合,在设定先验概率的条件下计算出后验概率,然后基于后验概率做出决策	该算法难以精确区分不确定事件,在实际运用中定义先验似然函数较为困难,当假定与实际矛盾时,推理结果很差,在处理多假设和多条件问题时相当复杂
D-S 证据理论	D-S 证据理论允许对各种等级信息的准确程度进行描述,并且允许描述未知事物的不确定性	该算法不需要先验信息,通过引入置信区间、信度函数等概念对不确定信息进行描述,可解决不确定信息难以表示的问题,但其计算复杂性呈指数级增加,会引起计算爆炸问题。此外,组合规则对证据独立性的要求使得该算法在解决证据本身的冲突问题时可能出错
聚类分析法	聚类分析法是指通过关联度或相似性函数来表示特征向量之间相似或不相似程度的值,据此将多维数据分类,使得同一类内样本关联性最大,不同类之间样本关联性最小	该算法在标识类应用中模式数目不是很精确的情况下效果很好,可以发现数据分布一些隐含的有用信息,但其本身的启发性使得算法具有潜在的倾向性,聚类算法、相似性参数、数据的排列方式,甚至数据的输入顺序等,都对结果有影响
粗糙集理论法	粗糙集理论法的主要思想是在保持分类能力不变的前提下,通过对知识的归纳导出概念的分类规则	粗糙集理论法是一种处理模糊性和不确定性的数学方法,利用粗糙集理论法分析决策表可以评价特定属性的重要性、建立属性集的约简,以及从决策表中去冗余属性、从决策表中导出分类规则并利用得到的结果进行决策
模板法	模板法应用"匹配"的概念,通过预先建立的边界来进行身份分类	模板法把多维特征空间分解为不同区域来表示不同身份类别,通过特征提取建立一个特征向量,通过对比多传感器观测数据与特征向量在特征空间中的位置关系来确定身份
模糊理论法	模糊理论法以隶属函数来表达规则的模糊概念,在数字表达和符号表达之间建立一个交互接口	该算法适用于处理非精确问题,以及信息或决策冲突问题的融合
人工神经网络法	人工神经网络法是指模拟人脑的结构和智能特点,以及人脑信息处理机制的构造模型,是对自然界某种算法或函数的逼近,也可能是对一种逻辑策略的表达	人工神经网络法处理数据的容错性较好,具有大规模并行处理能力,具有很强的自学习、自适应能力,在某些方面可能替代复杂耗时的传统算法

续表

数据融合算法	概述	特点
专家系统法	专家系统法是指具备智能特点的计算机程序具有解决特定问题所需要的专门领域的知识，在特定领域内通过模仿人类专家的思维活动、推理及判断来解决复杂问题	专家系统法可用于决策级数据融合，适合完成那些没有公认理论和方法、数据不精确或不完整的数据融合
关联分析法	关联分析法可将原始数据进行重新组织，梳理出数据的流向、行为、脉络、层次等，形成数据关系图谱	关联分析法适合网络安全数据的融合处理

4.2.3 数据共建共享

质量大数据的共享是发挥数据价值的关键。建立统一的质量大数据资源共建共享机制，打破部门—企业—区域的数据交换壁垒，激励企业数据资源的开放共享，建立统一的质量数据交易体系，逐步推进质量数据共建共享的广度和深度，可实现质量数据深度挖掘与应用，发挥质量数据的真正价值，构建质量大数据资源开放共享、合作共赢、可持续发展的生态圈。

- 建立质量大数据共建共享顶层框架（制度保障）：在产业方面，加强质量大数据资源共建共享的顶层设计，制定质量大数据资源共建共享方面的法律法规、政策制度、保障体系，构建部门—企业—区域数据共建共享技术标准体系，完善数据监管、数据安全防护方案，保障数据持续、高效、安全地运行。
- 数据共建共享模式（技术保障）：在质量数据全生命周期的各层级，建立统一的数据采集、存储、分析、交换的标准规范，为质量大数据资源的共建共享提供技术保障；构建质量大数据平台，促进部门—企业—区域不同层级的数据资源建设，支持数据资源的分级分类管理，建立数据共享激励机制，促进企业数据开放共享。
- 构建统一的数据交易体系（交易共赢）：在国家层面，建立统一的质量数据交易体系，以统一标准来培育质量大数据交易市场，以基本规范来提升市场服务能力和大数据行业管理水平，从而支撑质量大数据领域发展，不断激发企业的质量数据共享意愿，促进形成合作共赢、可持续发展的数据生态圈。

4.3 数据治理体系

质量大数据具有很强的业务性，呈现出多模态、强关联、高通量、重时序等特点，面临着数据治理体系构建困难、数据标准体系不够完善、数据安全及质量管理有待深入、数据共享应用水平较低等多重问题。本书参考 GB/T 34960.5-2018《信息技术服务 治理 第 5 部分：数据治理规范》给出的数据治理框架，从顶层设计、数据治理环境、数据治理实施过程和 IT 能力四大部分构建质量大数据综合治理体系，其中重点关注供应链质量协同、企业产品全生命周期质量优化等业务应用的价值流打通及数据清洁，同时构建质量数据架构管理、数据质量管理等的标准与规范。

本节基于数据治理的理论框架及活动要求，提出较为通用的质量大数据综合治理体系。该体系以数据管控为核心，通过数据管控统领数据战略顶层规划、数据架构、主数据管理、元数据管理、数据质量管理、数据交换与管理、数据开放与共享等。

数据标准体系是定义数据需求、管控数据资产，并且与业务战略相匹配的一套整体构建规范，包括数据模型设计、数据资源管理等。

数据质量管理包括规划和实施数据质量管理技术，用测量、异常监控、评估等提高数据的适用性，提高数据对业务和管理需求的满足度。

数据安全防护能够确保数据的隐私和机密性得到维护，确保数据不被破坏、能被正确访问。通过采用各种技术和管理措施，数据的机密性、完整性和可用性得到保证。

此外，数据治理环境是数据治理实施的保障。组织需要分析国际质量相关法律法规、产品市场质量提升要求、组织内部质量需求等，确保数据治理策略能够适应内外部环境的变化。同时，数据治理相关角色的职业技能、组织内部的数据文化、信息技术的发展趋势等，都是数据治理的促进因素，对数据治理起到支撑、保障作用。

数据从业务中产生，在 IT 系统中得到承载，因此有效的数据治理需要业务的充分参与，更需要 IT 工具的支持。IT 工具包括主数据管理、元数据管理、数据归集、数据质量管理等的工具或平台。

4.3.1 数据标准体系

1. 顶层设计，建立数据管理总纲

顶层设计包含战略规划、组织构建和架构设计，是数据治理实施的基础。通过顶

第4章 质量大数据的数据维度分析

层设计，制定战略规划，包括愿景、目标、任务、内容、边界等，构建数据管理总纲，指导数据治理方案的建立；建立支撑战略规划的组织机构和组织机制，明确相关实施原则和策略，建立岗位角色，能够确保权责利的一致；在架构设计方面应关注技术架构、应用架构，满足数据管理、数据流通、数据服务和数据洞察的应用需求。

对质量数据管理的顶层设计而言，需要针对企业、产业、第三方服务机构等的质量相关业务情况，按照产品全生命周期、生产系统或者行业公共质量服务等维度，从愿景、目标、内容、边界等方面形成总体数据治理政策；从决策层、管理层、执行层等维度明确组织机构和机制；从产品质量提升、生产系统质量提升等业务技术、数据应用的需求等方面构建总体技术架构。

2．建立数据标准体系

企业应在质量数据需求分析及现状评估的基础上，围绕业务需求明确数据架构，并进行业务标准化，同时考虑数据质量、数据流通、数据安全等方面，建立一套综合制度体系——数据标准体系，如图4-4所示。数据标准体系包含了技术标准、数据标准、应用标准与管理标准（管控制度流程体系）。

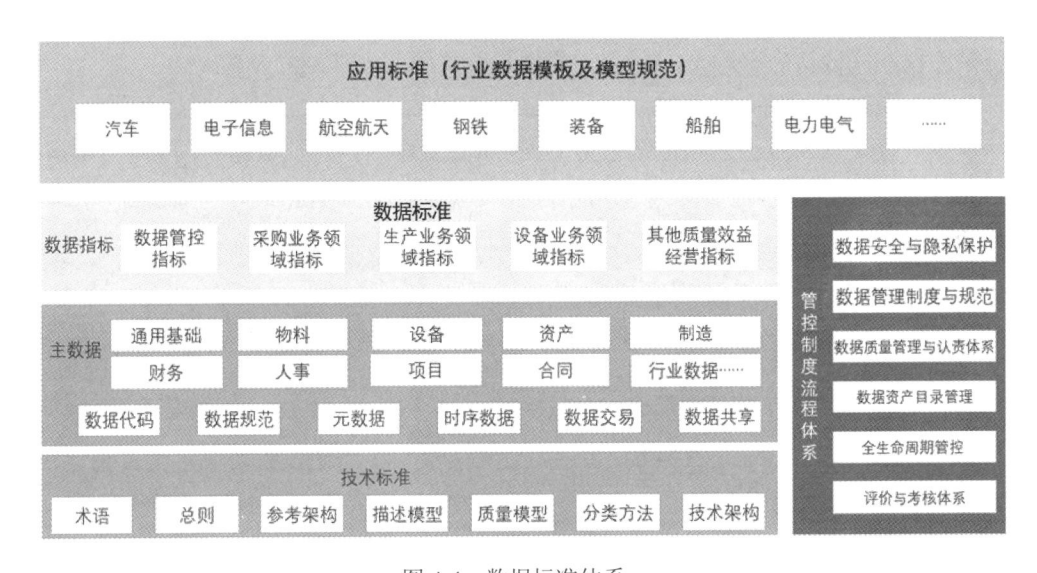

图4-4 数据标准体系

技术标准包含术语、总则、参考架构、技术架构等基础标准，以及数据集描述、数据全生命周期操作的标准，如描述模型、质量模型、分类方法等。

数据标准包含元数据、数据指标、主数据、数据代码、数据规范、时序数据、数据交易与数据共享等。数据指标包含数据管控指标、采购业务领域指标、生产业务领域指标、设备业务领域指标，以及其他质量效益经营指标。主数据包括通用基础、物料、设备、资产、制造、人事、财务、项目、合同等主题领域的主数据，以及按技术领域或者行业划分的主数据，如电子信息、航空航天、质量技术等领域的主数据。

应用标准可参考工业行业编制。在通常情况下，技术标准与数据标准可以参考国际标准和行业标准，结合组织的业务特点与需求编制。

管理标准主要包括数据安全与隐私保护、数据管理制度与规范、数据质量管理与认责体系、数据资产目录管理、全生命周期管控、评价与考核体系等。其中，评价与考核体系是对各层级的数据治理工作进行评价、考核与激励的重要环节。

4.3.2 数据质量管理

数据质量管理是质量大数据发挥作用的前提，保障数据质量是数据治理的重中之重。数据质量管理不是追求100%的质量，而是从数据使用者的角度使数据满足业务、用户的需要。接下来从以下六个维度对数据质量进行描述。

（1）完整性。

完整性是指数据在创建、传递过程中无缺失和遗漏，包括实体完整、属性完整、记录完整和字段值完整四个方面。完整性是数据质量最基础的一项。

（2）及时性。

及时性是指及时记录和传递相关数据，满足业务对信息获取的时间要求。数据交付要及时，抽取要及时，展现要及时。数据交付时间过长可能导致分析结论失去参考意义。

（3）准确性。

准确性是指真实、准确地记录原始数据，无虚假数据及信息。数据要准确反映其所建模的"真实世界"实体。

（4）一致性。

一致性是指遵循统一的标准记录和传递数据，主要体现在数据记录是否规范、数据是否符合逻辑。

（5）唯一性。

唯一性是指同一数据只能有唯一的标识符，具体是指在一个数据集中，一个实体只出现一次，每个唯一实体有一个键值，并且该键值只指向该实体。

（6）有效性。

有效性是指数据的值、格式和展现形式符合数据定义和业务定义的要求。

以数据质量管理为核心的综合治理主要依靠产品全生命周期质量优化、组织质量管理优化、供应链质量协同优化、产业质量基础公共服务等业务价值流推进数据管控。

数据质量管理以业务需求为驱动,以数据清洁为目标,通过体系管控,提升数据质量。数据质量管理是在通过主数据管理、收集业务需求等了解数据的情况下开展的:首先结合具体的场景数据及服务需求,编制标准定义和数据规则;其次将标准定义纳入数据集成、迁移、建模分析等业务和数据技术流程;最后,长期开展数据质量监控、评估工作,不断对数据规则进行调整,使其适应业务需求。在数据质量管理过程中,数据质量综合评价是常态化工作,包括数据剖析、数据质量诊断、编制数据处理规则、异常数据监控等工作。

采用自上而下的顶层设计模式进行数据治理,成本高,涉及的业务及对象繁多,系统工作量巨大。因此,业界正探索一种自下向上的数据治理模式。该模式以需求为驱动力,以解决数据问题为导向,推动组织整体数据治理的逐步完善,又称"按需治理",其典型参考框架如图 4-5 所示。

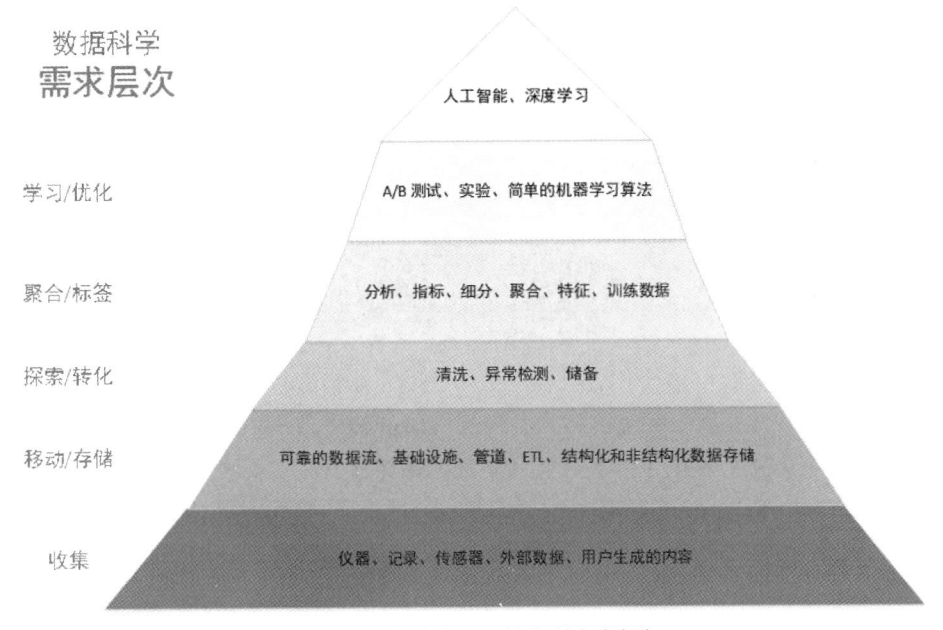

图 4-5 "按需治理"的典型参考框架

该框架以质量分析与管理业务场景为牵引,采用单点突破、端到端的打通,通过敏捷迭代的方式推进企业数据治理。其显著特点是"问题导向、系统建设、快速见效",以解决各业务部门和业务系统数据管理中的问题为出发点,通过使用成熟的数据治理工具,快速搭建数据治理平台,实现对问题的逐个击破,并探索全面的解决方案。

自下而上的数据治理模式一般以完成企业面临的数据质量管理任务为切入点,然后逐步扩展到数据模型管理、数据标准管理、数据安全管理等其他数据管理职能。

4.3.3 数据安全防护

数据安全是跨工业领域与学科的综合性问题。质量大数据的安全技术体系可分为质量大数据接入安全、质量大数据平台安全、质量大数据共享与应用安全。其中,质量大数据接入安全为工业现场数据的采集、传输、转换提供安全保障机制;质量大数据平台安全为质量数据的存储、计算提供安全保障;质量大数据共享与应用安全为上层应用的接入、数据访问、数据交换与共享等提供强有力的安全管控。质量大数据共享与应用安全可从以下几个方面考虑。

(1)数据集可信性检测及防护。

质量大数据平台安全、可靠地运行高度依赖数据集的有效性和正确性,数据一旦出现错误或被注入恶意数据,将出现数据污染,威胁依赖数据集训练的模型和算法的安全。应用数据集可信性检测及防护技术保障数据在收集、传输阶段的真实性、完整性和可靠性,可为后续数据分析的可信性奠定基础。

(2)跨平台数据交换与共享安全。

针对质量数据跨平台、跨区域的开放共享、互联互通、协同分析等要求,应用基于敏感度的数据安全域划分、数据跨域流动管控、动态数据安全交换共享、数据可用不可见等关键技术,对不同敏感度等级的域间数据的流动、使用过程进行管控,做好数据流动过程中的审计,可实现数据事件可追溯,确保数据交换共享过程的安全性。

(3)基于区块链的数据应用服务安全。

区块链技术具有可信协作、隐私保护等优势,在被应用到质量大数据平台时,能提升平台的安全性。基于区块链技术,为跨域集群建立业务共享通道,并利用高效共识机制协同更新分布式账本,能确保信息来源可信、数据可追溯,以及通道内部数据的传输安全和隐私安全。利用区块链技术的不可篡改、分布式共治等特点,将平台各节点构建成联盟链,可实现节点的自治性预防保障、运行时异常监测和受损状态的自愈合。

第 5 章

质量大数据的技术维度分析

质量大数据作为将大数据技术和质量管理进行交叉融合而形成的新领域，包含庞大的技术体系和知识体系。质量大数据是一个应用型技术领域，由业务问题驱动，不存在明确的技术边界。在质量大数据的产生、存储、处理、传输和分析等方面，存在着各类问题，这些问题的解决方法可能覆盖了机器学习、网络传输、信号处理等领域的知识。本章将从质量大数据体系中的问题出发，对质量大数据的技术维度进行分析。

5.1 技术架构

5.1.1 质量全生命周期架构

质量保证手段应该伴随质量的整个生命周期。质量全生命周期包括三个阶段：事前控制、事中监测、事后分析，如图 5-1 所示。

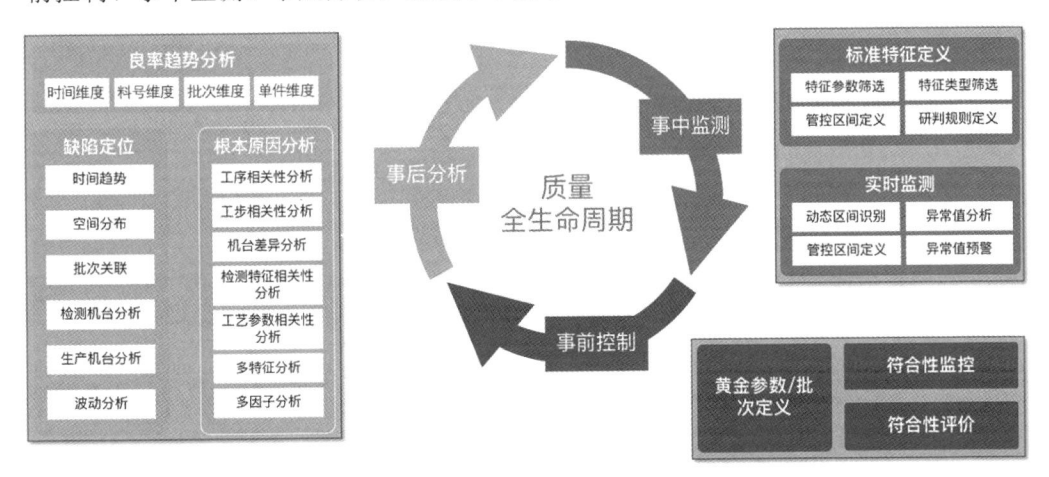

图 5-1 质量全生命周期

在通常情况下，质量保证手段从事后分析入手，因为这是质量问题能直接表现出来的阶段。事后分析主要从生产过程涉及的多维数据中发现和定位质量问题产生的原因。因为典型的生产过程要素非常多，涉及人、机、料、法、环等，并且这些要素都可能影响质量，所以事后分析需要分别针对这些要素或其组合进行横向、纵向的对比。首先，需要根据质量结果对产品的质量趋势进行统计，按照线性维度（可以是时间、批次、生产周期等）进行大范围的统计，对质量的整体波动进行全面了解。其次，针对有质量缺陷的范围，从时间、空间、批次、机台等维度进行统计分析，缩小缺陷产生的数据范围。最后，在定位到缺陷之后，从各个维度进行横向、纵向的对比，找到影响质量的多个要素，并按照相关性进行排序，推断出质量问题产生的根本原因。

事后分析可以有效地洞察质量问题产生的根本原因，但是要消除质量问题，还需要事中监测。事中监测是指在产品的生产过程中采取一系列质量保证手段。例如，需要实时监测关键参数的运行状态，对正常区间进行管控；如果参数超出正常区间，系统就会及时发出警告，及时提醒相关人员采取管控措施进行纠正，防止质量问题的产生。

事中监测的判断标准来自哪里？这需要对产品和各生产要素进行长期的监控和观察，找出最佳的管控区间。在不同的产品和生产要素的组合下，最佳的管控区间也是不同的。这就需要在长期积累大量数据的情况下，对不同组合在历史上的最佳表现进行分析。这样在生产相似批次的产品之前，就可以有针对性地设置相关参数，把潜在质量问题消除在事前。

事前控制、事中监测和事后分析，三个阶段相辅相成，形成闭环，可以帮助企业建立可持续改善的质量管理框架。

5.1.2 质量数据平台的架构

无论在上述哪个阶段，数据都是质量管理的重要基础。为了让数据更好地被管理和消费，企业需要建立质量数据平台，横向打通各线数据，对与质量相关的数据进行统一汇聚和集成。同时，质量数据平台需要端到端地考虑数据消费场景，支持数据管理、数据分析计算管理和质量分析的应用。

质量数据平台的架构分为四层，自下而上分别是数据存储层、数据服务层、数据分析计算层、数据应用层，如图 5-2 所示。

第 5 章
质量大数据的技术维度分析

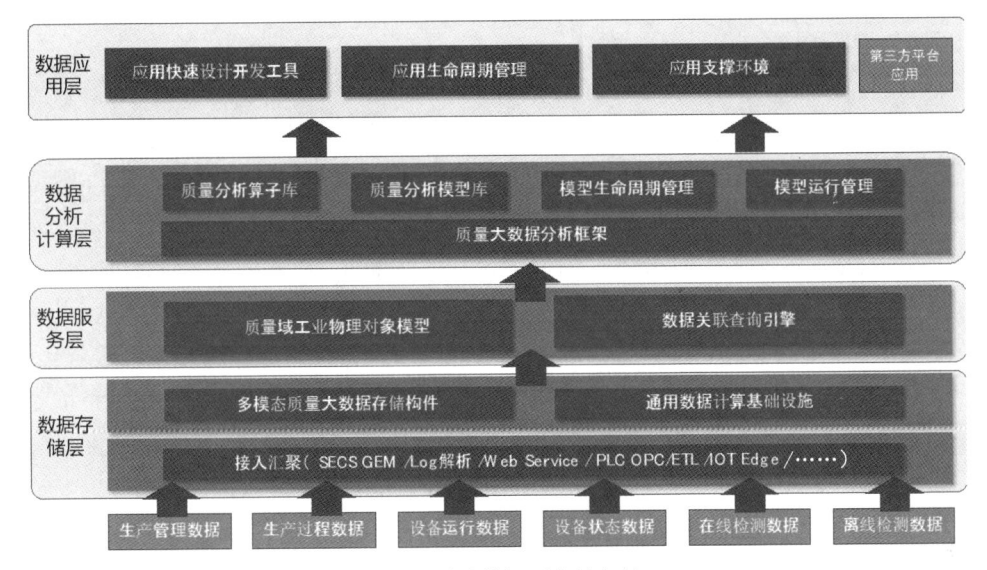

图 5-2 质量数据平台的架构

数据存储层的职责是对各个与质量相关的数据源中的数据进行适配、接入、汇聚和存储。其中，数据源是企业内外部的各条线，内部包括 DCS、MES、ERP 系统、销售管理系统等，外部包括社交网络和互联网产品舆情等。数据存储层具有数据接入的能力，通过适配数据源的协议进行数据采集，并将数据转发、存储。数据存储层的内部可能包含多种异构数据管理系统，因为数据源的形式、存储密度、访问模型不同，如设备时序数据存储于时序数据库，生产要素定义数据通常存储于关系数据库，自动化光学检测（AOI）结果需要存储于文件，在数据存储层的建设思路上，需要有针对性地进行数据管理系统的选型，避免陷入强行统一数据存储架构的误区。数据存储层的主要考量指标包括数据源适配量、数据接入速率、存储容量、数据访问效率、数据抽取效率、数据可用性、横向扩展性、数据存储安全等。

数据服务层负责对数据存储层的数据进行整理和关联，为数据分析计算层提供高质量的数据访问服务。通常来说，质量问题涉及的数据来源和维度非常多，我们需要把不同数据源的数据进行有机的集成，并向上层数据消费者提供统一的数据服务能力。要想进行数据集成，首先要建立统一的数据模型，对以设备为核心的生产过程进行抽象建模，重要的业务实体包括设备、物料、产品、工艺参数等。数据服务层基于统一的数据模型，把上层数据请求分解为对数据存储层包含的各个数据管理系统的查询，并把结果收回汇总。数据服务层屏蔽了数据存储层多源异构的数据管理系统，向上提供富含业务语义的数据查询能力，可以有效地消除业务人员和 IT 技术人员之间的沟通鸿沟，加速质量分析应用创新。业务表达力和查询性能是数据服务层最重要的两个考量指标。

数据分析计算层的职责是管理数据的分析计算过程。从简单的统计到复杂的算法，我们统称为数据分析计算。在业务维度，数据分析计算层的主要职责是对常用的质量数据分析方法进行沉淀。常用的质量数据分析方法包括可视化数据分析、数据分析模板等。在技术维度，数据分析计算层主要包含两种并行计算框架（批计算、流计算的计算框架）和质量数据分析师的分析语言（Python、R 语言、MATLAB 等）。数据分析计算层和数据存储层的交互是双向的，数据分析层既要把数据存储层提供的数据作为输入，也要把一部分分析的中间结果写回数据存储层，进行二次服务化。

质量数据分析最终还是要走向应用化，应用的形态一般包括 Web 应用和移动端应用。数据应用层要求能够以数据分析计算层提供的数据为输入，对数据和操作进行可视化呈现。数据应用层应具备一定的低代码开发能力，让非 IT 专业人员也能定制和编辑自己的应用视图，加快应用创新的速度。

5.2 质量大数据存储技术

5.2.1 多模态数据的数据湖技术

多模态数据是指从不同角度描述工业生产物理过程和物理对象的图像、文本、测量值、日志等多种形式的数据。多模态数据具有的典型特点：不同的数据结构和数据类型，不同的数据体量和生成速率，不同的时空颗粒度，时效性不同，价值密度不同。为了利用数据来刻画和分析物理对象和物理过程，需要把数据以对象和过程为维度进行关联。多模态数据的价值释放所面临的关键技术挑战如下。

（1）多种类型质量大数据的有效存储。

多模态数据包括关系型数据、半结构化数据、非结构化数据、时间序列数据等多种类型的数据，需要提供适用于这些数据类型的数据存储能力。

（2）面向数据间关联的高效计算。

多模态数据之间不仅是数据字段的直接关联，还是物理对象和物理过程的语义关联。这些关联往往需要通过在海量数据之上进行高效计算得出。

质量数据湖是一个集中存储结构化数据、半结构化数据和非结构化数据等各种类型数据的大型数据库，既包括源系统中的原始副本，也包括转换后的数据（用于报表、可视化、数据分析等的数据）。数据湖技术从整体上提供数据接入和存储的基础能力保障，并提供一个高效的通用计算层，这个通用计算层为其上蕴含业务语义的数据分析等提供高效支撑。

第 5 章
质量大数据的技术维度分析

多模态数据的数据湖技术需要突破的是针对不同类型数据的存储技术，针对不同数据类型和计算模式的高效数据处理和计算技术，以及如何对数据分层进行管理。数据湖的关键技术如下。

（1）多模态质量数据存储架构。

针对工业数据在与质量相关的物理过程中的不同阶段、不同流程呈现多种类型（关系、时序、非结构化等）的特点，研制不同的数据存储管理引擎和系统，致力于对多模态质量数据进行高效的接入、汇聚和存储，按照产品编号、产品生命周期、质检情况等对数据进行灵活组织和高效访问。

多模态质量数据存储架构能够存储海量的多模态质量数据，包含具有高可扩展性、高可靠性、高适用性的数据存储层，并针对不同数据类型和计算场景提供高效数据访问和数据计算能力。质量大数据的存储系统类型主要有以下几种。

关系类型数据系统：生产要素定义需要存储于关系类型数据系统中，如企业在自动化、信息化进程中建设的 MES、WMS 等。联机交易系统使用 OLTP 型单机关系数据库或分布式关系数据库系统；联机分析型需求使用 OLAP 型单机关系数据库或 MPP 分布式关系数据库系统。MPP 适用于具有大量关系数据存储需求的场景。OLTP 和 OLAP 混合负载需要构建 HTAP 型关系数据库系统。

时间序列类型数据系统：设备运行、环境监测产生的时间序列数据需要存储于时间序列类型数据系统中，如伴随数字化和智能化的发展建设的 EAP 系统等。针对海量的与质量相关的工业时序数据在接入吞吐量和查询高效性方面的需求，企业需要构建能够满足高性能读写、高效率存储、查询与分布式分析一体化的时序数据管理系统。

对象存储系统：产品质量监测产生的 AOI 数据、机台日志文件等数据需要存储在对象存储系统中。对象存储系统需要具有高可扩展性，支持高效的批量计算，并具有较低的单位容量存储成本和运维成本。

表 5-1 所示为典型的大数据系统的数据模型、技术特性和系统举例。

表 5-1 典型的大数据系统的数据模型、技术特性和系统举例

类型	数据模型	技术特性	系统举例
分布式文件系统	文件系统树状结构	海量大文件，高吞吐量，良好的批处理支持和可扩展性	HDFS
对象存储系统	对象存储	Web 应用访问友好，良好的批处理支持和可扩展性	S3、OSS、MinIO

续表

类型	数据模型	技术特性	系统举例
关系数据库	关系模型	二维表结构,支持 SQL,支持事务处理,广为使用	Oracle、MySQL、PostgreSQL、Greenplum
键值数据库	键值模型	存取键值对,良好的性能和可扩展性	Redis、RocksDB、etcd、Riak KV
时间序列数据库	时间序列模型	高速写入,支持时间序列特色查询(如降采样等),高效压缩存储	InfluxDB、Apache IoTDB
宽列数据库	宽列模型	列数不是提前确定的,可容纳大量列	HBase、Cassandra
文档数据库	文档模型	数据记录无须保持结构一致,数据记录可以有嵌套结构	MongoDB、Couchbase
图数据库	图模型	由顶点和边组成的图结构表示,多跳关系(通过图结构中边的遍历)查询效率很高	Neo4j、JanusGraph

数据存储架构在建设思路上需要有针对性地进行数据管理系统的技术选型,避免陷入强行统一的误区。需要结合需求考虑的维度如下。

- 存储能力与效率:如数据量(TB 级、PB 级、EB 级)、存储安全性等。
- 数据模型:如关系模型、时序模型、键值模型等。
- 数据产生速率。
- 数据查询形式与效率:如是否支持 SQL、访问模式(OLTP 型、OLAP 型或其他)、并发能力、延迟。
- 数据通用计算能力与效率:编程模型、计算模式(批处理、流处理)、吞吐、延迟。
- 系统成本:如计算机节点规模、是否需要特殊硬件。
- 运维难度与适用性:如运维需要哪些方面的技能、数据平台与运维团队的匹配度。

(2)质量大数据处理工具集。

质量大数据处理工具集聚焦如何把数据汇聚到数据湖里,以及为对湖中的数据进行分析和利用提供计算支持。构建高效的通用计算层(数据存储层之上的其他层级,如数据服务层、数据分析计算层),在进行蕴含业务语义的数据分析、多模态数据间的关联计算等操作时,提供高效计算支撑。

数据处理工具从功能角度分为两大类:将数据接入、汇聚到数据湖中的工具及相关技术;为对数据湖中的数据进行处理和分析提供通用计算支持的工具及相关技术。

① 将数据接入、汇聚到数据湖中的工具及相关技术。

为了将数据汇聚至数据存储层,首先需要对各个与质量相关的数据源中的数据进行适配。数据源包括企业内部的 DCS、MES、ERP 系统、销售管理系统等，以及企业外部的社交网络和互联网产品舆情等。然后，将源端数据准确无误、及时地传输到数据存储层。针对数据源和数据存储系统的多样性特点，需要根据情况选择合适的数据接入汇聚工具。数据接入汇聚工具如下。

- ETL 工具：ETL 工具适用于数据源和数据存储地都是数据库（以关系数据库为主）的情况，通过数据库查询语言来编写如何将数据从数据源中抽取、转换，并加载到目标数据库中。
- 特定传输协议：针对数据传输遵守标准或非标网络传输协议的特点，对于非标情况，需要构建特定协议的客户端程序，来接收和处理网络数据传输包。
- 通用 Socket 协议：针对厂商根据实际需要制定的私有数据传输协议的情况，根据数据传输协议，结合可插拔的帧解析插件，进行数据的接入和读取，并将其加载到数据存储架构中。
- 流式接入：首先建立一个高吞吐量的数据队列，该数据队列可被视为典型的生产者—消费者队列。数据源端采集程序作为生产者，把采集的数据都发送到数据队列中；数据目的端加载程序基于数据处理程序，直接消费队列中的数据，并根据目标数据对消费的数据进行格式转换。优点包括：数据源端和数据目的端的协议可持续扩充，可通过管理数据转换任务的方式来配置数据接入流，架构具有良好的可扩展性，实现对数据源端和数据目的端的解耦等。

② 为对数据湖中的数据进行处理和分析提供通用计算支持的工具及相关技术。

为了给上层提供对海量质量大数据的高效访问能力，数据存储层需要提供基础的通用数据计算支撑，其结合数据存储引擎进行数据操作的优化。通用数据计算技术如下。一是**批计算**：接收大量输入数据，通过执行一个作业来处理数据，作业往往需要执行一段时间，用户通常不会等待作业完成，而是定期进行批量作业。二是**流计算**：接收流式的输入数据，并在接入后很快对数据进行处理和输出，但输出不同于在线查询，不是为了响应用户的某种请求。表 5-2 列出了通用数据计算技术的主要特征和具体技术框架举例。

表 5-2 通用数据计算技术的主要特征和具体技术框架举例

类型	输入数据特征	任务执行特征	举例
批计算	• 有界：输入的数据集是有限的数据集合 • 持久与大量：数据长久地存储在某种类型的存储位置上，通常是大量数据	• 定时：在许多情况下，批计算技术的执行方式会被提前设置，系统根据该时间进行一次性或周期重复性运行 • 高吞吐量：通常具有很高的吞吐量	MapReduce、Apache Spark

续表

类型	输入数据特征	任务执行特征	举例
流计算	• 无界：输入的数据集是无界的 • 非持久：数据往往存储在某个消息引擎内，供处理系统使用，消息引擎中的数据一般不会持久保存，只保存最近一段时间的数据	• 长时运行：流数据源源不断地到来，没有尽头，因此流处理任务往往是一经部署运行后就会保持长时运行，除非明确停止 • 低延迟：大数据流处理任务的很多场景往往都与低延迟需求有关	Apache Flink、Apache Storm

批计算有以下特征。首先，批计算操作数据量大的有界静态数据集，将全部数据作为一批或者整理成几批来执行数据处理逻辑，并在计算过程完成后返回结果。简言之，批计算的输入数据都是有边界的数据，输出结果也是有边界的数据。其次，批计算关注的是事件时间，即数据本身的时间，如工业产品质量检测数据中的检测时间。再次，因为大量数据的处理需要大量时间，而且通常只有在处理完后才有完整的结果，所以批计算通常具有较大的延迟，可能延迟数分钟、数小时，甚至更长。

研发批计算系统，需要在设计过程中充分考虑数据的体量，可合理使用大量的计算机资源，致力于提升计算的吞吐率。同时，可靠性和规模可扩展性是批计算技术的关键点。

批计算的典型应用为质量检测数据的定期汇总计算。质量检测数据的定期汇总计算需要处理大量数据，并且常被设置成定时执行，将任务运行结果写入指定的数据库中，用户或下游计算任务可择时查看或读取该结果。

流计算的基本过程是：对随时进入的数据进行计算，即不是对整个数据集，而是对进入系统的每条数据进行计算，并按照设定的规则适时输出结果。

流计算典型的处理方式有微批处理和逐项处理两种。微批处理的过程是把源源不断进入系统的数据按照到达系统的时间分批依次处理。微批处理具有较高的整体吞吐率、较大的延迟等特征。逐项处理是对流数据一种自然的处理方式。然而为了满足现实场景的需求，在不能借助批计算技术的情况下，这种处理方式需要克服更多的技术挑战，包括维护和管理任务状态、妥善处理计算一致性等。

流计算的典型应用为支撑实时分析质量检测数据（对实时流入数据的计算任务）。通过对流入的质量检测数据进行实时计算，用户或下游计算任务可以实时看到或读取结果。

（3）质量大数据分层资源化。

质量大数据分层资源化是指基于数据湖的通用计算能力，将数据湖中存储的多模态数据进行分层，使得每一层数据的作用域有限，便于定位和理解，并且每一层的数据相较于其低层的数据，在数据粒度、业务涵盖度、数据口径收敛度或数据质量等方面进一步提升。因此,应用在消费数据时可以直接访问偏上的业务涵盖度更高、资源化水平更高的数据分层,从而在数据访问性能、数据口径统一度、减少重复开发等方面显著受益。

海量多模态质量数据的自身特性对数据分层资源化提出了挑战。

① 质量大数据资源化处理引擎需要能对多种结构和类型的质量数据进行高效处理。针对海量质量数据存在多种结构和类型的特点,质量大数据资源化处理引擎不仅需要支持各类数据系统的对接和高效访问,还需要适应多种数据模型和数据结构,使得在联合计算时形成确定的结果数据模型,并避免计算空间爆炸,从而保持良好性能。

② 质量过程和分析主题的多变性,显著增加了资源化的设计复杂度。呈现多种类型的工业数据在与质量相关的多物理过程的多阶段和流程中产生。为了实现多维度分析,需要对多个质量过程的数据分别进行多个数据层次的构建;在另外一个维度,分析主题的多变又进一步增加了数据层次的构建需求。分析主题和数据层次的叠加造成了数据分层设计难度增加、数据计算量增大等技术挑战。

质量大数据资源化分层可以借鉴典型的数据分层方法。在关系型数据仓库的建设方法中,数据分层包括操作型数据层(Operational Data Store,ODS)、数据仓库明细层(Data Warehouse Detail,DWD)、数据仓库汇总层(Data Warehouse Summary,DWS)、应用数据层(Application Data Store,ADS)。其中,ODS 是最接近数据源中数据的一层,数据源中的数据经过"抽取"、"转换"和"加载"被接入 ODS。该层数据大多是按照源头业务系统的分类方式而分类的。在数据湖技术体系中,为了降低数据建模与业务梳理的复杂度,以及为了适应后期潜在更广泛的分析需求,在接入汇聚过程中,对数据源中的数据往往不做或做很少的"转换"处理,以较小的工程代价把原始数据尽早接入数据湖存储架构中。DWD 对业务系统中的操作型数据进行长期沉淀,为分析计算历史明细数据提供支撑。DWS 是汇总数据层,其采用典型数据仓库的维度建模方法,按照分析主题和业务需求进行数据模型设计。ADS 面向数据应用需求构建,方便应用消费数据。

针对海量多模态质量大数据的特点,以及分析和应用的需求,企业可构建适合质量大数据的分层数据资源化技术。

① 质量大数据资源化分层存储管理:针对质量数据的多种结构和类型(关系、键值、时序、非结构化),构建能够表达多种数据结构和数据类型的数据层次,使得具有多种数据类型的下层数据融合形成上层数据;在数据类型之上构建能够满足对分层数据访问和操作的需求的查询语言和操作语言,从而实现对多个数据层的有效管理。

② 贯通存储架构的质量大数据资源化处理引擎：构建能够连通数据湖存储架构中多种数据系统的质量大数据资源化处理引擎，其要能适应多种数据系统的数据模型、接口访问协议、并发能力等，实现高效数据存取，按照资源化的调度需求进行调度，并且在联合计算时达到良好性能。

5.2.2 质量大数据集成技术

数据集成是指利用若干数据库或数据源，使得来自这些数据库或数据源的数据协同工作，为数据用户提供统一的视图。数据集成的价值在于让数据更容易被数据用户理解和消费，如数据处理、数据挖掘、数据应用等。另外，数据集成使原本孤立的数据之间产生关联，从而让数据用户获得比单独的数据集更深入的数据洞察。

5.2.2.1 质量大数据的采集技术

有效采集质量数据是开展工业装备质量大数据分析的前提和基础，研究智能制造模式下多源异构质量大数据采集与甄别处理技术、工业装备全生命周期数据集成与追溯技术、故障闭环管理与设计反馈技术，实现工业装备生命周期质量大数据的智能化采集、信息化追溯与设计反馈，可为工业装备的质量大数据分析提供基础。从技术方法来看，质量大数据的采集技术主要包括以下几类。

（1）多源异构质量大数据采集与甄别处理技术。

先对工业装备具有不同质量特性的相关数据进行采集和特征分析，再根据数据特征对多源异构数据进行分类，最后建立大数据存储管理需求模型。在分析不同类型大数据存储技术的基础上，将主流关系型数据库、NoSQL 数据库、分布式云存储数据库进行无缝结合，对动态与静态、结构化与非结构化等多源多态的大数据进行混合存储。

（2）工业装备全生命周期数据集成与追溯技术。

对工业装备全生命周期涉及的材料数据、设计数据、工艺数据、生产设备数据、检验检测数据、业务数据、产品运维数据等进行集成分析，梳理产品运维过程与产品研发设计、生产制造过程的关联，通过采用元数据标准化技术和数据字典标准化技术对数据进行标准化，建立产品全生命周期数据仓库模型，以此为基础构建产品全生命周期数据包，再以产品全生命周期数据包为基础，运用标识技术实现产品全生命周期信息追溯。

（3）故障闭环管理与设计反馈技术。

针对产品在设计、制造、售后等全生命周期环节的故障信息，分析各阶段故障的特征，根据"信息反馈、闭环控制"的原理，通过规范化的故障报告、故障分析处理和故障纠正程序,使产品故障得到及时的报告和纠正,实现产品全生命周期故障闭环管理。先利用质量问题闭环管理机制采集产品全生命周期的故障数据,然后运用大数据技术进行综合质量问题表现分析、寿命预测、趋势分析等,识别产品全生命周期的薄弱环节,并反馈给设计端,用于指导产品设计优化。

5.2.2.2 质量大数据的集成方法

在工业领域,无论是工业设备的运行过程,还是产品的生产制造过程,都涉及多种不同的工业对象。在设备健康领域,设备持续高效地稳定运行,涉及设备运行监控信息、设备设计信息、设备检修和维护历史信息、配件供应链信息、外部自然环境信息(利用风、水、光等新能源发电对自然条件的依赖)。

生产制造过程涉及生产设备、生产工艺、物料、操作员、物理环境等各种生产要素的基础数据和过程数据。工业数据分析通常需要对这些数据进行综合利用。以生产质量分析场景为例,当一个批次的生产合格率下降到告警值(质检机台数据)以下时,一般首先查看该产品的历史合格率趋势(质检历史数据),然后针对异常下降区间选取特定批次,查看该批次在各个工段上的过程数据(工段过程数据),或者在关键工段上对服务该工段的多个并行机台进行横向对比(机台加工数据),看是否存在差异。如果是特定机台出现劣化导致加工精度下降,那么需要警惕具有类似情况的那些机台(设备管理系统数据),确定是否需要提前检修;如果是因为该批次使用的物料出现问题,那么需要确定该批次物料影响的生产范围(生产计划和物料数据)。

质量大数据涉及产品的方方面面,来源和形式广泛,通常被存储于不同的系统和数据库中。质量大数据分析课题中需要集成的典型数据集如表 5-3 所示。

表 5-3 质量大数据分析课题中需要集成的典型数据集

数据集	数据内容	可能的数据源
生产线过程定义	所有制程的基本属性,经过的工序、顺序,以及每道工序的标准加工参数,工序间隔时间等	MES
加工机台定义	定义机台相关属性,包括机台类型、编号、所处的生产过程、位置信息等	设备管理系统
物料定义	生产过程中各种原辅料的编号、质检信息及其与生产过程的关系等	ERP 系统、MES
产品生产过程信息	描述物料在各个工艺环节的完整路径信息,包括在每道工序的开始时间、结束时间经过的机台,所属的批次等信息	MES
产品检测数据	描述产品在生产过程中的质量检测结果,包括在线检测数据和离线检测数据	QMS、MES
缺陷定义数据	包括缺陷编码、缺陷名称、缺陷类型、严重程度、关联制程信息、超限比例等信息	QMS

质量大数据：体系与应用

  一个典型的数据集成系统在整个数据架构中的位置和作用如图 5-3 所示。在存在数据湖的情况下，数据集成系统直接访问数据湖中已经统一接入和存储的数据；如果企业还没有建设数据湖，数据集成系统就可以直接和多个数据源连接。数据集成系统通过数据建模形成统一数据视图，通过数据服务接口对其上层数据应用提供数据访问的能力。数据服务把来自数据应用的访问请求分解为对底层多个数据源的请求，并把结果汇总组装，返回给数据应用。

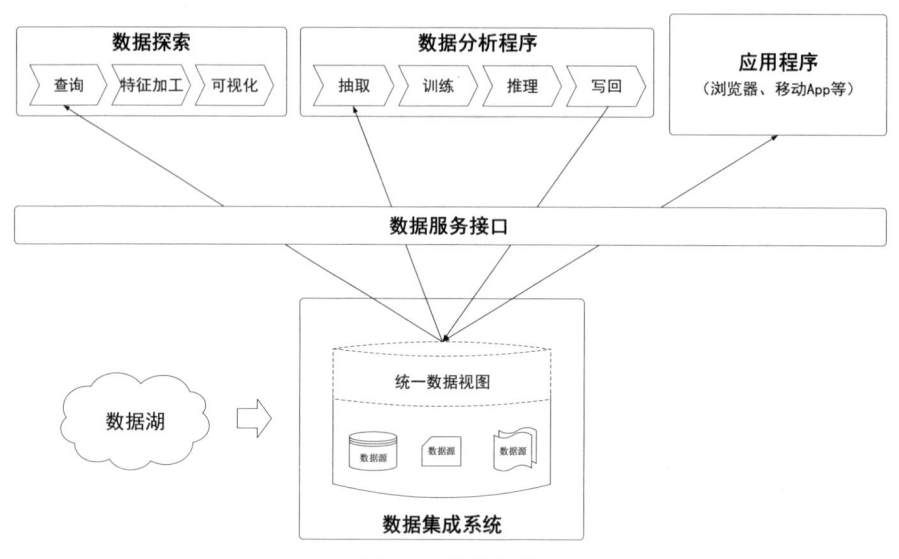

图 5-3 数据架构

  在不同的发展阶段，工业企业常用的数据集成方法如图 5-4 所示。

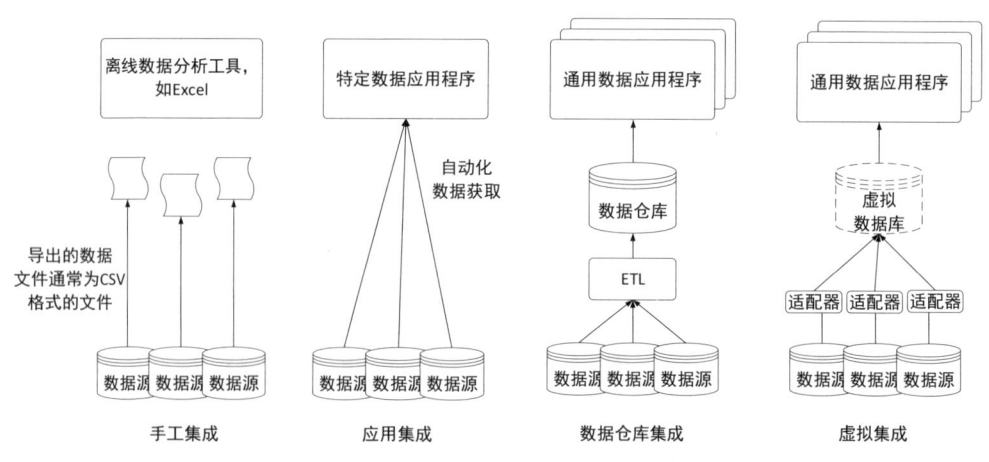

图 5-4 常用的数据集成方法

(1) 手工集成。

手动集成一般是指为了解决一个临时的数据查询和处理任务，先由用户手动从各个系统进行数据查询和抽取（俗称"捞数"），获得多个独立的数据集，然后对数据集进行肉眼观察，根据数据情况确认一个数据清洗方案，使用工具（Excel）或者简单的脚本程序对数据进行清洗、关联，最后输出业务报表。这样的过程如果只执行一次，还可以接受；如果需要重复执行，显然效率是十分低下的。除了低效，另一个严重的问题就是，多次的操作过程可能是不一致的，处理的正确性极大地依赖人的因素，人是容易出错的，因此结果也变得容易出错。

(2) 应用集成。

应用集成可以被看作手工集成的自动化程序实现。当相同或者类似的数据集成需求重复出现时，用户很自然地就会想到编写一个应用程序来代替人工进行重复劳动。这个应用程序一般表现为一个带有前端界面的应用，用户先通过界面配制预先定义参数，如集成范围、一些可选的规则等，然后手动或者定期触发集成任务，最后把运行结果保存在历史任务中供其他用户使用。与手工集成相比，应用集成的效率和数据可信度得到很大提高，但是应用集成的功能是为了满足特定的数据场景，通过一种相对固定的数据获取和加工方式进行数据集成。当更多的不同集成需求出现时，需要为每一个需求开发特定的应用，这就会引入一些重复的工作，或者要在之前的应用上进行扩展开发，但是受到之前进行应用设计时的基本假设限制，扩展的难度较大，有时基本等于重写，甚至还使得已有的功能变得不好用。

(3) 数据仓库集成。

为了提高数据集成系统的通用性，扩大数据集成的范围，最常用的方式就是建设数据仓库。数据仓库是一个面向数据分析的数据系统，目的是把来自多个数据源的数据进行清洗、集成并集中存储。数据仓库的典型数据链路是基于 ETL 方法，首先需要构建数据集成的全局数据模型，然后根据该数据模型对数据源的数据进行清洗、转换，最终加载到数据仓库的数据存储空间中。为了将数据仓库集成和虚拟集成进行对比，我们可以形象地称此过程为"数据搬家"。经过这个过程，数据仓库中的数据就是已经集成好的数据，而数据集成的范围取决于数据仓库的业务主题的多少，随着业务主题的增加，数据集成的范围也会越来越大。

(4) 虚拟集成。

虚拟集成是一类数据集成方法的总称，和数据仓库集成相比较，最大的不同在于数据仍然停留在源系统中，不需要"搬家"。对于每一个被集成的数据源，虚拟集成使用一个适配器进行对接，并读取其中的数据模型，这些被读取的数据模型称为"源数据模型"。相对来说，数据集成系统同时维护一个全局数据模型及其和源数据模型的映射关系。当用户基于全局数据模型查询数据时，系统会根据数据模型间的映射关系将查询分解为向各个数据源的查询，通过适配器进行执行，并将适配器返回的结果进行合并组装，反馈给用户。因此，从用户的视角看，全局数据模型就好像一个数据库，但是实际上这个数据库并没有存储任何数据，是"虚拟"的。和数据仓库集成类似的是，虚拟集成也需要一个统一的数据模型进行数据集成。虚拟集成主要适用于数据源系统进行"数据搬家"代价较大，数据源的数据模型频繁变化，或者因为安全、合规等非技术因素不能实施"数据搬家"的情况。

表 5-4 所示对比了四种数据集成方法，工业企业需要根据具体情况进行选择。如果一个工业企业处于数据智能的单点应用向全面应用的转换时期，则需要一个能够扩展、持续积累数据资源的数据底座，使得数据能够在多个分析课题中得到复用。手工集成和应用集成虽然能够解决特定场景的数据集成问题，但是对跨分析课题的数据复用不支持，因此，在成本允许的情况下，应尽量避免选择。相比之下，数据仓库集成和虚拟集成可以建立一个可扩展的数据底座，能够支持不断增加和调整的数据需求，因此应优先选择。

表 5-4 数据集成方法对比

数据集成方法	数据集成范围	数据复用性	可扩展性	数据模型	数据移动
手工集成	小	无	弱	不需要	需要
应用集成	小	无	弱	局部	需要
数据仓库集成	大	可复用	强	全局	需要
虚拟集成	大	可复用	强	全局	不需要

无论是数据仓库集成，还是虚拟集成，都需要一个具有共性的、能够同时满足多个分析课题数据访问需求的数据模型。同时，为了应对新需求扩展、业务规则调整、数据模型优化等情况，该数据模型需要进行持续迭代，并尽量做到向后兼容。数据模型中重要的业务对象、过程和概念具有丰富的业务语义，因此需要业务专家、数据工程专家、数据分析专家协同完成。数据建模输出的数据模型和共同语言也可以作为团队后续沟通的基础，可以有效解决工业业务门槛高的问题。另外，这些标准术语、属性命名等也会成为事实上的数据标准，成为后续处理和使用数据的依据，帮助提升数据质量。

5.3 质量大数据服务技术

5.3.1 质量大数据的领域建模技术

传统的大数据平台只能进行数据的接入和存储，但是从质量分析和应用的视角

第 5 章
质量大数据的技术维度分析

看,需要把接入大数据平台的数据进行集成和关联,构建统一的数据服务,才能从根本上提高质量大数据的访问效率,加快质量分析和应用的创新速度。因此,传统的大数据平台需要对多维质量数据进行统一的管理,以统一的数据服务为上层应用提供数据访问能力。

统一的质量大数据服务包含两个重要的技术模块,如图 5-5 所示。其中,"工业物理对象模型"对质量领域的多源异构数据进行统一描述,"数据关联查询引擎"提供统一的数据关联查询接口,屏蔽了底层异构数据管理系统的复杂性。

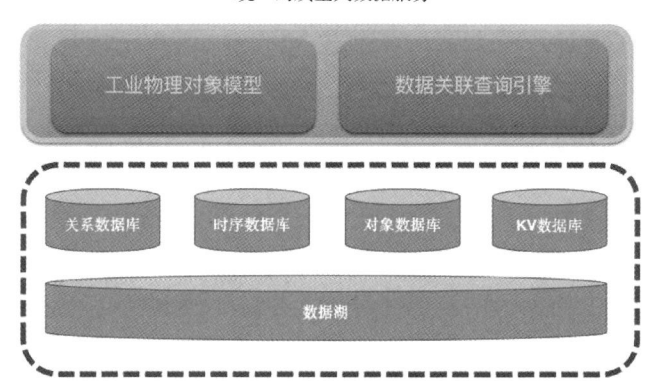

统一的质量大数据服务

| 工业物理对象模型 | 数据关联查询引擎 |

关系数据库　时序数据库　对象数据库　KV数据库

数据湖

图 5-5　统一的质量大数据服务

数据模型是指用来描述业务领域行为的数据结构,包括重要业务实体、属性,以及它们之间的关系。数据模型不应该依赖具体的数据存储介质和形式。例如,我们可以将"产品"描述为质量大数据里的一个重要业务实体,而不是"存储在数据库中的数据表结构"。

在质量大数据领域中,重要业务实体包括但不限于"物料""设备""工段""工艺""人员""产品"("产品"的本质是"物料"的一个特例,但是为了方便理解,暂且单独提出)等。通过对产品生产过程的刻画(最终决定了质量),将这些业务实体联系在一起。例如,一个"产品类型"包含多个"产品(实例)",每个"产品"有多个"工序",每个"工序"需要依赖一个或多个"设备",同时每个"工序"可能会消耗一部分"物料"。产品一般是按"批次"生产的,每个"批次"会对应一个"人员班组",等等。这些业务实体、属性和关系都有可能对质量产生最终的影响,因此需要进行建模刻画。那么,如何获得稳定、描述性强的质量大数据模型呢?

幸运的是,在工业的发展过程中,有很多标准模型可以参考借鉴,如流程行业的 ISA-88 模型,重点描述离散行业、同时能兼容 ISA-88 模型的 ISA-99 生产信息整合

质量大数据：体系与应用

模型，或者其他行业内的模型，等等。虽然这些模型产生的背景不同，但是对大数据分析的场景，仍然有很强的借鉴意义。以图 5-6 所示的 ISA-95 模型为例，该模型包含了物料模型、设备模型、人员模型、产品定义模型、工艺段模型、生产能力模型等几大模块，并且每个模块内部均定义了重要的业务实体及其关系。

在大数据分析的场景中，上述数据模型中的数据可以被看作"主数据"或者"基础数据"。而对于在产品生产过程中产生的大数据，则需要在上述模型的基础上进行扩展。常见的质量大数据包括：生产过程中设备产生的运行监测数据，如压力、温度等，属于时序大数据；设备生产过程中产生的日志数据，通过结构化之后成为正常事件、异常事件及时间等重要信息；设备质检过程中产生的结果数据，如 PCB、芯片的电检测数值数据，以及广泛采用的 AOI 图像检测数据等。这些大数据可以通过扩展被连接到基础数据模型上，最终形成完整的数据模型，我们称之为"工业物理对象模型"。

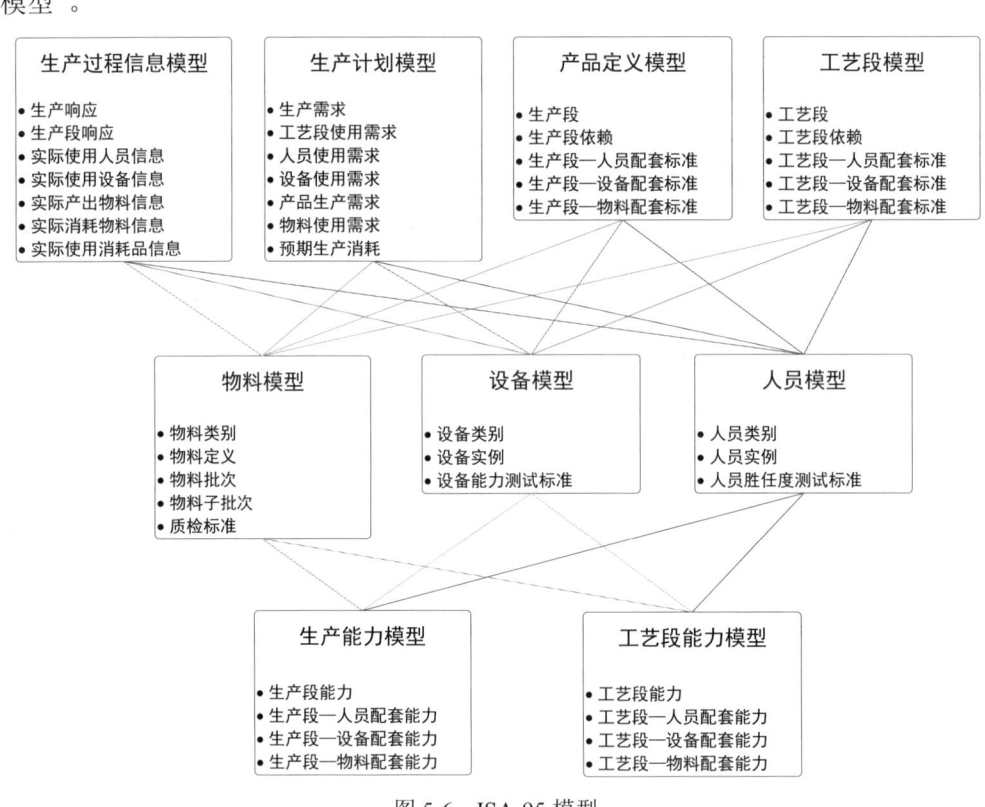

图 5-6　ISA-95 模型

5.3.2 数据服务：基于领域模型的查询技术

"工业物理对象模型"解决了多源异构数据的统一描述问题，但是实际数据仍然存在于数据存储层的多种数据系统中。数据关联查询引擎的作用是先根据工业物理对象模型对上层应用发出的数据关联查询请求进行分解，并调度到底层的各个数据系统中执行，再把查询结果汇总，加工成上层应用所需的格式。数据关联查询引擎的主要设计目标包括：①提供富含领域语义的数据查询；②保证数据查询性能。

"工业物理对象模型"可以作为数据关联查询引擎使用的技术元数据，而数据模型中的实体定义本身就来自业务语言，因此它天生就具有很强的领域语义。例如，在质量分析典型的查询中，我们可以通过特定缺陷找到特定的批次号，再通过批次号对应的产品类型找到所有生产同类产品的批次，并进行横向对比。在这种查询语言下，用户完全不需要关心底层特定数据管理系统的 IT 概念。这种查询语义可以同时面向 IT 工程师、质量工程师和数据分析师，帮助三者进行有效沟通。

数据关联查询引擎的性能挑战主要来自适配多种数据库，并且在特定的查询需求下，结合每个数据库的访问特点，将查询需求拆解成最优的数据查询语句，传达给底层数据库。另外，数据关联查询引擎还需要对数据进行汇总，因此需要考虑跨库数据查询优化。例如，在实现跨库连接操作时，需要用一个库的小数据去连接另外一个库的大数据，而不是反过来。此外，在一个典型的数据关联查询中，一批数据可能在关联路径上重复出现，并且会出现典型的数据库 $N+1$ 查询问题，因此数据关联查询引擎需要构建自动缓存和批量合并的功能，避免自身和数据库之间出现多次无效数据传输。

数据服务有三种典型的形式：即席查询、数据抽取和数据订阅。即席查询用来满足任意的数据关联和探索，以交互的方式进行数据查询和反馈，方便用户对数据进行初步理解，满足质量分析应用的数据交互展示功能；数据抽取用来满足大数据分析的场景，需要实现数据的高吞吐传输，满足质量统计和模型训练等典型的数据批量处理需求；数据订阅是指在用户感兴趣的数据集发生变化的时候才提供的数据服务，用来满足质量变化、异常发现等需要及时传递数据的场景。

5.4 质量大数据分析算法

5.4.1 设计质量分析算法

产品设计作为产品质量的根源，近年来越来越受到企业和客户的关注。对大多数复杂装备系统而言，若存在设计质量问题，则存在很大的安全隐患。从技术角度来看，设计质量分析算法包括失效仿真分析算法、设计选型质量分析算法和工艺设计质量分析算法。这些算法在产品结构、组件的选定和制造工艺流程等因素的科学性上开展了系统评价，使得产品在设计阶段的质量得以保障。

失效仿真分析算法是指通过软件将产品运行受到的各类负载、应力进行模拟计算，帮助用户分析产品原方案的薄弱环节、破损情况、最大应力的一类算法。失效仿真分析算法根据使用场景的不同可分为电气仿真分析算法、力学仿真分析算法、振动仿真分析算法、热仿真分析算法、空气动力学仿真分析算法、多物理场仿真分析算法等，其涉及的数学、材料、力学等各学科的知识各有差异。除了稳态分析等纯数值仿真的模型输出结果为数值，其他大部分仿真技术以产品结构、物料数据为基础，计算产品在给定负载、应力下的表现，其数据形式通常为应力云图或失效动画，为产品研发技术人员提供设计质量的参考。因此从识别的角度来看，计算机并不容易直接理解仿真软件形成的综合结果，而需要人为对结果中的部分重要数据进行筛选、导出。在一般情况下，仿真软件的分析结果之间较为独立，与其他质量数据很难建立关联。近年来，MBSE等新技术框架的出现，使得不同仿真软件的分析结果能够有机结合。

5.4.1.1　基于质量大数据的多工序误差分析

在现代工业中，复杂产品往往需要通过多道工序才被制造出来。在这种情况下，误差会随着工序的变化进行累积。在产品的设计阶段，对产品质量进行正确而有效的分析是提高产品质量的一个重要途径，而分析得正确与否则主要取决于预测技术的好坏，因此正确地选择预测技术对产品质量的提升是极其重要的。预测技术的选用更多地取决于产品尺寸偏差的性质及其规律性。一般的加工过程均要求预测技术具有较高的预测精度、比较快的建模和计算速度。同时，模型的建立必须基于具体的加工过程。

对多工序误差分析算法而言，其内在逻辑依然是通过构建各工艺、装夹参数与产品在各工序的误差之间的关联，构建数据间的关联关系，在将模型训练至较精确的程度后，投入应用，对产品多工序的误差直接进行预测分析，帮助企业技术人员调整、优化工艺设计方案。与单道工序的场景相比，多工序的产品质量加工具有多道工序各自的加工质量和总的产品加工质量，并将其作为模型的输出结果。这些工序产生的误差会随着工序的变化而进行累积，也就意味着如果上道工序的误差已经非常接近误差阈值，之后的工序无论如何优化工艺，也很难保障产品质量符合要求。在实际生产过程中，任何工序都会出现一定数量的不合格品，而不同工序进行工艺参数优化的难度往往有所区别。因此，在一般情况下，企业需要对产品加工的各道工序进行单独的建模，根据每道工序的数据特点确定模型的算法、结构和相关参数。图 5-7 所示为产品多工序误差分析的一般技术流程。

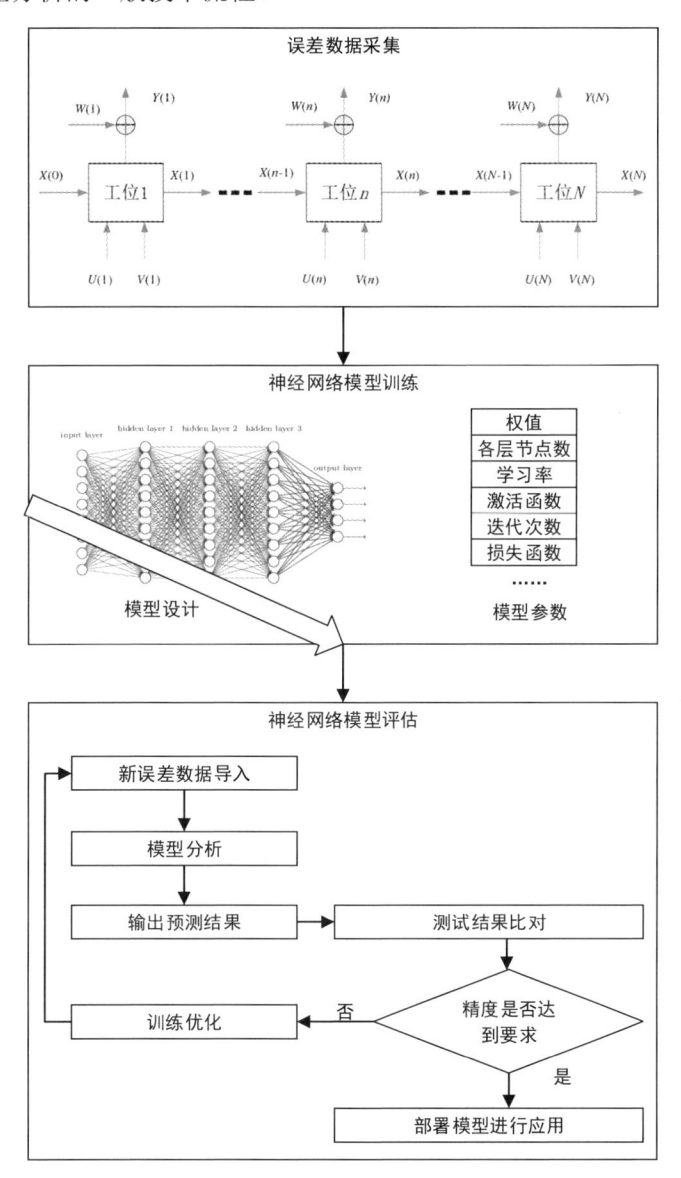

图 5-7 产品多工序误差分析的一般技术流程

对多工序误差分析的具体算法来说，根据其功能所处的阶段，主要可分为以下几类。

质量大数据：体系与应用

（1）多工序误差测量分析算法。

该算法主要对产品的工序误差进行结果分析，用于帮助产品设计人员了解不同设计产品方案的质量水平，同时帮助他们更好地反馈产品设计方案及工艺设计方案的实际效果。目前市面上的 Minitab、JMP 等软件，均有关于多工序误差的测量分析功能。从算法来说，多工序误差测量分析算法主要基于各类统计分析算法得到的各类统计指标，实现对测量结果分布的全面评估。表 5-5 所示为各类统计指标反映的具体内容。

表 5-5　各类统计指标反映的具体内容

序号	指标类型	指标反映的具体内容
1	期望均值	反映整体质量的平均情况
2	方差	反映误差分布的集中程度
3	偏差	反映误差整体的偏离程度
4	聚类 P 值	反映不同分布的差异情况
5	期望流程个数	反映产品设计方案下工艺的稳定性
6	CPK 能力	反映制造过程的能力

（2）多工序质量分析算法。

在多工序制造过程中，不同工序的设计及工艺参数对产品质量的好坏、误差的大小起着决定性作用。因此，企业可以根据采集到的设计及工艺参数与成品质量数据，通过构建产品设计及工艺参数与质量数据之间的关联模型，在给定产品设计及工艺参数的基础上对未投产的产品进行分析预测，从而有效避免因设计及工艺参数不合理而导致产品质量不合格。

在多工序质量分析算法中，需要针对不同的质量指标，挖掘出关键影响因素和工艺参数，并对这些工艺参数进行重点分析。常用的关键影响因素分析算法如表 5-6 所示。

表 5-6　常用的关键影响因素分析算法

序号	算法名称	具体内容
1	基于辨识矩阵的约简法	求解差别矩阵，将每个对象与其他对象比较，对象数目越多，复杂度越大，计算时间越长
2	基于信息熵的互信息约简算法	基于信息熵的互信息原理，在选择启发式信息时充分考虑条件属性对决策表中不确定分类标签子集的影响
3	基于启发式条件的约简算法	考虑决策表的条件属性对决策表中确定分类标签子集的影响，对属性重要度进行排序，并依次添加对应属性
4	基于智能算法的约简算法	借鉴并融合各类智能搜索算法，挖掘各关键影响因素对质量指标的影响程度
5	基于粗糙集理论的影响性分析	对各关键影响因素对质量指标的影响程度进行模糊判定，在一定确定性的基础上给予量化的影响性评估

第 5 章
质量大数据的技术维度分析

在挖掘关键影响因素之后，需要对关键影响因素与质量指标的关联关系进行分析。这一步骤与故障诊断过程中分析故障类型与监测参数之间的关联类似。因此，其分析算法仍为常用的回归算法，如表 5-7 所示。

表 5-7 常用的回归算法

序号	算法名称	具体内容
1	多变量线性回归	基于多元变量与质量指标之间的关系，构建线性表达式进行拟合
2	多项式回归	基于多项式高次幂模型对多元变量与质量指标之间的关系进行拟合
3	支持向量机回归（SVR，Supporting Vector Regression）	基于支持向量机模型对多元变量与质量指标之间的关系进行拟合
4	决策树回归（DTR, Decision Tree Regression）	基于树结构，将连续指标通过分段截取的形式形成多个类别，并将数值的关联关系分析转化为采取从多个树节点进行选择的模式进行分析
5	岭回归（RR，Ridge Regression）	通过放弃最小二乘法的无偏性，以损失部分信息、降低精度为代价得到回归系数更符合实际、更可靠的回归方法，对多元变量与质量指标之间的关系进行拟合

5.4.1.2 基于 MBSE 的混合仿真

基于模型的系统工程（Model-Based Systems Engineering，MBSE）逐渐在国内各领域得到推广应用，传统通用的质量特性设计分析技术一方面存在一致性差、不能一体化开展工作等问题，另一方面也不能完全适用于"基于模型"的设计模式。因此，对传统通用的质量特性设计分析技术进行改进，突破基于模型的通用质量特性一体化设计分析的关键技术，成为迫切需要满足的需求。

在整体技术实施流程方面，MBSE 主要对通用质量特性开展一体化设计分析，实施流程如图 5-8 所示：以 MBSE 正向设计过程为主线，在装备功能模型定义的基础上，开展基于 SysML 的通用质量特性一体化建模，识别系统故障、构建故障行为模型；同时基于系统失效风险评估结果扩展失效控制行为和措施，以模块定义图（BDD）、内部模块度（IBD）、用例图（UC）、活动图（AD）等形式对设计阶段的质量 AO 进行表征，并利用可靠性框图（RBD）、危害度及严重度分析（FMECA）、故障树（FTA）、事件树（ETA）和概率风险分析（PRA）等进行设计质量指标的评估，为后续开展故障传播分析及综合设计分析奠定基础。待系统设计方案形成后，开展基于综合模型的通用质量特性分析评估，确认系统通用质量特性需求的满足情况。

质量大数据：体系与应用

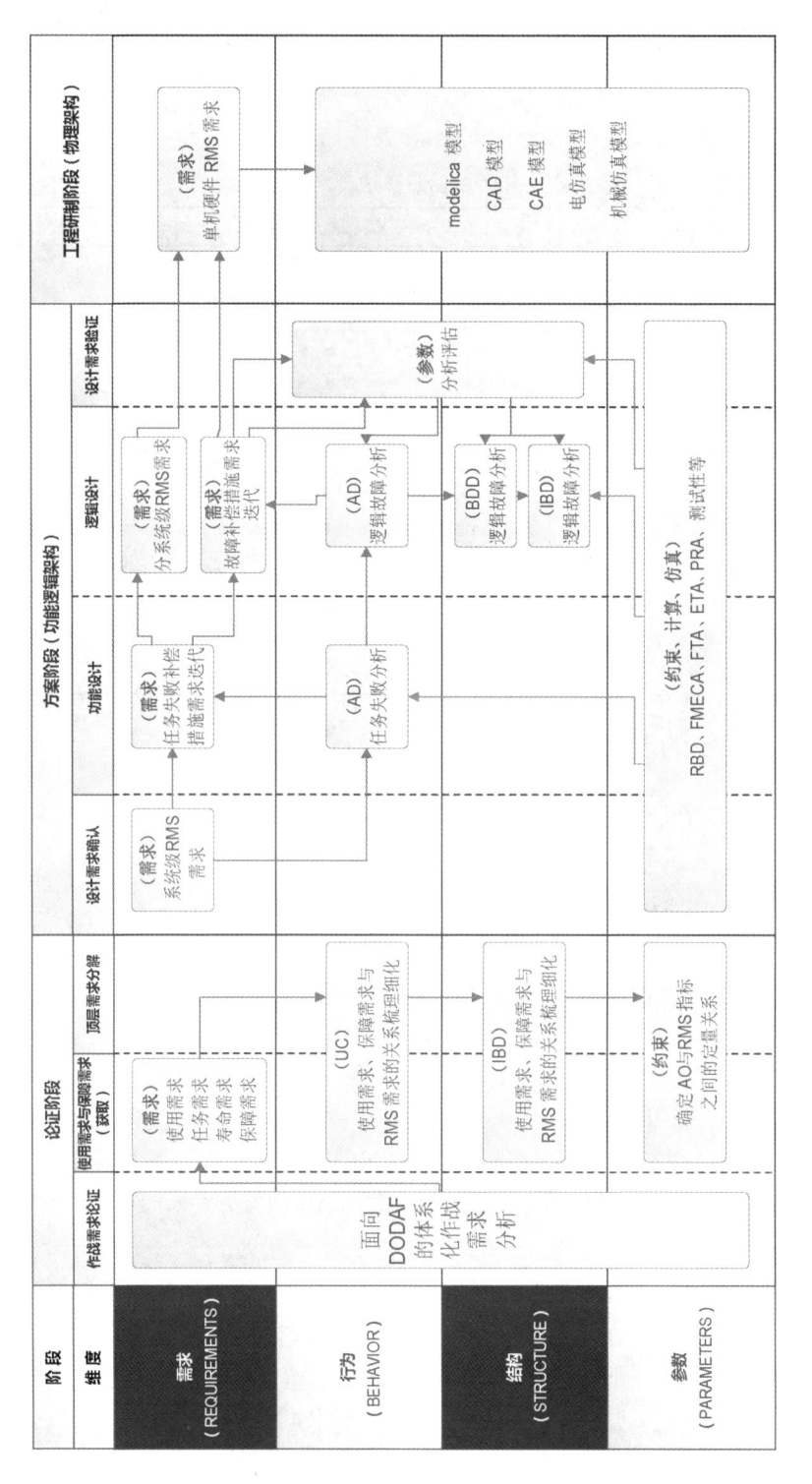

图 5-8 MBSE 对通用质量特性开展一体化设计分析的实施流程

在一体化建模技术方面，MBSE 主要遵循 SysML 对系统性能的模型表征方法，从需求、行为、结构、参数四个维度，对通用质量特性中各特性的设计要素（故障逻辑、状态转移、概率分布、测试关联、保障资源等）进行建模，将通用质量特性模型要素融入功能模型中，形成集产品系统正常功能与失效结构行为于一体的综合模型，为在产品全生命周期过程中同步开展功能特性和通用质量特性一体化要求的论证、设计、分析、验证、确认提供可能。

5.4.1.3 产品工艺设计的知识图谱分析

产品的生产过程主要由一个个加工工艺构成。高质量的加工工艺设计依赖于与该工艺相关的各类知识，包括关联性知识、案例知识、本体知识和规则库等。知识库技术在制造行业得到广泛的应用，从企业的上层决策，到中层的产品设计，以及底层车间的制造、控制和维修等，知识库技术都发挥着越来越重要的作用。2006 年 Lemaignan 等首次利用 OWL 建立了制造行业的本体模型 MASON，为构建基于本体的制造知识库开辟了一条路径。Ye 等运用云计算技术，将 STEP-NC 标准映射为 OWL 本体，设计和开发了一个 CNC（Computer Numeric Control，数控机床）加工过程的知识库。李从东等提出一种以需求（Demand）、资源（Resource）、服务（Service）和过程（Process）为主线的按需制造范式，结合本体、语义推理等技术，建立了制造系统基于语义网规则语言的服务过程按需推理框架，为实现协同制造环境下服务过程的智能化奠定了基础。清华大学的吴康清等提出运用本体技术对故障知识建模，以解决机械零部件的故障复杂多样、知识表达困难的问题。在此基础之上，研究人员设计开发了一个机械零部件故障管理支持系统。周新杰等针对工业产品在研发制造过程中对过程、数据和知识的设计与制造协同需求，运用多种先进的计算机技术，构建了一个设计与制造的协同框架，并在汽车变速器行业进行了验证。Camarillo 等通过集成解决制造过程中产生的各种问题，建立了一个能够关联实际生产线且重复使用历史解决方案的本体模型，进而开发了基于知识库的、具有推理能力的制造问题解决系统。

质量大数据：体系与应用

制造企业通过知识库的建立，有效地将信息、知识积累和保存下来，不仅有利于加快信息和知识在企业内部的流通，而且有利于企业内部进行知识的共享。知识库的建立将促进数字化制造向智能制造转变。然而，随着互联网技术的发展和大数据时代的到来，制造企业面临的数据环境越来越复杂。一方面，需要处理的数据的类型更加丰富，除了结构化数据，更多的是各种形式的非结构化数据。另一方面，除了要管理好本企业的数据，还要能够与外部数据资源对接，如上游供应商的数据、协作企业的数据，以及下游客户的数据，并且应具有及时跟踪与本企业产品相关的最新技术资源的能力。因此，制造企业需要一种能够将这些数据以一种合理的方式连接起来的机制。

在这个背景下，知识图谱技术应运而生。知识图谱（Knowledge Graph，KG）本质上也是一个知识库，体现了客观世界中实体与实体之间的复杂关系。与传统的关系型数据库不同，知识图谱采用图结构的形式表示实体，实体包括概念、人或事物。谷歌为了提高其搜索引擎的效率，于2012年首次提出了知识图谱的概念。对知识图谱的研究是近年来的一个热点，知识图谱在许多领域得到了关注与应用。知识图谱一般用如下形式表示：

$$K=(T,A)$$

其中，T 是 TBox，代表知识图谱的模式层，是泛化的知识，用于对数据层进行规范约束；A 是 ABox，代表知识图谱的数据层，是具体个体的信息。知识图谱区别于知识库最大的地方是，知识图谱更加侧重实体之间的关系，构建关联性知识，使用 RDFS、OWL 等本体语言对客观世界建模，采用三元组描述事实。知识图谱分为两类：通用知识图谱和行业知识图谱。前者如 DBpedia、YAGO 等，后者如 GeoNames、中医药知识图谱等。知识图谱以其强大的语义处理能力和开放组织能力，为互联网时代的知识组织和智能应用奠定了基础。图 5-9 所示为消费电子产品的工艺知识图谱样例，以该形式存储数据，能够帮助研究人员快速找到产品质量的关键影响因素，从而实现数据范围的准确定位。

产品设计知识图谱技术中的算法主要以自然语言处理为基础,对不同的实体、属性和关系数据进行处理。从算法原理上看,知识图谱的相关算法主要以知识推理为主,如表 5-8 所示。

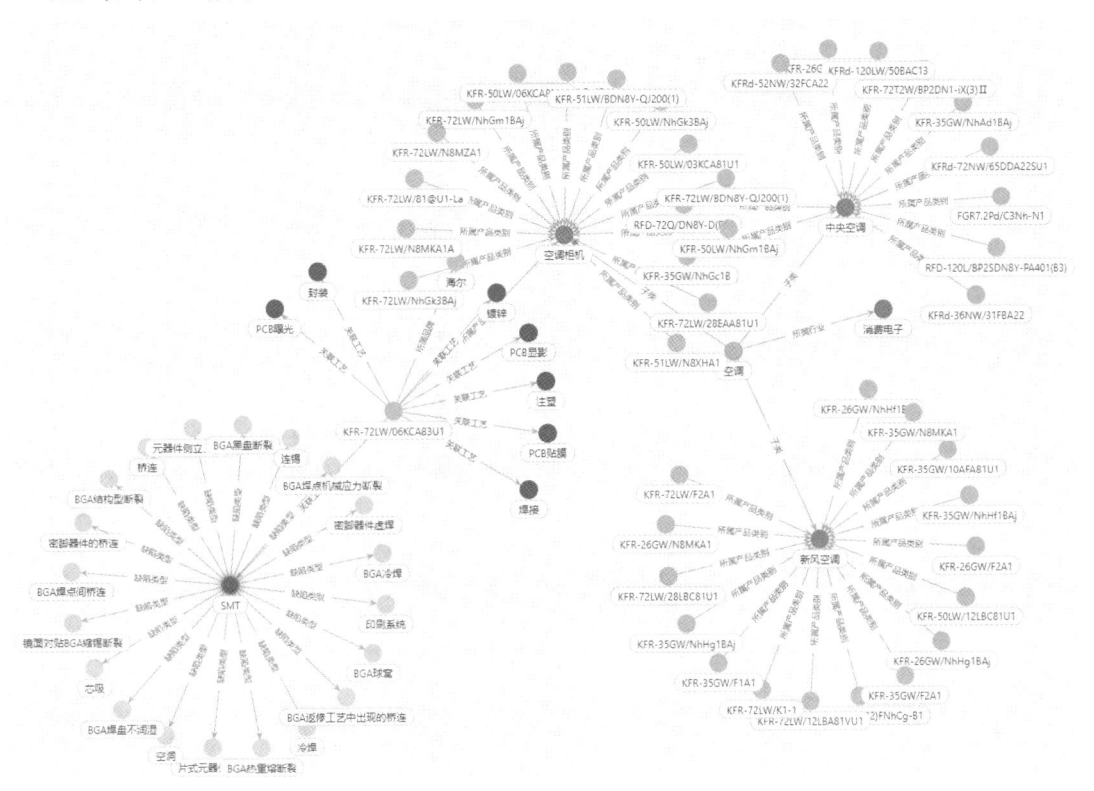

图 5-9 消费电子产品的工艺知识图谱样例

表 5-8 知识图谱的相关算法

序号	算法名称	具体内容
1	基于不完备知识库的关联规则挖掘算法（AMIE）	对不同实体间的每种关系,从规则体为空的规则开始,通过三种操作扩展规则体部分,保留支持度大于阈值的候选（闭式）规则,进行产品知识库中的实体关系挖掘
2	路径排序算法（PRA）	通过随机游走生成并选择路径特征集,计算每个训练样例的特征值,并训练分类器,可用于完成对产品各特征之间微弱联系的知识抽取

续表

序号	算法名称	具体内容
3	转移距离模型（Translational Distance Model）	基于表示学习的方法，受词向量平移不变性的启发，建立假设：在一个产品知识图谱中，某一个三元组关系成立，其实体与关系向量需要满足 head+relation≈tail。此方法主要用于判断两两相关的实体/属性之间未连接主体的关系。例如，"汽车 A 柱的弯曲应力极限值为 17.3MPa，汽车碰撞测试 A 柱项评分为 A 级"，据此模型可以推出"汽车 A 柱的弯曲应力极限值为 17.3MPa 的情况是相对安全的"
4	张量神经网络（NTN，Neural Tensor Networks）	基于张量神经网络，针对给定的两个实体向量，从封闭图谱中找出是否有一个确定的关系，并给出可能性分数
5	关系数据的图卷积神经网络（R-GCN, Relational Graph Convolutional Networks）	基于已知实体或关系在图结构中周围节点的结构，推理得到未知节点的表示，从而获取知识库中缺失的实体的嵌入向量
6	ConMask	通过全卷积神经网络将外部信息投影到隐式的向量空间，通过计算内部实体与候选对象之间的相似度，选择排名最高的内部实体进行链接

5.4.1.4　产品设计质量的分析模型

对复杂机电产品而言，其设计质量受到较多因素的影响，并且不同部件之间质量的耦合关联也较为复杂。

产品设计质量特性的重要度表示该特性对产品设计开发目标的影响程度，通常与产品同一结构层次或维度的其他特性进行对比。通过对设计质量特性进行重要度分级，实现产品质量链中的一系列质量特性控制，在产品设计开发中可以确认产品关键设计质量特性，从而对关键设计质量特性进行及时控制。通过准确地识别关键设计质量特性，有效识别出产品设计的关键过程，以方便进行重点的产品设计质量控制，保证产品关键件、特殊件和重要件的质量特性，便于综合提高产品设计质量。企业应综合考虑质量特性重要度、质量成本、质量需求与质量特性的关系，合理设计关键质量特性的目标值，使产品增强市场竞争力，达到所需的质量水平。以复杂机电产品为例，其设计质量分析算法的流程主要包括产品关键设计质量特性提取与排序、产品关键设计质量特性反向映射和产品关键设计质量特性优化决策。

在产品关键设计质量特性提取与排序阶段，将产品设计质量特性划分为不同层次，依据其对产品整体质量的影响程度进行排序。针对机电产品多元设计质量特性重要度排序的复杂性，研究人员提出了一种基于模糊层次分析法和信息熵相结合的模糊综合方法，有效地解决了传统单一方法的计算过程存在的主观性问题和模糊性问题。之后，研究人员综合运用模糊理论和模糊层次分析法建立了关键设计质量特性的提取模型，用三角模糊函数表示判断方法的主观权重，并使用信息熵确定质量特性指标层的客观权重。然后，研究人员应用模糊 Borda 法，结合模糊层次分析法和信息熵进行排序，根据模糊 Borda 数的大小最终决定多元质量特性的重要度。该方法从主观和客观方面对设计质量特性的重要度进行综合排序，有效解决了设计质量特性重要度的提取和排序问题。

在产品关键设计质量特性反向映射阶段，针对产品设计过程的特殊性和复杂性，研究人员将产品质量功能的多源、多阶段制造过程反向映射为使用过程的质量特性，实现了产品设计、制造和使用过程的闭环。此外，研究人员通过对设计质量要求和关键设计质量特性的转换关系进行研究，提出了基于粗糙集理论和质量功能配置中质量屋的反向映射模型。研究人员运用粗糙集理论简化和提取满足加工质量要求的要素，并提出了应用近似精确粗糙数确定设计质量要求的权重。研究人员通过构建关键设计质量特性的反向映射模型，实现主要加工质量要求和关键设计质量特性之间的转换，帮助产品设计人员完成设计目标。该反向映射模型在充分考虑用户满意度的基础上，增加了使用过程的反向映射，为设计质量特性的确定增加了约束条件，便于更加客观、真实、准确、全面地确定关键设计质量特性，加强重点质量控制，最大限度地满足用户的质量需求。

在产品关键设计质量特性优化决策阶段，研究人员针对复杂机电产品的多元质量特性，研究多元质量特性决策方法。研究人员通过对质量特性的决策来优选产品设计方案，从而达到提高产品设计质量的目的。现有的代表性方法主要为"逼近于理想值的排序方法"（Technique for Order Preference by Similarity to Ideal Solution，TOPSIS）和"消除和选择转换法"（Elimination and Choice Translating Reality，ELECTRE），以关键质量特性为最优决策目标，综合进行机电产品设计方案决策。研究人员首先建立了关键设计质量特性最优方案的多目标决策模型，基于模糊处理和层次分析法（AHP）实现模糊层次分析法的产品多元质量特性排序，并计算多元质量特性的信息熵，将两者进行结合，计算对应的 Spearmen 相关系数，完成产品关键设计质量特性的筛选和重要性排序。之后，研究人员通过采用粗糙集（RS）方法，对质量记录（QRs）进行约简和排序，并进行关联、映射构建，形成最终的质量特性重要度评价矩阵。将上述方法应用至产品关键设计质量特性优化决策的过程中，能够在产品设计阶段对产品的关键设计质量特性进行更好的管控，保障产品质量，如图 5-10 所示。

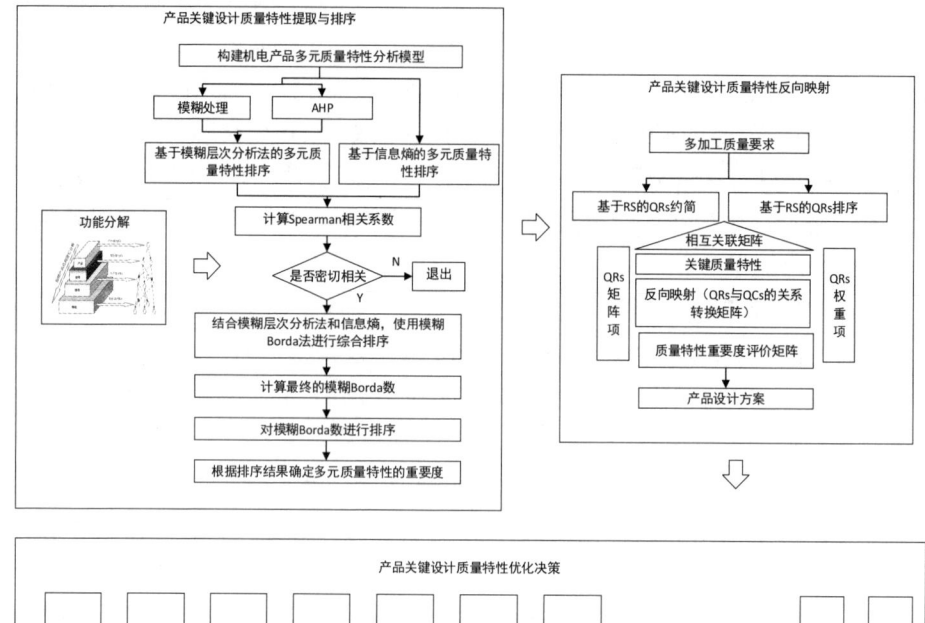

图 5-10　产品设计质量特性的分析流程样例

产品关键设计质量特性的提取分析过程同样涉及了大量算法，这些算法主要服务于产品设计阶段的质量特性提取、相关性计算与权重分析，引导产品设计人员改善产品设计方案，改进产品关键设计质量指标。表 5-9 所示为产品关键设计质量特性提取分析相关算法。

表 5-9　产品关键设计质量特性提取分析相关算法

序号	算法名称	具体内容
1	模糊层次分析法	将总与决策有关的元素分解成目标、准则、方案等层次，在此基础之上进行定性和定量分析的决策方法
2	模糊评价法	结合数据和经验对产品设计属性的值进行估计
3	信息熵评价法	基于产品不同属性间的信息熵，分析产品的相互关联

5.4.2 生产质量分析算法

生产质量分析建模效率的基础是存在大量可复用的算法（为了区别一般意义上的算法，以下简称算子），这样一个分析模型可以通过组装算子快速实现，同时也方便全要素全环节质量分析模型库的灵活扩展。根据实践经验，生产质量分析算法可以归纳为图 5-11 所示的四大类。基础分析算法为时空模式挖掘算法提供了算法基础，基础分析算法和时空模式挖掘算法为质量异常预警算法和工艺参数优化算法提供了基本规律和特征变量。在质量管控中，质量异常预警算法属于预测性响应的策略，而工艺参数优化算法则是预设性消除的策略。

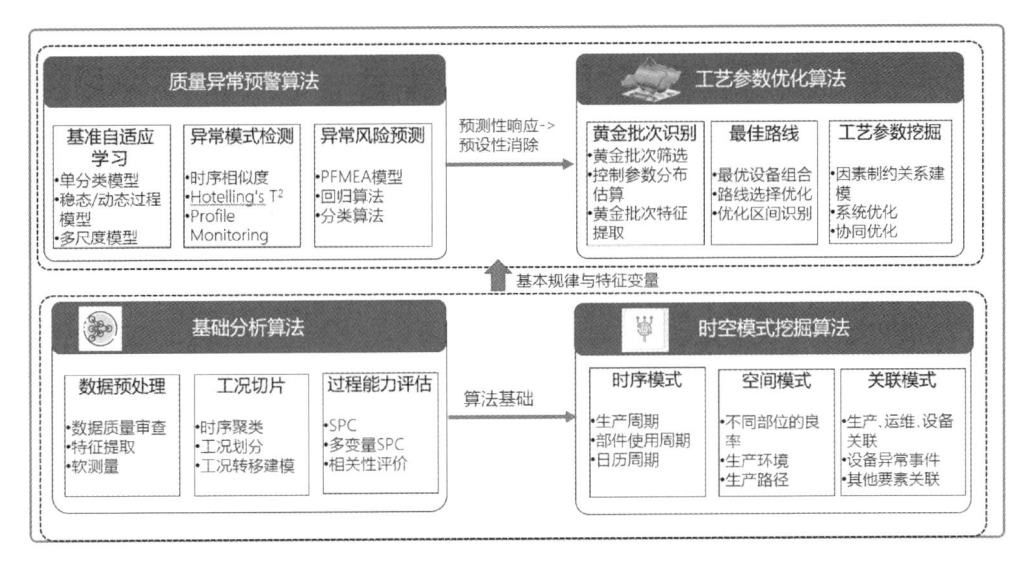

图 5-11 生产质量分析算法的分类

在分析算法层面，质量分析和一般的数据分析有很多重叠的地方，都会涉及多变量降维和正常系统动力学建模。因此，本章仅讨论质量分析和一般的数据分析不一样的地方：在基础分析算法、时空模式挖掘算法方面，仅讨论质量分析特定的算法；在质量异常预警算法和工艺参数优化算法方面，按照连续流程、批次流程、离散生产三种生产类型进行讨论。

5.4.2.1 基础分析算法

5.4.2.1 节重点介绍基础分析算法中的物料追踪模型、工况切片模型、过程稳定监控模型。

质量大数据：体系与应用

（1）物料追踪模型。

物料跟踪是质量数据分析的基础，目的是建立质量检测结果与机台状态/工艺参数的对应关系。不同行业对跟踪颗粒度（工件位置、工件、批次等）的需求不同。跟踪颗粒度与生产模式相关。在半导体制造过程中，一般可以做到工件；在轨梁轧制质量分析中，需要做到工件位置，也就是说，成品钢轨检测出的缺陷需要反演到每个道次的时间（或该道次的位置）；对于批次生产的流程（多晶硅的还原气相沉淀过程），质量指标只能对应到一个生产批次；对于连续加料连续出料的化工过程（煤化工的气化炉），产品的品质与工艺参数之间是模糊的概率关系。另外，跟踪颗粒度与生产系统设计（跟踪带来的收益与成本的均衡）也有关系。例如，在袋装洗衣液灌装线上，液灌重量的精准度是一个重要的质量指标，但两个并行灌装线后面跟着一个称重台，中间没有条码扫描等机制（会影响产能），导致称重结果与罐装线的工艺参数无法一一对应。

质量数据分析的特点是涉及的要素多，分析主题灵活多变，有的分析主题以产品质量为中心关联其他影响要素，有的分析主题以设备使用周期为中心关联不同时期的加工量和良率，这样就需要一种灵活的数据查询和整合技术。一种常用的技术是领域模型，领域模型基于元模型的结构信息、对象查询语言（Object Query Language，OQL）、GraphQL 等，可以实现跨对象查询。

物料跟踪模型的建立依赖于领域模型。在液晶面板生产中，可以根据工件 ID 的编码规则，建立大板、中板、单片间的层次映射关系，也可以根据 MES 的记录得到工件与机台的对应关系。在变矩器总成装配中，变矩器和箱体之间是组合关系。在轨梁生产中，根据金属延展经验公式，可以近似获得不同道次的位置对应关系。在洗衣液灌装线上，根据从灌装到称重的行程时间（称重记录时间与灌装线最后一个机台工作时间的差），建立一个概率映射关系模型。概率映射关系模型虽然没有实现每袋洗衣液灌装过程数据与称重结果的严格对应，但在有大量数据支撑的情形下，仍有可能分析灌装阀开关时间参数与灌装重量的关系。

（2）工况切片模型。

工业生产过程是受控过程，针对不同的工况（或设备状况），有不同的控制逻辑和期望行为。例如，满负荷生产和一般生产的工艺状态参数有很大区别；在锅炉/气化炉的使用初期和中期，控制规律和表现行为通常也不同。因此，只有把不同类型的工况区别开，统计分析才有意义，变量间的相关性才有可能凸显出来。

工况切片模型有规则驱动方式和数据驱动方式两种技术方式。在存在明确工艺机理的情形下，优先使用规则驱动方式，所以这里仅讨论数据驱动方式。数据驱动方式有：①基于结构方程的方式，如 AutoPlait 算法将多变量时序刻画为工况模态间转移的 HMM（Hidden Markov Model，隐马尔可夫模型），以及一个工况内多个变量的 HMM 转移矩阵，通过优化全局的信息描述长度，得到一个最优的结构化方程；②模态聚类的方式，对滑动窗口子序列进行聚类，获得若干典型时序模式（可以解释为"工况"），然后通过关联规则分析等算法，得到各工况间的转移概率。基于数据驱动的工况切片模型的分析步骤和结果展示如图 5-12 所示。

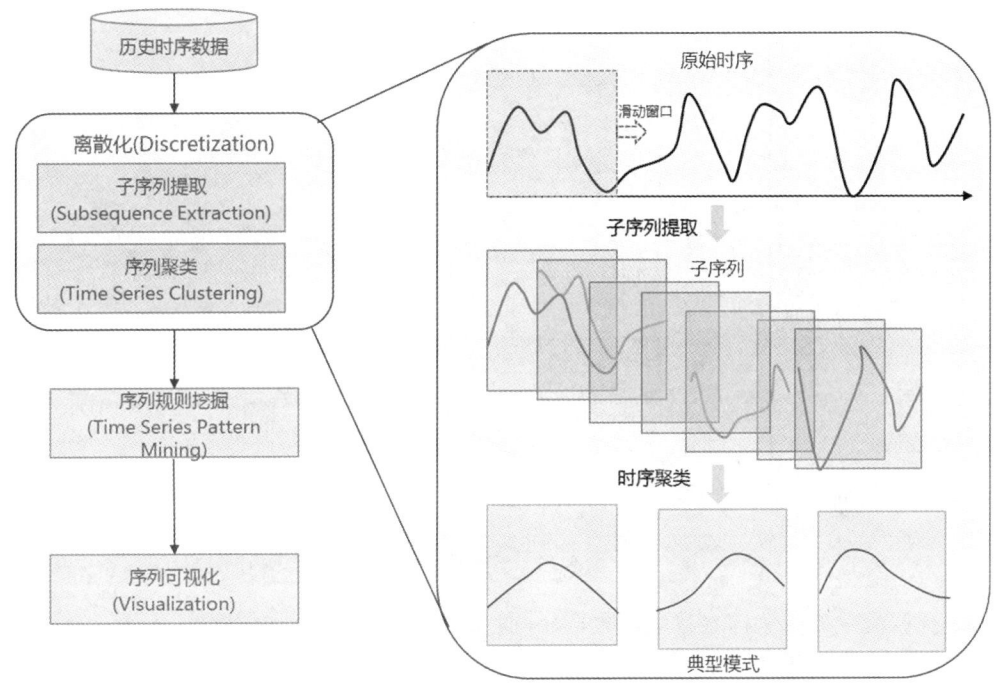

图 5-12 基于数据驱动的工况切片模型的分析步骤和结果展示

（3）过程稳定监控模型。

在生产过程中，因为外部干扰、设备异常等因素存在，工艺参数或质量指标会存在波动，生产过程稳定性监控是一个基本的分析问题。常用的方法包括单变量 SPC 图、多变量 Hotelling T^2 或 Q 残差分析，以及 Run-to-Run Control。在质量分析方面，R 语言有 6-Sigma 管理、SPC 图等工具包。QMS、MES 等生产系统也有过程稳定性监控功能。

① SPC 图。

统计过程控制假设不同观测点之间是相互独立的，但整体上呈现一个稳定的分布状态。其基本思想来源于休哈特在 1926 年提出的 Shewhart Control Chart，计算中线和标准差，根据假设的分布和置信度计算上控制线和下控制线，根据上下控制线进行异常研判。另外一个常用的异常判断依据是 Western Electric Company（WECO）规则（最近一个点超 3 倍标准差，或最近 2 个点超 2 倍标准差，或最近 5 个点超 1 倍标准差，或最近 8 个点全部在中线的同一侧），如图 5-13 所示。

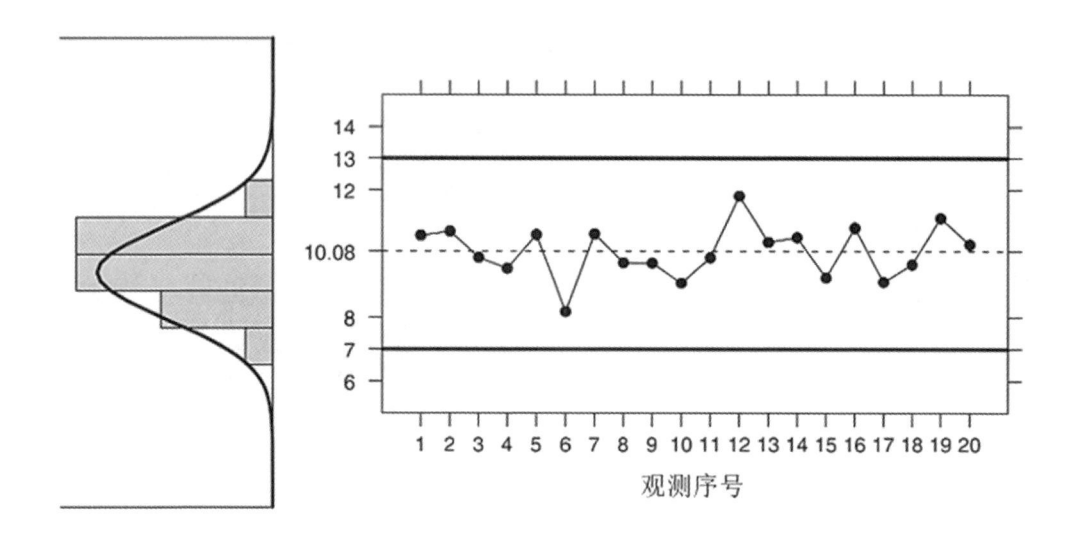

图 5-13 SPC 图示例

根据变量类型、样本数量，采取不同的统计检验方法，如图 5-14 所示。首先检查变量类型：如果是一个连续变量（Continuous Variable），接下来就需要根据每个样本组的样本数量采用不同的 SPC 图，单样本的采用 I-MR（Individual and Moving-range）图，2~10 个样本的采用 Xbar-R 图，10 个样本以上的采用 Xbar-S 图；如果是一个类别变量（Attribute Variable），接下来就需要根据变量类型是比例型还是计数型分别采用 p 图或 u 图。

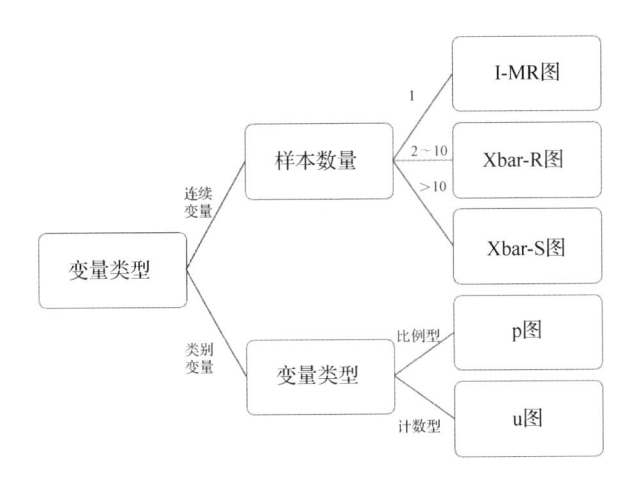

图 5-14 SPC 图的选择准则

② Hotelling-T^2。

Hotelling-T^2、Q 残差分析是两种多变量分析方法。这些统计量分析方法经常被用在 PCA、PLS、PCR（Principal Components Regression，主成分回归）等模型诊断中。

将 n 个变量的 m 个样本组成一个矩阵 $\boldsymbol{X} \in \boldsymbol{R}^{m \times n}$，采用 PCA 将 $\boldsymbol{X}$ 分解为两项，一项为负荷组分 $\boldsymbol{P}$ 与 $\boldsymbol{T}$ 的乘积，另外一项是残差矩阵 $\boldsymbol{E}$。用 Q 残差分析计算残差矩阵 $\boldsymbol{E}$ 每行的平方根，表示每个样本的偏离度；用 Hotelling-T^2 计算矩阵 $\boldsymbol{T}$ 每行的平方和，表示每个样本偏离模型中心的程度。

③ 其他方法。

统计过程控制假定变量的概率分布不变，异常来源于外部干扰或物料差异。在实际的工业生产过程中，工艺设备是在变化的，如蒸镀过程的沉积会引起蒸镀结果的缓慢漂移。为了支持平均值跃变或漂移，业界提出了 CUSUM chart、EWMA chart 等方法。

另外，统计过程控制通常假定调整过程是费时费力的，在有充分证据证明有异常时再去调整，并且假定调整是一个开环的决策过程。随着生产设备自动化水平的提升（可以根据指令在线调整）和在线检测技术的发展，可以根据统计指标的变化趋势，实现在线闭环控制。例如，半导体生产过程中的逐批控制可以实现对每个生产批次的调整，目前成为 APC 的核心技术。

最后，SPC 质量控制图法是针对单工序或者独立工序提出的，但很多制造过程（装配、机加工等）属于多工序过程。产品质量偏差包括当前工序产生的误差和上游工序传递而来的累积误差，SPC 由于不考虑工序间的影响，会造成质量故障误报或漏报。针对多工序过程，研究人员提出了偏差流方法，用状态空间建模方法表达上下游工序间的传递关系，用欧拉角或四元数来表达不同坐标系间的变换关系。偏差流方法可以支持在设计阶段对最终产品质量的仿真，也支持在生产过程中对质量问题溯源，但在实施上存在一定困难：首先是误差源的认知和建模很难完备；其次是测量的不完整性和不确定性；最后是其他因素（人操作和设备作业的稳定性）的不确定性很难定量刻画。数据驱动的方法可能是偏差流方法的一种有益补充。

5.4.2.2　时空模式分析

时空模式分析的目的是探索和理解质量问题的时空规律和基本面，为数据分析、生产管理提供帮助，因此更需要白箱模型。从算法的角度来看，时空模式分析可以分为单变量的时空规律分析、多变量间影响关系分析、时空插值。

单变量的时空规律分析包括质量指标、要素指标的分布规律与相关性关系检验。在半导体和面板的生产过程中，共通性分析研究缺陷是否经常出现在某一个区域，通常先将多个批次的数据叠加，计算每个点位的缺陷率或缺陷次数，然后采用可视化或密度聚类的方法进行分析。这样的思路也可以被用于发现机台、班组是否存在类似的规律。如果严格一点，可以采用统计检验的方法来判断质量指标与因素间是否存在关系。以 SMT 生产中的钢网开孔尺寸优化为例，钢网开孔尺寸影响透锡率，从而影响最终印制电路板的次品率（过锡、欠锡等）。根据行业经验，AR 值（孔的侧面积与表面积的比值）应不小于 0.6，但有进一步提升的空间。将元器件类型、钢网类型（材料、厚度及外观尺寸）作为外部场景分类因素，通过二项式分布检验、比值比检验（Odds Ratio Test）可以根据历史数据看不同 AR 值下的差异，从而给出不同场景下的最佳 AR 值。这种分析在实践中遇到的挑战是：①领域专家问题是开放的，但对主要因素的认知具有不确定性，例如，在钢网开孔尺寸优化中，除了上面已经考虑的因素，业务专家也在考虑锡膏的存放时间/回温时间、刷子清洗频度、钢网制作工艺（化学腐蚀法、激光法）等因素对良率的影响，而数据要素完备度、样本覆盖度和样本量不一定能满足所有的"兴趣"探索；②多变量的交叉影响，仅做单变量探索可能会忽略一些重要的交叉效应。

在多变量间影响关系分析中，类别变量可以采用关联规则挖掘（基于频度的思路），决策树/随机森林等可解释性强的模型可以给出清晰的划分区间。对于一般变量，可以用贝叶斯网络算法构建变量间的概率关系，也可以基于因果推理或结构方程建立或检验变量间的因果关系。

时空插值指的是利用有限点位的测量值，估计整个区域的数值。例如，论文用 Kriging 算法去估计温度场，Kriging 算法是利用空间变异结构（或局部相关函数）进行插值的算法,利用该算法不仅可以获得更好的插值效果,而且可以通过期望方差提供结果的置信区间。论文研究粮仓的温度场问题,将热传播的偏微分方程作为基础模型,将时空随机过程作为补偿模型,和 Kriging 算法一样,采用隐性的局部相似的结构,保证拟合结果的连续性。

5.4.2.3 连续流程生产

连续流程生产通常存在较大惯性(短期内是平稳的),从控制动作到产生质量结果有很大的滞后性,并且很多测量本身存在较大偏差,因此质量评价、操作参数优化都应该从较长的时段上去看,在技术上需要时间序列切分、聚类等算法。

以煤气化生产为例。煤气化生产是在一定条件下,将原煤与氧化剂混合,通过复杂的物理、化学反应,生成以 CO、H_2 为有效成分的合成气的过程。有效气体产率直接决定了生产效益,是煤气化生产的核心技术指标。煤气化生产和很多连续流程生产类似,具有大延迟、时变性、非线性、多变量交互等特点,只有经验丰富的操作人员,才能应对各种生产问题,进行合适的操作参数调节。在现实中,不同操作人员的经验和水平往往不同,即使是同一个操作人员,也难以保持稳定的操控水平。

幸运的是,我们可以对复杂工况和各种各样的操作进行数据记录。因此,我们可以通过机器学习对数据进行刻画和分析。数据主要包括 DCS 的数据和煤质分析数据。DCS 有 4000 多个测点,采样周期是 1 分钟。煤质分析数据包括灰熔点、灰分、水煤浆浓度等,采样频率是每日 2 次。

(1)工况划分。

连续流程生产是一个连续的动态过程,数据挖掘应该充分考虑过程中的时序关系和时序模式,而不是对各个孤立的时间点进行分析。工况划分是指根据单个或多个指标的时序模式自动切分,然后根据相似度对切分后的子序列进行聚类(时间长度可能不同),并分为若干典型工况,将类似工况放在一起进行分析,以得到通用性规律。

工况划分有两种常用方法,分别是多变量子序列聚类方法、单变量序列分割方法。

① 多变量子序列聚类方法。如图 5-15 所示,多变量子序列聚类方法是指先采用滑动窗口(可以有重叠)进行多变量子序列提取,然后对子序列进行时序聚类,这样每个子序列都有类别标签(等同于"工况")。这种方法的好处在于离线训练和在线预测的策略是一致的。

质量大数据：体系与应用

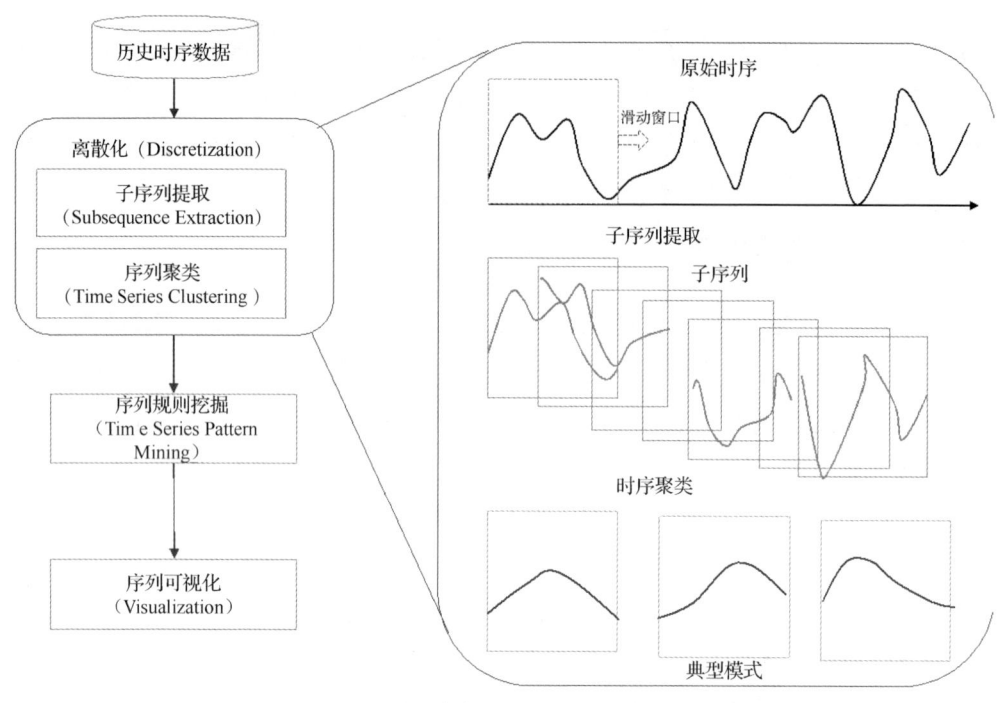

图 5-15　多变量子序列聚类方法

② 单变量序列分割方法。单变量序列分割方法如图 5-16 所示，是指对每个变量进行时序分割，提取切分后每个子序列的特征（均值、方差、趋势等），根据特征进行子序列聚类，这样每个单变量时序就转变为一个带起止时间的标签序列。多个变量的标签序列在同一时间展开，形成组合标签序列，这样就形成了典型的综合工况序列。对于平稳过程（很多连续流程在大部分时间里都是平稳过程），这种方法可以将长时序切分得比较"整齐"，另外，平稳过程间的转移过程也会保留得比较全面。但在进行在线预测的时候，这种方法仍然需要切换到滑动窗口的方式，根据每个变量子时序的特征值，判断单变量的标签，然后多变量组合，形成工况标签。

（2）操作参数优化。

操作参数优化包括：①静态控制曲线优化，即在给定的物料类型和工况下，在质量（或输出状态）优良的时段通常采用什么样的控制曲线；②动态调控策略优化，即在给定的物料类型和工况下，采用什么样的调控策略可以让当前不好的质量状态转变为优良质量状态。如图 5-16 所示，采用关联规则挖掘算法，可获得有效气体产率较优的静态控制曲线和动态调控策略。

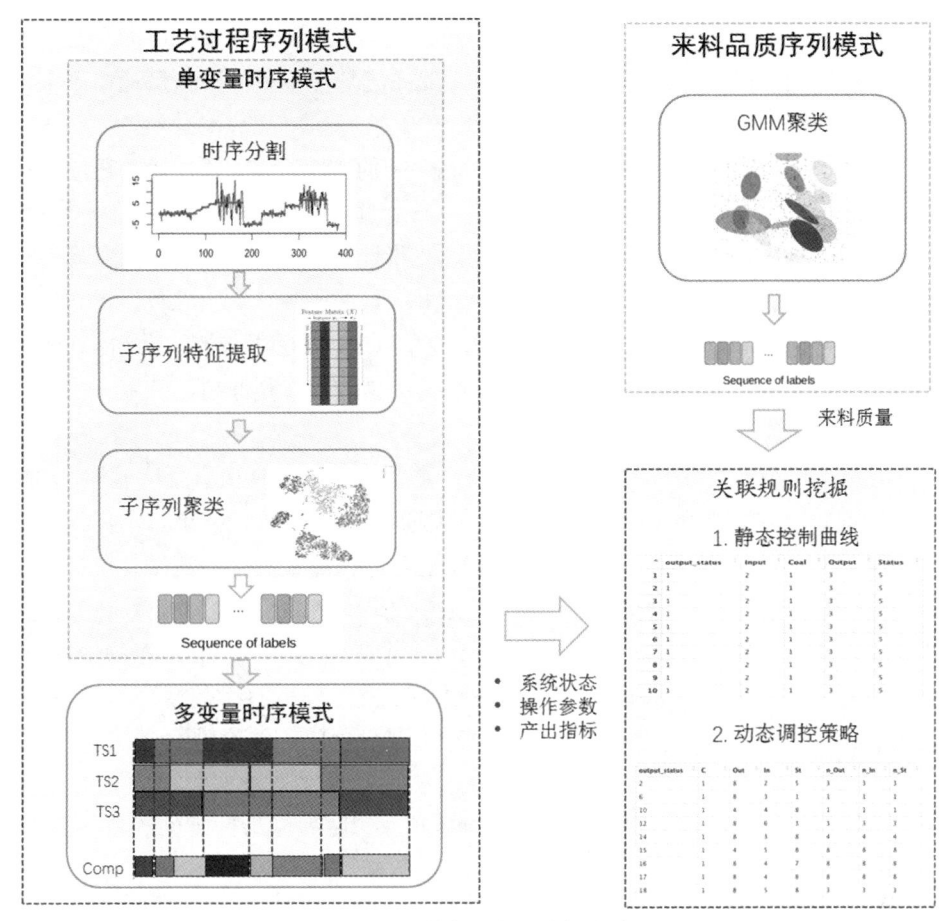

图 5-16 单变量序列分割方法

（3）其他分析。

有了充足的数据，很多简单的非监督学习对现场运行也有一定的价值。例如：①调整后的效果评估，在采用了新的调控策略或调控方法后，可以从历史数据中选择前提条件类似（物料类似、状态类似、设备健康等）的场景，采用方差分析等算法，对比改变前后在质量和产率上的差异；②类似过程检索，采用时序相似度匹配算法，从历史数据中查询与当前类似的过程，供操作人员参考，以便他们研判后续的走势，了解过去不同调控策略的效果。

5.4.2.4 批次流程生产

在批次流程生产中，每个批次的生产都有明确的起止时间，且不同批次的生产时长通常比较接近，有类似的初始状态，但质量检测通常只能在批次生产结束时或在少量时刻才可以进行,不像在连续流程生产中可以实时获得质量反馈(可能存在一定的滞后)。对于基于监督学习的批次流程分析,批次就是样本量,数据量通常不大,分析手段的自由度也不高。

以还原炉生产为例,还原炉生产是多晶硅生产的末端环节,通过氢的还原反应生产出多晶硅棒,是一个典型的批次生产过程(一个生产周期为120小时左右)。其先按照设定的进料量、时间参数注入物料,同时按照设定的电流、时间参数在硅芯上施加电流,发生还原反应后的硅在硅芯上不断沉积,形成硅棒,工艺参数设置与生产过程稳定性决定了多晶硅的产品质量(单晶比例和致密度)和能耗/物耗(能耗约占多晶硅生产成本的20%)。还原炉生产为化学气相沉积过程,是原料、装置、操作参数等多种因素共同作用的动态过程。

发酵也是典型的批次流程生产,它是一个复杂的动态生物化学反应过程,发酵质量的度量指标为化学效价(或经济效价),发酵批次为140~170小时,化学效价与DO(Dissolved Oxygen,溶解氧)、温度、pH值等工艺参数和补料速率、搅拌速度等控制参数密切相关,涉及31项指标。传统发酵效果常依赖于工艺,以及研究人员借助丰富经验、密切观察和及时调整,试图维持一个受控的、良好的微生物生长环境。随着发酵装置的自动化技术和物联化技术的发展,发酵过程的状态参数、控制参数被越来越密集地收集。基于这些实时监测数据和大量批次的离线检测数据,研究人员有机会对生物发酵动态过程进行深入的分析与挖掘,总结黄金批次的pH值、溶解氧、补糖速率的理论曲线,探索定量的精益控制规律,以提升发酵装置的智能化水平。

5.4.2.5 离散生产

在理论上,离散生产有能力将质量结果与每个工件实现关联(在实际生产中需要根据成本和需求综合决定跟踪颗粒度),也可以根据产品参数和失效机制预估工艺良率。例如,在半导体生产中,对于微颗粒引起短路失效,根据设计间隔(折算为临界面积)和微颗粒尺寸分布,有泊松模型、B-E模型等良率模型。对工业大数据的汇集分析,可以让这些理论模型更贴近现实,让很多缺陷排查和异常识别逻辑自动化,实现对机台工程能力和现实环境等要素的建模。

(1)应用示例。

① TFT电特性稳定化改善。

在OLED液晶面板生产中,电性参数Vth的片间/片内一致性是TFT(Thin Film Transistor)驱动电路的重要质量参数,电性参数Vth受CVD(Current and Voltage Detection,电流电压检测)、ELA、DKC、OVEN等几十个工艺单元的共同影响,电性参数 Vth 的稳定性也反映了生产线各工艺单元的情况。在有了大量电性能测试数据后，就可以通过数据挖掘优化工艺参数管控区间，提高电性参数 Vth 的片间/片内一致性。另外，在 TFT 生产中，不时出现批次的 Vth 超限的情况，当前采取人工排查的方式通常需要 1～2 天。为了进一步减少质量不良的影响范围，需要开发基于大数据的自排查工具，缩短排查周期。

② 台车夹具偏差识别。

在汽车焊装生产中，重点点位坐标偏差会影响到整车装配，是重要的质量控制点。重点点位坐标偏差可由在线三维坐标测量装置检测。一个白车身通常由 300～600 个冲压件在 70～100 个工位上焊接而成，不同类型的焊装工作依赖于不同的台车与夹具，台车形状偏差、台车推位固定偏差会综合影响白车身的偏差。由车辆标识号可以追溯到每个白车身使用过的台车编号。根据在线生产和检测的数据，可发现存在较大偏差的台车/夹具，及时给予纠正，从而提高质量管控能力。主要的数据包括在线检测设备测量数据、台车绑定数据、测点—台车类型的影响关系表。

（2）最佳工艺路径。

很多工艺站点可能有多个类似的机台，在同样的工艺制程下，不同产品经历的机台路线可能不同。基于大量产品的工艺路径和质量结果，采取方差分析等算法，可以检验不同机台路线间的差异是否显著，也可以基于关联规则、决策树等算法，获得良率比较高的共性机台组合。

（3）异常排查。

异常排查的主要目的是快速缩小异常存在的范围，减少潜在的质量损失。异常排查的基本逻辑来源于业务领域（数据分析仅在局部实现定量化），纯人工排查通常工作量大，从而期望数据分析能够提供一种自动化的异常排查手段。异常排查有两种典型的应用场景：①跨越多工艺站点的异常排查，排查逻辑很简单，但需要进行或组合的检查项太多；②多要素复杂作用结果的异常排查，排查逻辑的复杂度超越了人工排查的计算复杂度，需要计算机来求解。

5.4.3 售后质量分析算法

售后质量数据主要依赖于用户在使用产品过程中反馈的各类故障记录，由厂家进行汇总。这类数据通常在产品发行一段时间后才能得到，由于不同用户对质量标准的要求不一，研究人员通常对这类数据只进行较为宏观的分析。

从技术原理来说，产品的售后质量问题是由机械、电子、机电等零部件的退化引起的。机械部件的退化具有比较明显的规律，而电子部件的电路结构精细，使得很多

质量大数据：体系与应用

电子部件的失效往往由一个较小的外界应力导致，因而电子部件的退化在整体表现上具有一定的随机性，目前很难根据精确的退化规律来进行估计，取而代之的是用整体失效率来反映其质量水平。

目前工业界比较成熟的售后质量分析集中在工况比较稳定的机械装备上，如风力发电机、鼓风机等。由于其工作载荷、功率等工况特征较为稳定，因此研究人员在分析过程中更容易分析出其所受应力与实际故障之间的关系。这类机械装备的质量分析方法通常为对时间序列数据进行特征提取并完成学习。这类方法有很多，包括机器学习和深度学习。机器学习中比较常见的有 BP 神经网络、极限学习机、支持向量机、XGBoost、LightGBM 等。深度学习中用于时间序列数据的学习以各类卷积神经网络为主，通常需要将时间序列数据看作一维矩阵进行卷积。图 5-17 所示为在时间序列数据中使用较多的多尺度卷积神经网络算法结构。

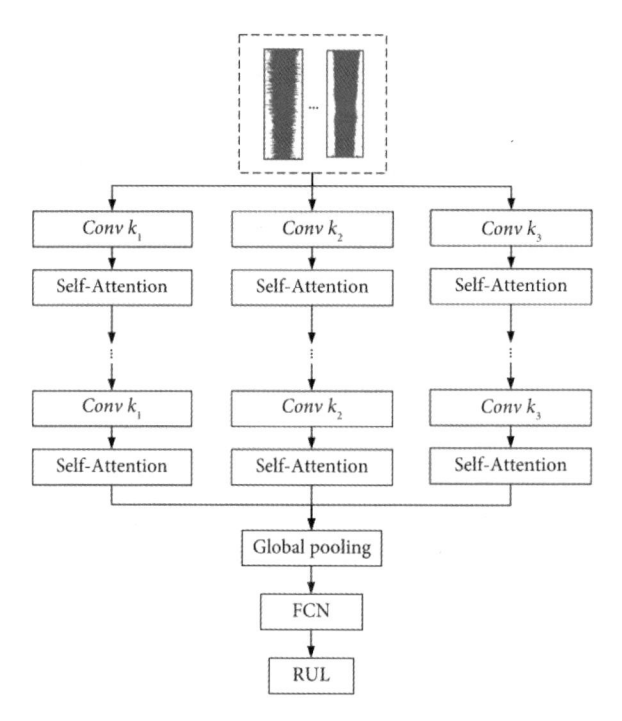

图 5-17　在时间序列数据中使用较多的多尺度卷积神经网络算法结构

除了一维卷积，直接将时间序列数据的曲线图当作二维矩阵的图像数据进行处理，也是近年来兴起的一种思路。西安电子科技大学的孔宪光教授带领的团队提出了基于二维卷积的机械部件信号处理方法，并在试验过程中证明了该方法的有效性，如图 5-18 所示。

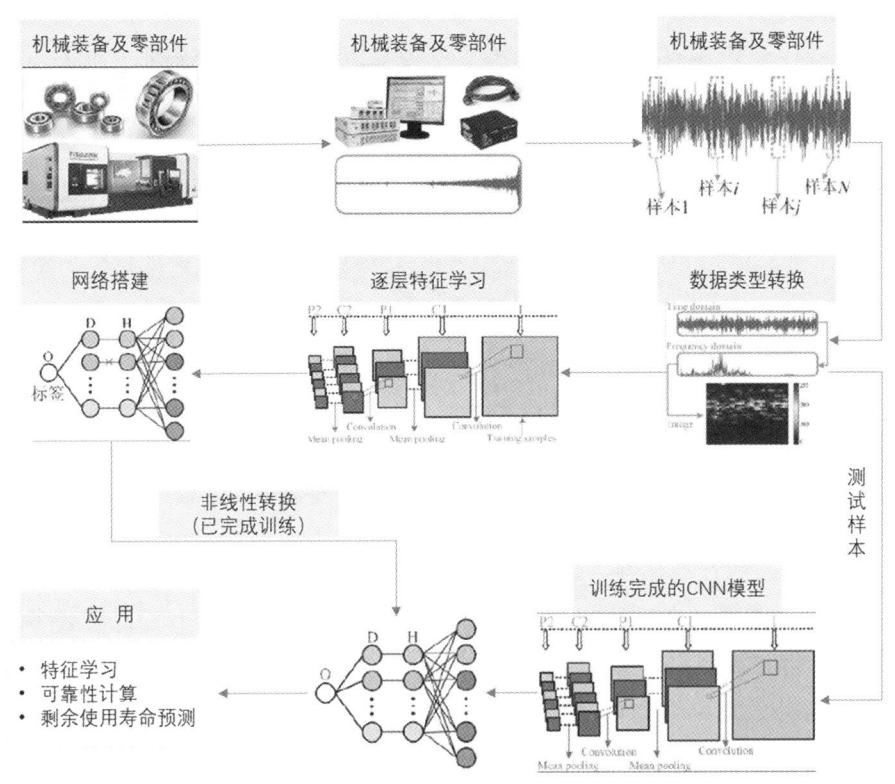

图 5-18 基于二维卷积的机械部件信号处理方法

由于元器件类型众多、失效机理多样，所以目前研究人员习惯于先将不同类型的元器件分别进行研究，再根据产品本身的结构建立相应的可靠性分析模型，完成产品整体可靠性水平的评估。目前国内从事电子元器件质量评估最权威的机构是工业和信息化部电子第五研究所。该机构的恩云飞研究员团队长期对 MOSFET、二极管、三极管、GaAs 器件、红外焦平面探测器等多种类型的元器件的失效机理和退化过程进行深入研究，针对器件界面退化、焊点疲劳、接触失效等失效模式，提出了多个数值及失效机理模型。在实际使用过程中，用户在产品的运行过程中很难进行实时监测，加上使用时的不规范操作和电路突发故障等因素，使得产品的实际售后质量与理论估计水平往往存在一定程度的偏差。

在复杂装备的质量分析上，尚没有单一的方法能够直接解决其故障预警问题。以工业机器人、数控机床等复杂装备为例，其包含了各种机械系统、电子系统，具有连续工作时间长、工况多变、结构复杂、零部件精度高、生产方式智能化、制造费用高昂等特点，通常由机械、电子、液压等多类复杂零部件系统构成，并且具有感知、决策、执行等功能，在实际工作时可能产生多种复杂的关联失效。目前业内针对装备失效的研究主要集中在标准转速、载荷试验条件下的轴承、齿轮等机械部件上,对工业机器人等装备在实际运行中的失效机理及其演化机制尚不明确,高可靠性设计与运维缺乏基础理论支撑。

由于工业机器人等复杂智能装备在实际任务(夹持、转运、转向、换手)执行情况下的运行环境、负载、受力结构、位姿均有所差异,因此其运行方式对服役性能的演化机制存在如磨损、疲劳裂纹、紧固连接配合变松、电路板元器件热损伤等不同程度的影响。在实际工作过程中,机械装备的制造工艺参数变化复杂,使得机械装备服役性能的演化机制与其制造工艺参数之间的关联较为隐秘,难以挖掘。同时,由于在装备运行时其机械结构位姿的变化,其执行末端可能会产生一定的振动,当这种振动衰减时间较长时,容易对加工制造过程的精度造成一定影响。目前针对工业机器人、数控机床等装备的稳定性分析多集中在静态结构应力分析上,而对实际运行工作状态下的动力学系统的研究尚未开始。

尽管当前没有成熟的分析方法,但是国内仍有部分团队对此领域进行了诸多探索。2021年,工业装备质量大数据重点实验室的团队曾提出融合装备稳定性分析、失效机理分析和监测数据实时分析的复杂智能装备质量分析方法,最终通过其稳定性识别结果和服役可靠性评估结果来完成对装备运行质量的综合分析。复杂智能装备质量分析方法的技术思路如图 5-19 所示。

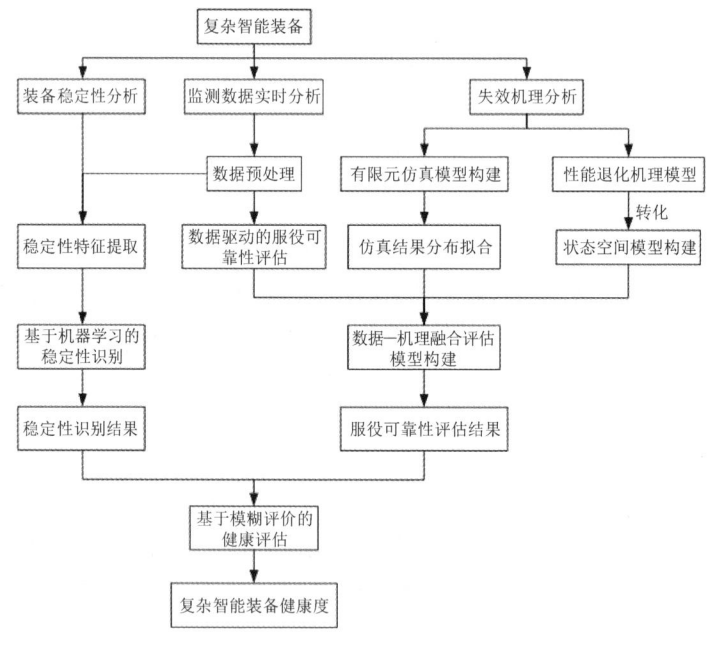

图 5-19 复杂智能装备质量分析方法的技术思路

第 6 章

质量大数据的实施路径

质量大数据本身是解决质量问题的一种途径或一种手段。通过应用质量大数据技术解决企业生产运营中质量管理、质量追溯、质量检测等问题，是企业建立质量大数据的核心目的。质量大数据是工业产品与质量相关的数据集的总称，涉及客户需求、研发设计、生产制造、售后服务、回收等产品全生命周期的各个环节，具有跨尺度、协同性、动态化、多样化等特性。如何挖掘质量大数据的价值，促进质量大数据在企业侧和产业侧应用落地，可持续提升企业和产业的质量管理水平，是当前研究人员面临的一个问题。

质量大数据的实施是一项系统性工程，需要政府、产业、企业共同努力，实现工业可持续、高质量发展的目标。企业要发挥主体作用，持续深化开展质量管理活动，产业、政府需要以完善政策保障和支撑环境为重点，做好组织实施。本章根据企业和产业的质量需求的特性，给出了企业侧、产业侧、政府侧质量大数据的实施路径（见图 6-1），指导质量大数据的实施，推进工业可持续、高质量发展。

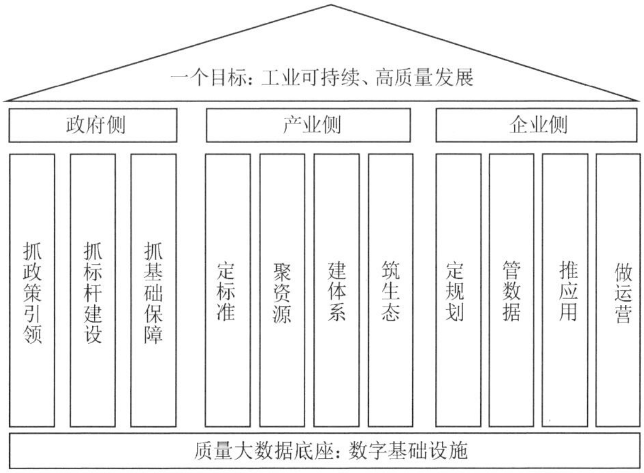

图 6-1 企业侧、产业侧、政府侧质量大数据的实施路径

6.1 质量大数据企业侧实施路径

在企业侧，质量大数据涉及企业的产品需求分析、研发设计、生产制造、售后运维、再制造及回收等环节产生的数据。不同企业的质量数据采集能力不同，质量数据呈现多源异构、数据量大、耦合关联等特征，数据的分析难度大，导致企业的质量大数据实施困难。本节针对企业质量大数据的实施，提出了企业侧质量大数据实施路径。该路径包括质量大数据建设规划、质量大数据资源管理、面向场景的质量数据建模与应用、质量大数据可持续运营机制，如图6-2所示。

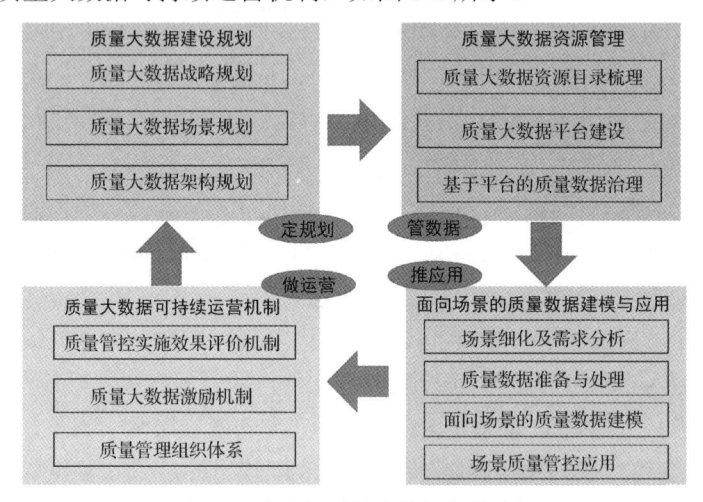

图6-2 企业侧质量大数据实施路径

6.1.1 质量大数据建设规划

在质量大数据的实施过程中，不同企业的质量管理体系不同，质量数据采集方法、质量管理目标也有差异。因此，企业要面向自身的质量管理需求和价值链，从质量大数据战略规划、质量大数据场景规划、质量大数据架构规划三个方面构建质量大数据建设规划，明确质量大数据的战略目标、意图、应用场景和平台，为质量大数据的实施指明方向。

（1）质量大数据战略规划。

企业应从质量管理角度，结合质量管理的现状，围绕数字化、智能化的质量管理目标，明确质量大数据的建设目标、实现方式和总体规划，从业务场景、技术、资源三大维度确定质量大数据战略规划，如图6-3所示。

第6章
质量大数据的实施路径

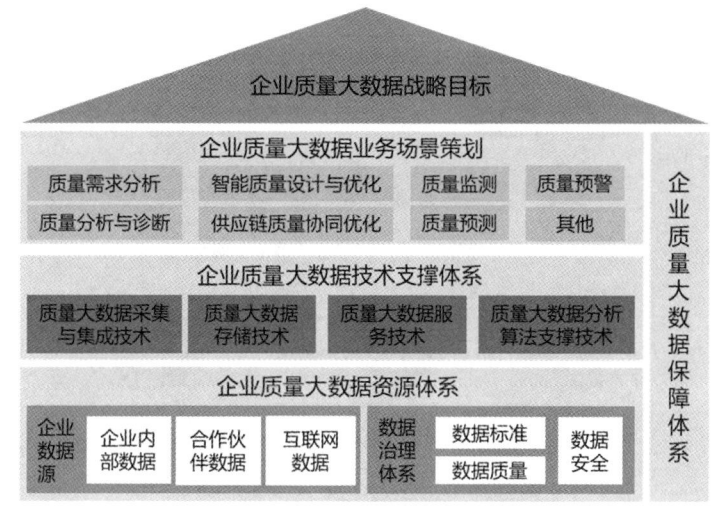

图 6-3 质量大数据战略规划

质量大数据战略规划一般自上而下来确定，并通过采用自下而上的方法来修正。确定企业质量大数据战略规划主要考虑以下要素：一、要考虑企业质量数据现状及其资源结构，评估质量数据获取的可行性、数据来源的可靠性、数据质量的有效性、数据更新的及时性等，以此来制定企业质量大数据战略目标；二、要考虑企业质量大数据的技术实现和 IT 支撑技术，包括质量大数据采集与集成技术、质量大数据存储技术、质量大数据服务技术和质量大数据分析算法支撑技术，以设计高效的运行架构；三、要考虑企业质量大数据的业务场景，质量大数据的应用规划需要由各部门发起，同时又需要符合企业质量大数据战略目标；四、要考虑如何保证企业质量大数据战略目标的有效落地，强化保障体系建设，从应用需求的角度出发，明确应用需求的管理模式、管理职能和管理流程。保障体系还应该包含奖惩机制，有效的奖惩机制能够促进整体战略规划的快速推进。

（2）质量大数据场景规划。

质量大数据的实施应以企业质量需求为牵引，以解决企业质量管理问题为导向，聚焦企业质量大数据的应用场景。质量管理贯穿于需求分析、研发设计、生产制造、售后运维、再制造与回收等产品全生命周期的环节，在质量大数据环境下，面向不同行业提炼共性问题，总结质量大数据的典型应用场景，包括质量需求分析、智能质量设计与优化、质量监测、质量预警等，并给出场景实施的优先级，如图 6-4 所示。在实施过程中，企业可结合具体情况，依托质量大数据的典型应用场景，规划自身的应用场景。例如，在重视设计的企业中，产品的设计质量非常重要，质量需求分析和智能质量设计与优化就是重要的应用场景。

质量大数据：体系与应用

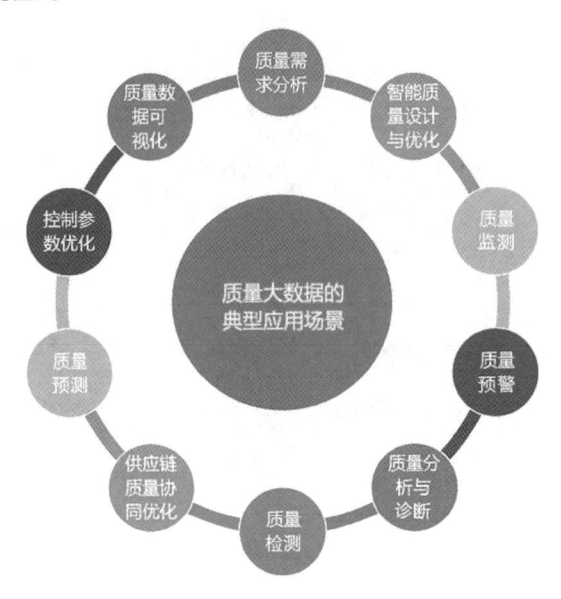

图 6-4　质量大数据的典型应用场景

表 6-1 所示为质量大数据的典型应用场景介绍。

表 6-1　质量大数据的典型应用场景介绍

序号	应用场景	应用模式	对数据的要求	优先级
1	质量需求分析	分析舆论、用户评价等，确定用户质量需求	细分用户质量需求，对样本量的要求较高	10
2	智能质量设计与优化	提高设计认识，实现设计方案评价与优化	设计方案的评价、优化，对样本数据质量的要求较高	9
3	质量监测	在线监测	质量数据的实时采集与展示，对数据没有特别要求	1
4	质量预警	在线预警	对典型工艺参数的波动模式自动识别，对样本的均衡性有一定要求	3
5	质量分析与诊断	质量根因分析、诊断	对质量进行多维、多尺度分析，对数据没有特别要求，影响结论的置信度	6
6	质量检测	质量自动检测	利用图像、超声波等技术进行产品表面、内部缺陷检测，以及残次品自动复判，对图像质量、样本均衡性有一定要求	5
7	供应链质量协同优化	协同管理	物料等的供应链安全、质量分析，对数据没有特别要求	8
8	质量预测	在线预测	建立工艺参数与质量指标的关联，对样本量的要求较高	4

续表

序号	应用场景	应用模式	对数据的要求	优先级
9	控制参数优化	工艺设计优化、在线控制	找出表现好的部分区间，对数据的要求较低，必须保证参数变量是直接可控的	7
10	质量数据可视化	多维质量统计与决策支持	数据的多维可视化统计，对数据的要求较低	2

（3）质量大数据架构规划。

企业应以质量大数据战略规划为指导，结合质量大数据场景规划，从自身的组织架构、人员配置、部门职责、实施方针与原则、实施方案等方面规划质量大数据的实施架构，重构企业质量管理组织，组建质量大数据实施团队，同时可面向具体场景组建场景实施小组，确认部门及人员的实施职责，确定实施方针、实施原则与实施方案，做好质量大数据的落地准备工作。质量大数据架构规划如图 6-5 所示。

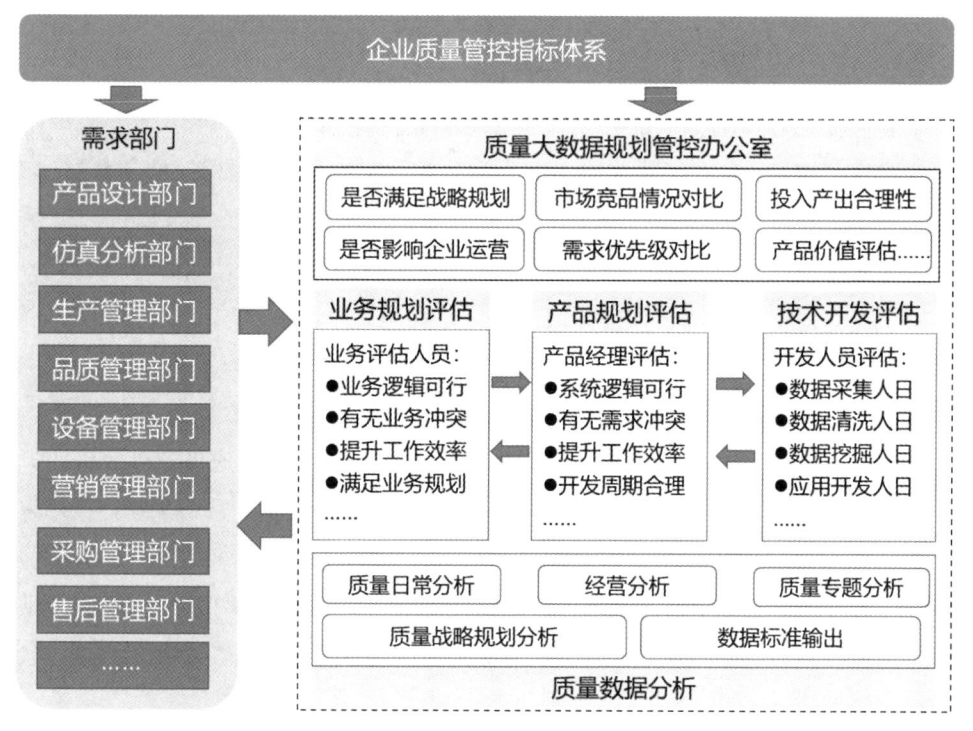

图 6-5　质量大数据架构规划

6.1.2　质量大数据资源管理

数据资源是企业实施质量大数据的基础。企业应基于质量大数据的要素体系及

质量大数据：体系与应用

资源体系编目的参考架构，梳理质量数据的组成与来源，对质量数据进行规范化、标准化处理，建立描述企业质量数据资源的元数据体系，进而构建面向企业质量管控领域，要素完备、结构合理、功能完备的企业质量大数据资源体系编目，并以此为基础，设计质量大数据平台的架构，进行数据的融合、治理，建成质量大数据资源，如图 6-6 所示。

```
质量大数据              质量大数据              基于平台的质量
资源目录梳理            平台建设                数据治理

• 梳理质量数据的组      • 质量大数据平台的架    • 质量数据集成、融合
  成与来源                构设计                • 质量数据的治理
• 构建企业质量大         • 质量大数据平台建设    • 建成质量大数据资源
  数据资源体系编目
```

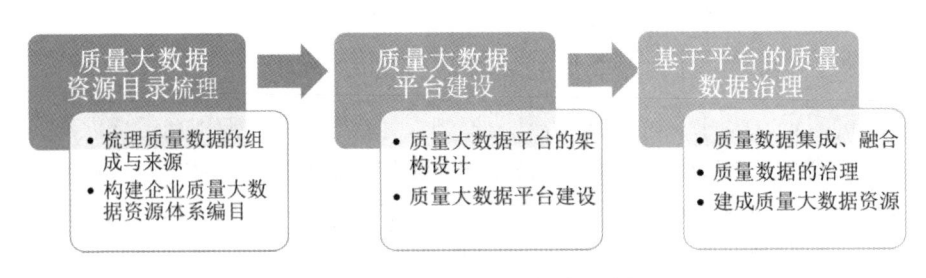

图 6-6　质量大数据资源的建设路径

（1）质量大数据资源目录梳理。

企业应依托质量大数据的要素体系和数据资源体系编目的参考架构，梳理质量数据的组成与来源，并进行数据的逐层分类分解，确定质量数据资源的元数据体系，实现对元数据的统一管理和对数据的统一归集，生成企业质量大数据资源体系编目。企业质量大数据资源体系编目展现了质量数据有哪些、是什么、由谁管理、在哪里等信息，提供基于数据模型、属性字段、类型、来源、管理部门等信息的查询与检索。

（2）质量大数据平台建设。

企业应根据企业质量大数据资源体系编目、数据源的特点、质量数据分析业务架构，采用数据仓库、数据中台、数据湖等技术设计质量大数据平台的架构，建立数据资源管理的组织架构和应用架构，开发质量大数据平台，为多源异构质量数据的管理、面向场景的质量应用提供支撑。若企业有现行的质量大数据平台，可在此基础上面向自身的质量数据特性和分析需求，完善质量域的数据采集、数据建模、数据模型、质量应用等要素。

质量大数据平台具备多源异构质量数据的汇聚、存储、处理、建模、分析，以及访问、检索查询等功能，能够实现企业内部多系统数据的集成、融合，为质量大数据的应用提供数据基础。质量大数据平台的参考架构如图 6-7 所示。

第6章 质量大数据的实施路径

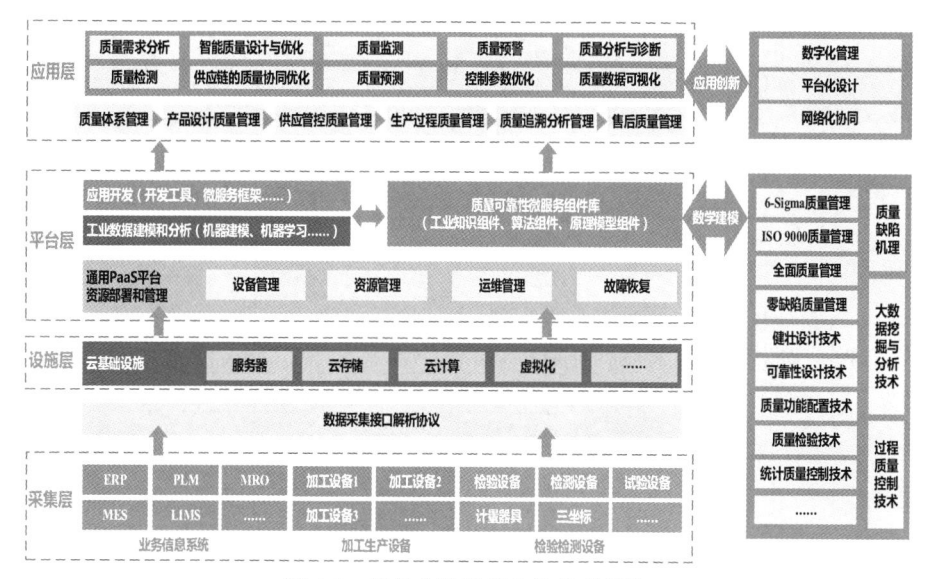

图 6-7 质量大数据平台的参考架构

质量大数据平台的建设模式一般有三种，包括完全独立研发、直接购买第三方解决方案和借助第三方的力量联合开发。其中，借助第三方的力量联合开发可控性强、数据安全性高、开发周期较短，已成为大多数企业首选的平台建设模式。

对于质量大数据平台建设模式的选择，企业一定要结合现有状态、需求规划（包括短期、中期和长期）、预算、项目目标等，从质量管理现状、质量需求规划、平台解决方案特性和费用评估四个维度综合选择最适合的建设模式。质量大数据平台建设模式选择的评估如表 6-2 所示。

表 6-2 质量大数据平台建设模式选择的评估

评估维度	评估要素		重要度
质量管理现状	质量管理基础	质量管理模式	★★★
		组织架构	★★★
		数据分析能力	★★★★
	质量数据现状	数据源环境	★★★★
		数据结构类型	★★★★★
		数据量级	★★★★★
		数据质量	★★★★
		数据增量	★★★★
	质量管理要求	数据安全	★★★★★
		数据主导权	★★★
		数据资产所有权	★★★★★

续表

评估维度	评估要素		重要度
质量需求规划	数字化质量管理需求		★★★★★
	技术工作需求		★★★★★
平台解决方案特性	功能特性	基本部署	★★★★
		数据导入	★★★★★
		数据存储	★★★★★
		数据计算	★★★★★
		机器学习	★★★★★
		可视化	★★★★★
		应用支撑	★★★★★
		云服务	★★★★
		数据安全	★★★★★
		运维管理	★★★★
		弹性配置	★★★★
		方便扩展	★★★★
		灵活控制	★★★★★
		功能丰富	★★★★
		海量数据支持	★★★★★
		可迁移性	★★★★★
	性能特性	伸缩性	★★★★★
		容错性	★★★★★
		单位时间处理能力	★★★★★
		响应时间	★★★★★
		吞吐量	★★★★★
		并发数	★★★★★
		稳定性	★★★★★
		可靠性	★★★★★
		资源占用率	★★★★
	服务特性	实施部署	★★★★
		质保服务	★★★★★
		技术咨询	★★★★
		驻场开发	★★★★★
		工具培训	★★★★
		日常沟通	★★★★★
		应急故障	★★★★★

第6章 质量大数据的实施路径

续表

评估维度	评估要素	重要度
费用评估	云服务费	★★★★★
	本地化费用	★★★★★

（3）基于平台的质量数据治理。

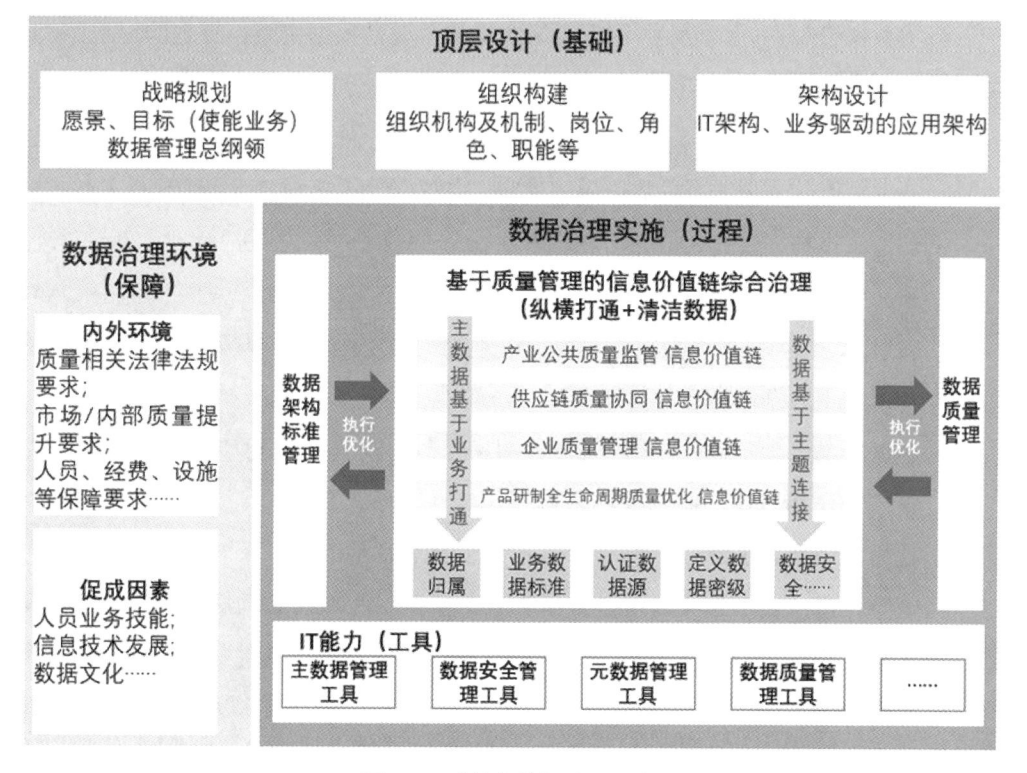

质量大数据治理平台是质量大数据治理技术和治理体系具体应用和实施的载体，是提升质量大数据的质量和服务价值的核心。数据管理员和业务分析师采用质量大数据治理平台上的工具，取代依靠手工的电子表格数据治理模式来获取质量数据的价值。

质量大数据治理平台需要部署数据质量管理工具、元数据管理工具、主数据管理工具、数据安全管理工具等相应的治理技术支持工具，支持质量大数据治理工作，为后续具体的分析应用提供可靠和安全的质量数据，以实现企业内部共用一套质量大数据治理体系，如图6-8所示。

图6-8 质量大数据治理平台

质量大数据：体系与应用

- 建立质量数据管控标准：数据标准包含元数据、数据指标、主数据、数据代码、数据规范、时序数据、数据交易与数据共享等标准；数据指标包含数据管控指标，采购、生产、设备等业务领域的相关指标，以及质量效益方面的经营指标；主数据包括通用基础、物料、生产、制造、人事、财务、项目、合同等主题领域的数据，以及按技术领域或者按行业划分的数据，如电子信息、航空航天、质量技术等领域的数据。

- 元数据管理实施：元数据管理实施通过采用统一的方法、机制和工具，打通业务语言和机器语言；可以覆盖从数据产生、汇聚、加工到消费的全生命周期，形成统一的数据地图，为各业务提供业务数据（如指标、报表定义和统计口径），辅助业务人员理解和使用数据，有助于价值流纵向打通数据；重点工作内容包括生成元数据、采集元数据、注册元数据和运维元数据。

- 主数据管理实施：主数据管理实施的工作主要是根据主数据管理的现状，按照主数据标准，构建IT系统，开展主数据识别与管理；通过主数据平台，梳理和清洗在生产经营活动中产生的各类与质量相关的数据，构建主数据库；通过数据标准文本发布、主数据模型建设、主数据管理流程建设，实现对主数据的创建、审核、发布、修改、归档等生命周期管理；在主数据管理实施过程中，还应当注意将主数据管理平台与其他系统集成，其他系统包括接口策略、属性映射、分发/订阅、数据同步等，实现主数据的采集、分发等交互操作，最终实现让主数据服务于质量优化、运维等业务应用。

- 数据质量管理实施：首先结合具体的场景数据及服务需求，编制系统标准和数据规则；然后将系统标准纳入数据集成、迁移、实时、建模分析等业务和数据技术流程；最后长期开展数据质量监控、评估工作，不断对数据规则进行调整，适应业务需求。在数据质量管理实施过程中，数据质量综合评价是常态化工作，包括数据剖析、数据质量诊断、调整数据处理规则、异常数据监控等工作。

数据治理参考标准体系如图 6-9 所示。

第 6 章 质量大数据的实施路径

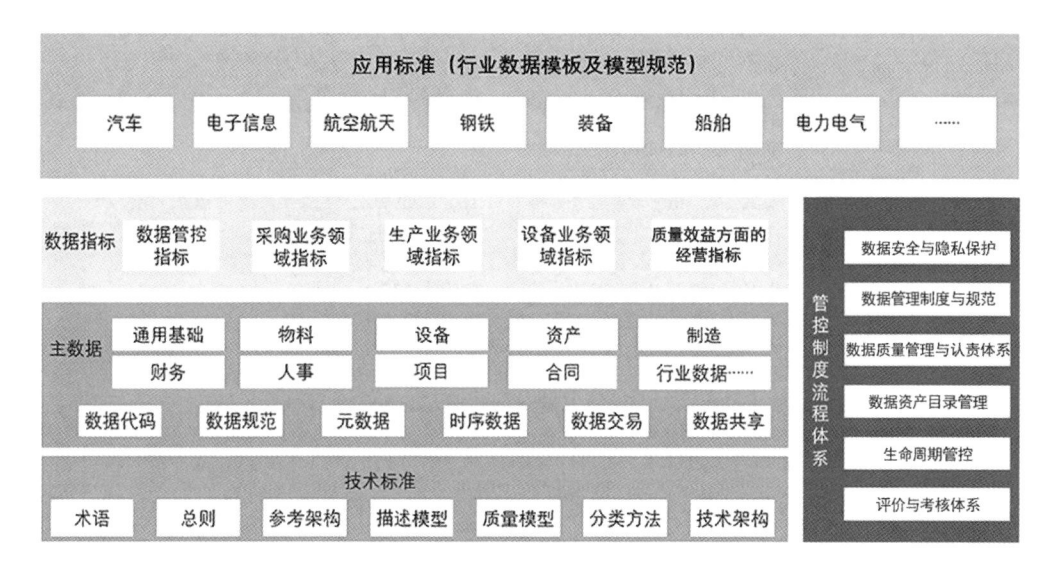

```
应用标准（行业数据模板及模型规范）
  汽车  电子信息  航空航天  钢铁  装备  船舶  电力电气  ……

数据指标：数据管控指标 | 采购业务领域指标 | 生产业务领域指标 | 设备业务领域指标 | 质量效益方面的经营指标
主数据：通用基础 | 物料 | 设备 | 资产 | 制造
        财务 | 人事 | 项目 | 合同 | 行业数据……
        数据代码 | 数据规范 | 元数据 | 时序数据 | 数据交易 | 数据共享
技术标准：术语 | 总则 | 参考架构 | 描述模型 | 质量模型 | 分类方法 | 技术架构

管控制度流程体系：数据安全与隐私保护 | 数据管理制度与规范 | 数据质量管理与认责体系 | 数据资产目录管理 | 生命周期管控 | 评价与考核体系
```

图 6-9　数据治理参考标准体系

6.1.3　面向场景的质量数据建模与应用

在工业领域中，由于产品的研发体系、生产体系、维护体系、管理体系等庞大和复杂的特征，在某些特定场景中，我们无法直接通过简单线性的方式挖掘内在质量影响因素，改善质量问题。因此，面向工业质量管控业务场景，通过采用大数据技术解决动态、非线性的复杂关联问题，将采集到的各类数据按照工业行业中的经验知识进行标注、特征抽取、关联分析、优化评估，可以有效地将难以量化的质量特征进行量化、分类，将质量问题在成本、人力等现实条件的约束下进行有针对性的分析与优化，使企业产品的设计研发、生产管理、供应链协同、售后维护等业务的质量均得到可行的优化方案，达到质量优化的目标。

面向场景的质量数据建模与应用"以问题为导向、以数据为基础、以质量提升为目标"，解决企业全过程的质量问题。在具体实施过程中，企业应根据 CRISP-DM 方法论，依托质量大数据平台，细化场景与需求，厘清平台关于业务场景的数据，构建面向业务场景的质量数据集，应用平台系列数据和建模工具建立质量模型，并依托平台进行应用部署，从而实现模型的应用。面向场景的质量数据建模与应用的具体细节如图 6-10 所示。

质量大数据：体系与应用

```
┌─────────────────────┐      ┌─────────────────────┐
│  场景细化及需求分析  │      │  质量数据准备与处理  │
│  ◆ 剖析场景现状     │ ───▶ │  ◆ 场景数据清理     │
│  ◆ 提炼质量问题     │      │  ◆ 场景数据集的构建 │
│  ◆ 分析质量需求     │      │  ◆ 场景数据集的处理 │
│  ◆ 确定质量目标     │      │                     │
└─────────────────────┘      └─────────────────────┘
           ▲                            │
           │                            ▼
┌─────────────────────┐      ┌─────────────────────┐
│   场景质量管控应用   │      │ 面向场景的质量数据建模│
│  ◆ 模型的应用部署    │ ◀─── │  ◆ 质量数据模型训练 │
│  ◆ 质量改进与优化    │      │  ◆ 质量数据模型评价 │
│  ◆ 优化效果评估      │      │  ◆ 质量数据模型封装 │
│  ◆ 质量管控迭代      │      │                     │
└─────────────────────┘      └─────────────────────┘
```

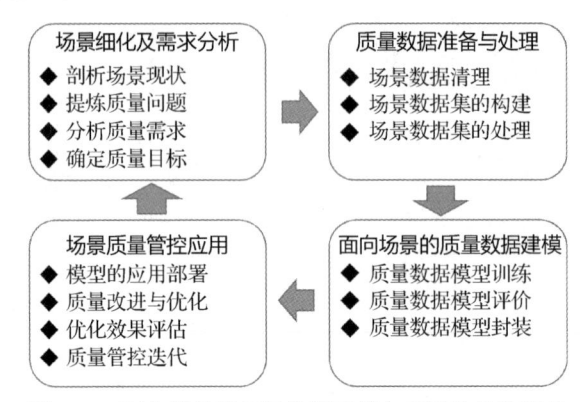

图 6-10　面向场景的质量数据建模与应用的具体细节

（1）场景细化及需求分析。

企业质量大数据的场景一般有质量需求分析、智能质量设计与优化、质量监测、质量预警等。研究人员在解决企业具体质量问题时，要剖析场景现状，总结、提炼质量问题，形成质量大数据分析需求，在具体质量需求的引导下，确定质量目标，制定评价准则。场景细化及需求分析的具体细节如图 6-11 所示。

```
┌──────────────┐ ┌──────────────┐ ┌──────────────┐ ┌──────────────┐
│ 剖析场景现状 │ │ 提炼质量问题 │ │ 分析质量需求 │ │ 确定质量目标 │
│• 场景背景剖析，│ │• 质量特性指标│ │• 质量问题类型│ │• 数据挖掘目标│
│ 如工艺流程、工│ │• 指标控制需求│ │• 质量问题描述│ │• 质量管控指标│
│ 艺参数、趋势等│ │ （一致性、精确│ │• 业务要求    │ │ 要求         │
│• 初步进行质量 │ │ 性）          │ │              │ │• 评价准则    │
│ 影响因素分析  │ │              │ │              │ │              │
└──────────────┘ └──────────────┘ └──────────────┘ └──────────────┘
```

图 6-11　场景细化及需求分析的具体细节

例如，某注塑品生产公司所生产的注塑制品质量一致性差，产品一次交检合格率低，亟须开展注塑工艺质量提升工作。通过初步分析，研究人员发现，在注塑过程中，影响制品质量的工艺参数众多，如模具温度、熔体温度、保压时间、保压压力、冷却时间、注射时间、注射压力等。注塑制品尺寸是注塑工艺的核心质量特性指标，核心需求是管控制品尺寸，将其稳定控制在公差范围内，保障制品外形尺寸的一致性。因此，质量问题可被定义为注塑制品外形尺寸超差控制。这是一个典型的质量预测问题，业务要求是实时预测注塑制品的外形尺寸，提升注塑工艺质量管控能力，提高制品的一次交检合格率。质量管控目标为提升制品的一次交检合格率，数据挖掘目标为预测精度达到 95%，并定义精度评价准则。

(2）质量数据准备与处理。

质量数据准备与处理是指在场景细化及需求分析的基础上，开展特定场景的质量数据清理，梳理与场景相关的数据要素，并依托平台按照需求构建特定场景的质量数据集，对数据集进行时域、频域、时频域处理，提取特征参数，并开展降维处理。

工业生产过程是受控过程，过程量之间强关联，而质量是多个过程量非线性交叉作用的结果，过程指标与质量指标的线性相关系数通常很低，如果不降维处理，模型就会倾向于将大多数变量引入并进行学习训练，极易导致自身的过拟合。因此，为了降低过拟合风险，在数据处理阶段需要进行特征提取和降维运算。质量大数据的特征提取方法如表 6-3 所示。

表 6-3　质量大数据的特征提取方法

特征类型	特征提取方法
单变量统计特征	均值、标准差、变异系数、极差……
	峭度系数、峰值系数、脉冲系数、波形系数……
	重心频率、频率均方值、均方根频率、频率方差、谱密度值……
单变量序列特征	EMD（经验模态分解）、STL、SSA、Wavelet
	ES、ARIMA 模型
	均值滤波、中值滤波
	频谱、自卷积、自相关、功率谱、功率谱分位数
多变量统计特征	相关系数、协方差……
	闵可夫斯基空间、曼哈顿距离、欧氏距离、DTW 距离
多变量序列特征	互卷积、互相关、互功率谱
	希尔伯特谱
经验和领域特征	领域模型变量和指标、经验公式、业务专家经验……

(3）面向场景的质量数据建模。

面向场景的质量数据建模是指依托质量大数据平台中的模型构建工具，确定质量问题的数学类型，选择相应的算法开展模型的训练与评价。当前大数据挖掘与分析理论已趋于成熟，且有明确的建模指导原则和建模工具，企业开展质量数据建模的速度更快，效率更高。企业开展质量数据建模的原则如下。

结果要有"新意"：通过挖掘常识，将常识作为前处理或特征量融入数据分析模型。

"极简"原则：用最简单的算法解决问题，不要为了提高微不足道的性能指标而使用复杂模型，要抓住问题的主要矛盾，包括样本不均衡、模型的鲁棒性、过拟合、模型的可解释性等。

数据分析是一个迭代过程。很多模型的性能瓶颈并非来自算法本身，而是来自业

质量大数据：体系与应用

务定义、数据理解和数据准备。例如，没有考虑到一些很少发生但很重要的业务或生产场景，没有将一些重要因素包含在当前数据集中，没有意识到一些严重的数据质量问题等。由于工业大数据分析技能二分化，数据分析人员无法独立穷尽对业务的描述和对数据集范围之外情形的列举，而业务专家也不可能考虑周全。因此，在建模过程中，不能泛泛而谈模型的性能或数据质量，应该采用"Worst-Case"（最坏情形）驱动的方式与业务专家交互，说明算法模型在何种情形下性能最差，探明模型性能影响因素，从而触发业务专家的思考，借助业务专家的经验来分析问题的根本原因，找出解决办法。

质量大数据典型应用场景的数据建模方法如表6-4所示。

表6-4 质量大数据典型应用场景的数据建模方法

典型应用场景	技术路线	描述	方法
质量预警	质量特性指标的预测	根据当前的设备状态参数和近期良率走势，预测产品质量指标，进行风险预警	回归建模方法
	不良风险预测	根据历史质量检测等级，预测产品质量的不良风险	分类模型或回归模型
	基于正常样本的学习	基于正常样本构建模型，发现实际运行中的偏移量	One-Class SVM，聚类算法
	不良模式匹配	根据业务领域的典型不良模式进行相似度评价，发现异常	时序相似度评价
质量分析与诊断	系统辨析	根据质量评价指标，在历史数据中筛选出若干理想批次，从理想批次中总结出最佳参数控制区间及在线控制策略	聚类算法（如GMM算法等），参数分布拟合
	回归模型	构建质量参数及其他因素（如设备健康状态等）的回归模型，找出输出质量理想的参数控制区间和在线控制策略	分类模型或回归模型（如决策树、随机森林等）
	融合模型	一个工件不同区域的质量指标、设备不同使用时长下的质量指标等，通常是相互制约的，应基于历史数据和协同优化，得到一个全局的最优参数集或参数区间	启发式优化算法
控制参数优化	理想批次寻优	使用统计分析估算机理动力学模型的参数	RLS算法
	质量动力学模型	构建质量与参数及其他因素（如设备健康状态等）的回归模型，可以将机理或经验公式作为特征量	ANN、LSTM、随机森林等
	协同优化	将统计学习模型作为机理模型的后补偿	SMOTE算法等

对于所构建模型的评价指标，应根据质量问题的类型选择，具体如表6-5所示。

表 6-5 模型评价指标

类型	评价指标
分类模型	错误率、精度、准确率、召回率、F1-score、ROC 曲线、AUC（Area Under Curve，ROC 曲线下的面积，代表模型的性能）和对数损失等
回归模型	平均绝对误差、均方误差、均方根误差、平均绝对百分比误差

在模型满足测试要求后，按照应用要求进行模型封装，为模型的应用部署奠定基础。

（4）场景质量管控应用。

场景质量管控应用包括模型的应用部署、质量改进与优化、优化效果评估与质量管控迭代。在应用过程中，应尽可能对部署模型的性能进行密切监控，通过闭环反馈进行模型成熟度评估和状态管理（试用、正式应用、需更新、退役等），保证生产的可持续性和可靠性。模型的应用部署为质量的改进与优化提供依据，同时对质量优化的效果进行评估，不断地迭代优化，实现质量的持续改进。

6.1.4 质量大数据可持续运营机制

（1）建立质量管控实施效果评价机制，促进可持续优化。企业应建立质量大数据应用效果评价指标体系，面向质量大数据的特定应用场景，结合具体场景应用要求，建立评价指标，应用指标评价实际应用效果，并将应用效果反馈到模型端，用于模型迭代优化，形成"评价指标—效果检验—应用反馈"的质量管控实施效果评价机制。

（2）建立质量大数据激励机制，激发企业员工的热情。质量大数据实施效果在很大程度上是由企业员工决定的，因此，应建立面向企业的质量大数据激励机制，形式以物质激励为主，精神激励、知识产权激励等多方面融合的激励体制，调动企业员工的积极性，实现全员参与质量问题的解决，同时为实施效果好的员工做好宣传，以此促进企业全员参与质量管理。

（3）建立质量管理组织体系，促进质量大数据正规化。企业应开展管理流程化、决策数据化、功能平台化的质量管理组织体系变革，推动从单一职能垂直管理向矩阵数字型质量管理转变。管理流程化是指以用户需求为导向，系统梳理各业务环节与质量策划、控制、保证、改进等质量管理活动间的流程接口，加强数据在全流程的交互共享，更好地实现业务数据和质量数据融合，最大限度地提高生产效率和业务效率。决策数据化的本质是通过分析数据获取经验，辅助企业在生产和经营管理中采取策略。功能平台化是指企业对内依托质量大数据平台，通过各类模块化软件，推进质量大数据应用技术落地，对外以质量大数据为支撑促进产品质量提升，企业本身就是平台。

6.2 质量大数据产业侧实施路径

产业侧的质量大数据实施路径为创新质量大数据公共服务，提升各类服务供给水平，具体包括制定标准规范、汇聚数据资源、完善服务体系、构筑质量大数据生态。

6.2.1 定标准：制定面向产业的质量大数据标准规范

定标准是指面向产业链质量大数据的采集、存储、处理、建模、应用等全过程，从通用行业、特定行业两个方面构建质量大数据标准体系，持续推动相关领域标准体系的制定，为产业侧质量大数据的实施提供标准保障。

一是制定质量大数据标准文件。把握质量大数据发展的特点和规律，整合并借鉴国内外相关领域的标准化资源，加快质量大数据标准化体系的建设。遵循大数据发展和标准化工作的一般规律，加快急需领域的标准制定工作，重点支持智能装备、智能生产线、智能车间、智能工厂等领域的质量大数据技术标准和规范的研制。

二是制定贯标服务规范标准。质量大数据标准涵盖范围广，种类多，亟须具有专业水平和标准化知识的贯标组织和机构协助企业的贯标工作。目前贯标服务缺乏规范的服务标准，导致企业贯标质量不高。企业进行贯标服务标准研制，可全面收集、整理和归纳行业内贯标的先进经验和成果，为各相关方提供可依据、可参考的贯标服务规范性文件。

三是积极推动质量大数据贯标工作。产业内各组织均是贯标工作的参与者、执行者，需要高度重视全员质量大数据思维的培养。相关企业应聚焦质量大数据主导产业、重点行业、核心领域，加强标准宣贯，普及标准知识，营造积极的贯标氛围，推动评估机构与合格的咨询单位加强合作，建立贯标支撑团队，加快形成系统化推进贯标工作的局面，主动为有贯标意向的企业提供支持，指导其正确贯标、有效贯标、本质贯标，提升贯标效率。

6.2.2 聚资源：汇聚质量大数据资源

聚资源是指面向产业链上的工业企业、服务商、集成商等，围绕质量大数据的相关领域和行业，整合高校、研究院所等科技创新资源，不断汇聚质量大数据产业链上的相关资源，共创质量大数据生态，推动质量大数据的可持续发展。具体措施如下。

一是行业龙头企业或政府牵头建设质量大数据公共服务平台,对接相关企业、工业互联网平台等,整合多维度的质量大数据,加快产业集群间的互联互通,打破上下游配套企业间的数据壁垒。

二是行业共建质量大数据联盟协会,联盟协会内的企业共同汇聚多元资源与自身优势,系统梳理产业链各要素的质量数据与有效工具等,解决行业质量大数据的共性问题。企业间通过相互合作可获得互补性技术与资源,降低了自身的质量大数据研发门槛。

6.2.3 建体系:完善质量大数据服务体系

一是完善公共服务体系:推动建立和完善面向质量大数据,包括标准研制、产业计量、检测认证等在内的公共服务体系,提供咨询诊断、项目实施和运行维护等全流程质量管理数字化提升服务。

二是建立多维度服务模式:依托质量大数据公共服务平台整合的多维度质量数据,面向企业提供转型咨询、解决方案、供需对接、场景案例、线上课程等服务,面向平台提供生态对接合作、解决方案验证和推广、质量安全保障测试等服务,面向政府提供数字化转型、信息查询分析等服务。

三是培育优质服务机构:鼓励发展面向质量管理数字化的专业化检验检测认证服务提供商,加强检验检测认证服务机构的资质管理和能力建设,提升其检验检测认证服务能力,鼓励有条件的认证机构创新认证服务模式,为制造企业提供全过程的质量大数据应用能力提升服务,总体提高质量大数据相关服务水平。

6.2.4 筑生态:构筑质量大数据生态

从供应链产业链的角度来分析,筑生态是指推动相关行业协会、研究院所和龙头企业建设产业质量大数据资源生态,汇集质量管理、政府监管、企业运营、第三方服务及互联网舆情等方面的质量数据,实现产业质量生态圈数据的智能获取、开发、在线交换和利用,建立以客户导向、智能驱动、生态共赢为核心的质量生态管理体系,充分运用大数据分析、人工智能等技术开展生态圈质量的智能预测和协调管理,逐步打造产业质量共生新生态。

产业质量大数据资源生态的建设路径如图6-12所示,可以分为质量管理数字化、产业链质量数据集成、质量数据生态共享三大方面。质量管理数字化就是质量管理全流程的数字化,利用数字化手段驱动企业质量管理、第三方质量服务机构、政府质量

质量大数据：体系与应用

监管机构的数字化，形成质量数据资产，实现组织内部数据的分析与利用。产业链质量数据集成就是串接产业链上下游的质量数据，打造产业链质量数据湖，提升产业链的质量风险管控能力。质量数据生态共享就是打造质量数据生态圈，打通产业质量数据的资产链与价值链，构建质量数字化网络生态，实现质量数据的共建共享模式，推动形成质量管理新业态。

```
质量管理数字化
◆ 企业质量管理数字化
◆ 第三方质量服务机构数字化
◆ 政府质量监管机构数字化
◆ 组织内部数据的分析与利用

产业链质量数据集成
◆ 串接产业链上下游的质量数据
◆ 打造产业链质量数据湖
◆ 产业链质量风险管控能力提升

质量数据生态共享
◆ 打通产业质量数据的资产链与价值链
◆ 构建质量数字化网络生态
◆ 实现质量数据的共建共享模式
```

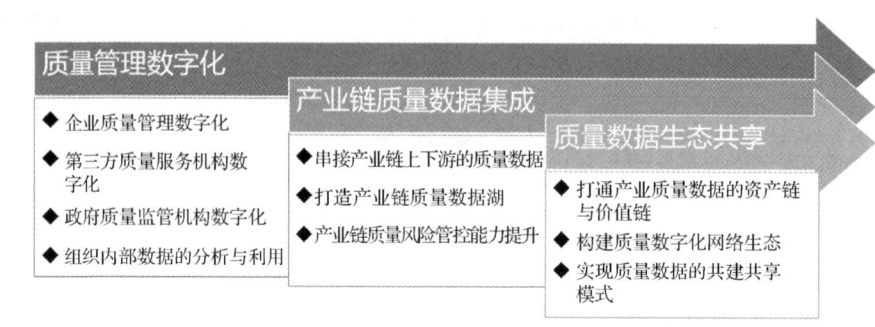

图 6-12　产业质量大数据资源生态的建设路径

质量管理数字化：质量管理数字化是质量数据资源建设的前提，通过数字化技术重塑企业质量管理、第三方质量服务机构、政府质量监管机构的业务模式、技术范式、组织方式，完成组织内部质量数据的归集与存储，积累形成质量数据资产，通过对组织内部数据的分析与利用，实现质量改进与提升。

产业链质量数据集成：建立统一描述标准企业质量的元数据模型，构建供应链产业链统一归集的企业质量数据交换标准，并以企业组织为单元，串接产业链上下游的质量数据，形成产业链质量数据湖，实现产业链的质量数据集成，强化产业质量协作、质量风险预警与应急处理能力。

质量数据生态共享：打造质量数据生态圈，通过产业质量数据资产链和价值链的融合，催生数据资源市场，吸引产业质量数据利益各方的资源汇聚，构建质量数字化网络生态，推动数字化质量管理相关资源、能力、业务的在线化和平台化，建立质量数据的共建共享模式，推动形成质量管理新业态。

6.3　质量大数据政府侧实施路径

政府侧主要向完善政策保障和支撑环境的目标发力。发力点包括"抓政策引领""抓标杆建设""抓基础保障"。

6.3.1 抓政策引领：加强质量大数据政策引领

一是制定质量大数据发展政策：抓专项政策支持，强化省、市、县（区）联动，统筹制造业数字化转型与质量提升等政策措施，形成政策合力；充分利用现有财政资金、产业投资基金，发挥税收优惠、要素倾斜的引导作用，加大对质量大数据建设薄弱环节和公共服务平台的支持力度。

二是加强组织领导：制定并推广首席质量官制度，发挥首席质量官在组织质量安全、质量管理和质量发展中的核心作用；建立制造业质量大数据应用协调推进机制，推动问题协商解决、政策督促落实，引导组织向质量管理数字化、供应链产业链的质量协同优化、建设质量服务新生态的方向梯次推进。

三是加强政策宣传贯彻：围绕质量大数据发展、数字化转型与质量提升系列政策开展宣贯解读，帮助相关组织深化对质量大数据的认识，充分调动组织的质量大数据发展积极性，共同推进质量大数据在行业中的深度应用。

6.3.2 抓标杆建设：推动质量大数据标杆建设

一是推广标杆示范：鼓励产业联盟、行业协会、专业机构等分行业建设质量大数据场景清单，持续开展质量大数据驱动制造业质量管理数字化转型模式的遴选，提炼一批典型应用案例、标杆企业做法、成熟行业经验。

二是加强宣传交流：鼓励相关组织加大对质量大数据、质量管理数字化等典型案例的宣传力度，宣传标杆企业、特色行业、产业园区等在推进质量大数据应用中的工作成绩和显著成效；鼓励有关部门开展质量大数据应用对接、学术论坛、成果展示等活动，利用展览会、交流会等平台，构建多维度、立体式的宣传体系。

6.3.3 抓基础保障：夯实质量大数据的应用基础

一是推进基础能力建设：构牢质量大数据的底座，完善面向质量大数据的网络基础设施建设，推动互联网、物联网、云计算融合发展，促进数据中心、服务器、感知设施与宽带网络的优化匹配和协同发展，为企业间、部门间、设备间的质量数据交互奠定基础；提升制造系统的数据安全防护能力，培养企业、产业链和生态应对数据安全隐患的"可发现力"、"可防范力"和"可恢复力"。

二是增强技术支撑服务能力：依托重大科技专项，突破质量大数据相关领域研发设计工具、管理系统、应用软件等的关键技术瓶颈；推进供应链产业链数字化升级，支持供应链核心企业应用关键技术，打通堵点，开展协同采购、协同制造、供应链金融、协同配送等创新应用；支持供应链产业链上的企业加快向价值链的中高端攀升，构建高效协同、自主可控并富有弹性和韧性的供应链产业链体系。

三是建立高效的人才培养和管理机制：推动产、学、研共建质量大数据创新联合实验室，鼓励企业建设质量大数据技能实训基地，培养创新人才；加强质量大数据相关人才政策的宣传解读和社会舆论引导，营造引才、聚才、用才的良好氛围；持续建设、完善质量大数据专家库，为提升质量大数据管理水平、优化技术资源配置、促进质量大数据发展等方面赋能。

第 7 章 质量大数据应用案例

本章重在通过对质量大数据应用案例的剖析，揭示如何通过数据驱动来提高整个生产过程的针对性、准确性、灵活性及高效性；实现企业对质量的实时管理和精准控制，生产出高质量的产品，提供高质量的服务；最终带动全行业实现质量管理数字化转型升级，不断催生新的增长点。

质量大数据的应用场景颇多，其在不同场景发挥的作用不尽相同：在设计阶段，结合质量大数据进行质量研发设计优化，对产品进行生产阶段前的故障分析和纠正，将提升产品的质量特性；在生产阶段，打通企业内部不同系统间的数据孤岛，使生产设备采集的相关质量数据用于产品质量预警、优化产品的设计研发；在设备运行过程中，基于质量大数据实现对设备健康状况、故障频发区域与发生周期的监控，预测故障的发生，大幅度提高运维效率；在企业供应链协同层面，实现质量预警从制造向上游研发、产业链及用户的覆盖，驱动智能制造质量管控从事后拦截向事前预测、预防转变。

为了解决大数据应用过程中各方关切的痛点问题，国内质量大数据服务厂商和研究机构纷纷开展了质量大数据应用研究，并推出了具有数据可视化、质量预警、来料预警和数字孪生等功能的数字化解决方案。本章收集了部分厂商在企业生产过程中的质量大数据实践，并对解决方案做出详细介绍。

质量大数据的管理模式和应用方法正深刻影响着智能制造质量提升的研究与实践，数据思维开始对质量管理机制和执行方式产生显著影响，典型模式包括以产品质量为导向的设计优化、以生产质量为导向的工艺质量优化、以质量为导向的生产设备预测性维护、面向供应链的质量协同优化、质量公共服务与新生态等。

7.1 以产品质量为导向的设计优化

以产品质量为导向的设计优化实现的关键是在设计阶段，构建产品质量特性协同设计数据库和质量特性知识图谱，结合产品研制过程中质量特性协同设计工作的流程，提出质量特性知识智能推送方法，实现质量特性协同设计知识在产品研制过程中的智能应用，从而有效提升产品质量特性协同设计工作的效率和知识应用水平。

典型案例：印制电路板产品质量研发设计协同。

1．案例背景

PCB行业具有研发设计需求多、工序路线长、追求产品良率等特点。目前，大多数企业积累的大量产品全生命周期质量数据在研发设计阶段并没有得到充分利用，尤其是失效模式及影响分析（FMEA）工作操作不规范，难以从根本上解决产品研发成本、返修率和客诉率都较高的问题。

应用企业：博敏电子股份有限公司（简称"博敏电子"）是广东省高端电路板行业龙头企业之一，其产品广泛应用于通信设备、医疗器械、检测系统、航空航天等领域，对质量研发设计协同有较高需求。

服务商：工业和信息化部电子第五研究所（中国赛宝实验室），又称中国电子产品可靠性与环境试验研究所，是中国最早从事质量可靠性研究的权威机构。"赛宝质云"是集全所质量可靠性专业优势打造的工业互联网平台。该平台充分发挥质量服务行业的"连接"效应，将质量可靠性的工作方法、技术、模型、工具、经验知识等共性能力App化、微服务化、智能化，并与行业个性化需求连接，切实解决企业发展过程中遇到的各种质量痛点、难点。AutoFMEA是"赛宝质云"平台的核心软件。该软件遵循"七步法"流程，采用图形化、流程化、知识图谱等新形式，实现FMEA与企业质量研发设计过程的深度融合。"赛宝质云"为电子信息、汽车电子、家用电器、数控机床、工程机械、航空航天等行业的提质、增效、降本，提供线上线下的质量可靠性服务和一站式整体解决方案。

2．业务痛点

传统的质量工作是根据产品研制工作计划，由产品专业技术人员分阶段进行系统功能架构、逻辑架构、物理结构等功能特性的设计，由质量工作人员逐项开展可靠性建模、FMECA、FTA、测试性分析等质量特性工作。在传统的质量工作中，工作项目众多，质量数据采集效率低下且数据集成能力薄弱，不同设计分析工作的过程数据与结果数据互不流通，形成数据孤岛，导致工作效果难以保证、工作效率难以提高,主要体现在以下几个方面。

(1)质量数据利用率低。

企业积累了大量的产品全生命周期质量数据,但在研发阶段并没有对这些数据进行充分的利用,不能很好地开展 FMEA 工作。

(2)数据标准化程度低。

企业的产品质量数据以结构化、非结构化的形式分散在各类文档中,并且涉及产品结构、工序过程、生产设备等要素,数据标准化程度低。

(3)质量研发设计业务流程混乱。

质量研发设计业务流程混乱,无法指导计划和执行文件的制定,对设计和生产缺乏贡献。新标准的推行促使 FMEA 升级,使 FMEA 转变为以过程为导向的系统分析,用 Excel 编写文件的难度大大提高,FMEA 沦为书面工作。

(4)质量研发设计应用未有效落实。

产品质量研发计划没有得到充分落实,控制计划要求没有完全被识别,采取预防措施等工作闭环效果差。

3. 解决方案及实施过程

基于数据驱动的质量特性设计协同可实现规范化处理质量特性数据,减少设计过程对设计人员经验的依赖,提升设计效率,实现标准化设计分析。

博敏电子于 2020 年启用工业和信息化部电子第五研究所"赛宝质云"的 AutoFMEA 工具。结合产品质量数据多、数据继承性强、更新机制要求高等 PCB 行业的特点,AutoFMEA 软件严格按照行业最新标准"七步法"流程设计,在 App 中构建 PCB 产品结构树、功能树/网、失效树/网和风险分析网,以及产品的"结构—功能—失效"关系,开展质量薄弱环节的识别、分析和优化。博敏电子逐步建立起标准化、半自动化的设计 FMEA 和过程 FMEA 的工作流程,有效实现 PCB 产品与质量设计平台的线上协同、图形化交互和数据快速关联。AutoFMEA 软件的技术路线如图 7-1 所示。

该解决方案包括三个实施步骤。

(1)构建标准化质量数据库:按照行业标准要求、企业数据模板,博敏电子归集分散在纸质文档中的产品质量历史数据,批量导入 App,形成涵盖生产设备清单、产品结构、工序过程、作业要素、功能、失效模式、风险评分及预防优化措施等的质量共性数据库。

质量大数据：体系与应用

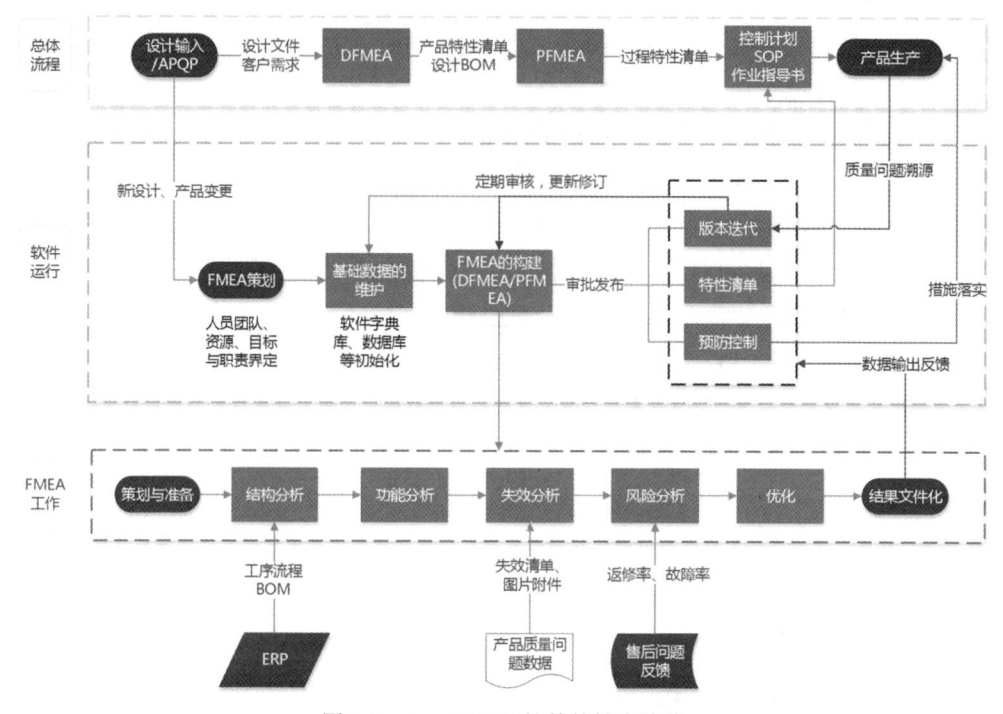

图 7-1　AutoFMEA 软件的技术路线

（2）FMEA 分析流程固化：组建跨部门的 FMEA 工作小组，针对企业质量管理的不同角色设定多维度权限，结合软件工具的应用，制定作业要素管制图、不合格品管理流程、相应的预防控制机制，固化有效、及时、标准的 FMEA 分析流程。

（3）工具拓展及深度应用：一是将 AutoFMEA 与博敏电子的已有信息系统集成，实现质量数据互联互通；二是将 AutoFMEA 在博敏电子梅州厂的应用情况推广到深圳、江苏等多地厂区，促进 AutoFMEA 在集团内的深度协同应用。

4．应用成效

通过实施"软件工具+培训咨询"的整体解决方案，博敏电子初步实现了产品质量研发工作的数字化转型，平台化、标准化、流程化水平显著提升。截至目前，博敏电子已实现：

（1）梳理了 100 多个印制电路板的工序经验；

（2）识别了 3000 多个潜在风险；

（3）沉淀了 500 余个 PCB 产品的工艺改善点；

（4）基于经验知识的积累，设计研发效率提升 10%；

（5）梳理了多公司、多工厂、多部门异地开展质量研发设计工作的应用场景和使用需求。

博敏电子基本实现了产品质量管理的无纸化，奠定了产品全生命周期质量数据协同的基础。

7.2 以生产质量为导向的工艺质量优化

以生产质量为导向的工艺质量优化是指通过对产品生产过程中工艺数据和质量数据的关联进行分析，实现工艺模型优化和工艺控制优化，使产品的质量、性能得到有效控制，提高工厂柔性化生产水平。

7.2.1 工艺质量参数优化

当前，我国部分制造企业（中药制造企业、食品加工企业等）实行半流程型生产，质量波动会随着生产过程在各工序间逐步传递，最终影响产品质量。

基于质量大数据的工艺质量参数优化，能在生产过程中对某些参数提供智能调节，并将结果实时反馈至执行系统，可避免质量事故的发生，使企业达到提高生产效率和产品质量均一性，降低不良品率、综合能耗和运营成本的目的。

1. 典型案例：中药质量分析与控制系统

（1）案例背景。

传统中药制造存在检测滞后的问题，并且缺乏对海量数据的分析，很难发现潜在的影响因素，导致产品质量波动难以控制。将人工智能算法与智能工厂产生的大数据应用于产品质量的分析与控制，是解决质量一致性问题的有效手段。

应用企业：江苏康缘药业股份有限公司（简称"康缘药业"）是集中药研发、生产、销售为一体的大型中药企业，致力于打造中药智能制造体系，实现对制剂生产过程参数的预警和实时调节，并优化制剂工艺，建立中药产品质量批批一致、段段一致、点点一致的生产质量控制体系。

服务商：北京中医药大学是一所以中医药学为主干学科的全国重点大学，面向智能制造领域国家重大战略需求，不断深化系统科学、信息工程与可靠性工程等交叉科学理论与方法在中药生产过程中的应用，通过整合、统计、分析、挖掘等过程形成中药制造知识，为企业提供决策支持，从智能设计、智能检测、智能建模和智能控制四个方面，创建了中药生产过程质量控制和智能制造可靠性的关键技术体系。

质量大数据：体系与应用

（2）业务痛点。

① 康缘药业的中药制造缺乏信息化的在线和离线过程质量控制手段，造成质量参数不稳定。

② 康缘药业缺乏智能化的质量数据收集、分析和反馈机制，单元技术的耦合、设备的工程化和适应性程度低，存在大量数据孤岛。

③ 康缘药业缺乏成熟的生产质量追溯系统和流程化的管理模式，造成物料损失大、除杂效率低、生产周期长、质量稳定性差、能耗高、污染严重等问题。

④ 康缘药业缺乏对日常生产数据的充分利用，造成信息价值浪费，不利于对产品质量的分析和持续改进。

（3）解决方案及实施过程。

康缘药业与北京中医药大学研发的基于中药质量数据库的决策系统，先将从生产线上采集的质量数据存入质量数据库进行整理，再让分析人员调取并利用专业分析工具建立质量预测反馈模型。质量预测反馈模型利用生产过程数据，进行在线预测和计算，当预测质量值小于临界值时，就会报警。随后，基于中药质量数据库的决策系统会结合关键参数的相关性做出智能调参决策，并将调参决策反馈至执行系统，从而避免质量事故的发生。至此，基于中药质量数据库的决策系统完成了一个数据调节反馈的闭环，达到减少质量波动的效果。其中包括的技术细节如图 7-2 所示。

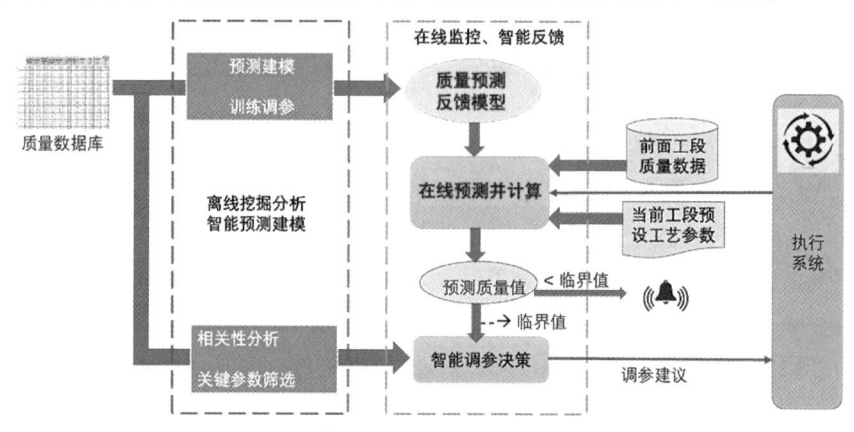

图 7-2　数据调节反馈闭环的技术细节

① 数据采集阶段。基于中药质量数据库的决策系统集成 DCS、PAT 系统、SCADA 系统、WMS、MES、ERP 系统等相关系统的质量数据，打破数据孤岛，形成生产质量数据、工艺数据、设备数据等的数据库，用于后续的数据统计分析、挖掘与建模。同时，基于中药质量数据库的决策系统引入批次管理概念，提升数据存储的条理性，降低采集难度，利于生产制造的纵向比较。

② 数据预处理阶段。基于中药质量数据库的决策系统在数据预处理阶段优先处理缺失值，采用统计学手段判定缺失机制，根据数据特点选择填补或删除；随后进行探索性数据分析，通过图表可视化、方程拟合、统计量计算等方式探索数据集的结构规律。采用的分析处理技术包括可视化分析、相关性排查、转移率分析、数据平衡性处理、RSD 计算等，必要时需要利用归一化、降维等手段进行变量处理，以满足后续建模需求。

③ 数据挖掘阶段。基于中药质量数据库的决策系统针对生产过程的特点和质量优化目标，采用偏最小二乘法回归、决策树、人工神经网络、支持向量机等算法，建立质量传递规律模型，定位关键工序，识别关键工艺参数；利用重要性假设检验、残差分析等方法对模型效果进行评估，以实现模型的持续优化，最终通过最优模型实现生产预测与调控。

④ 决策执行阶段。基于中药质量数据库的决策系统结合关键参数的相关性，使用质量预测反馈模型给出某个或某几个关键参数的智能调参建议，并实时反馈至执行系统，指导生产系统进行合规性的自适应调整，从而避免质量事故的发生。

（4）应用成效。

① 经济效益。

康缘药业将基于中药质量数据库的决策系统应用于 3 种剂型的中药生产线，涉及的产能为中药注射剂 8000 万支/年、硬胶囊剂 34 亿粒/年、中药片剂 18 亿片/年，全面提升了相关生产线的产品质量管理水平，解决了产品质量波动问题，有效提升了产品质量的均一性，有效避免了因数据孤岛造成的调控延误和原料浪费，降低了企业运营成本，进一步提高了企业的生产产值和利润，增强了企业的竞争力。此外，康缘药业还和其他企业成立中药智能制造新模式应用联合体，累计实现产值 279.2 亿元。

② 质量效益。

康缘药业通过应用基于中药质量数据库的决策系统，实现了对海量生产数据的提取与分析。该系统指导制造执行层进行合规性的自适应调整，全面提升实时在线优化水平和智能决策水平，实现了产品生产效率提高 24.56%、能耗降低 27.82%、质量均一性提高 34.40%，效果良好，可推广至其他同类生产线。

2．典型案例：半导体制造极致品质控制解决方案

（1）案例背景。

半导体显示是典型的高科技和重资产行业，是我国国民经济的战略支撑和进行大国角力的核心抓手。半导体显示行业对品质和良率有近乎极致的要求。作为液晶面

质量大数据：体系与应用

板生产企业最为重要的考量参数，良率将直接影响生产周期、生产成本，进而影响企业的市场竞争力。因此，液晶面板生产领域的良率提升是一个极其复杂的系统性问题，需要形成一个能够全面实施数据分析和工程过程控制的品质控制闭环，通过持续的调整和优化操作来补偿生产变异对制程所造成的干扰与影响，保持输出产品品质的稳定。

应用企业：TCL 华星光电技术有限公司（简称"TCL 华星"）成立于 2009 年，是一家专注于半导体显示的创新型科技企业。作为全球半导体显示领域的龙头企业之一，TCL 华星以深圳、武汉、惠州、苏州、广州等为基地，拥有 8 条面板生产线、4 座模组厂。

服务商：格创东智（深圳）科技有限公司（简称"格创东智"）孵化于 TCL 集团，是我国领先的工业互联网平台服务商。该公司依托 TCL 集团 40 多年沉淀的工业场景和制造基因，基于"面向工业现场"的研发方向和"安全、智能、协同"的发展理念，深度融合人工智能、大数据、云计算、物联网等前沿技术，打造了新一代具有自主知识产权的工业互联网平台。该平台具备海量设备接入能力与海量数据采集能力、超高频的大数据分析处理能力、工具套件快捷开发能力、人工智能工业算法开发与应用能力，已经在芯片制造、液晶面板等近 30 个行业落地，为客户提供从边缘数据采集、工业大数据分析到工业 App 应用开发的一站式解决方案。

（2）业务痛点。

影响和制约半导体显示生产企业良率提升的因素如下。

① 制程工序复杂导致质量误差积累。

产品需要经过几百道复杂的工序才能被生产出来，每道工序都要求几乎 100%的良率。否则，误差流的传递和累积会迅速拉低成品良率。

② 制程高度重入导致高变异，降低产品质量。

在生产过程中，产品需要多次进入相同的制程，每一个子制程都可能产生渐进偏移或突变漂移等变异现象，相关人员必须根据变化来修正制程方案，修正制程方案本质上也是变异现象。由于质量与变异性成反比，因此产品质量问题的根源在于高变异。

③ 生产质量实时控制难度大，影响产品质量数据的获得。

良率故障只能通过检测发现，检测时间约占 15%的产品生产周期。因此，考虑到生产成本和生产周期，企业一般只采用抽检的方式。面对快节奏的生产，检测本身的滞后性和抽检的不确定性，严重影响生产质量数据的实时获得，进而影响对产品质量的实时控制，造成大批不良品产生和流入下一道工序的风险。

（3）解决方案及实施过程。

半导体制造极致品质控制解决方案以生产环境（工业互联网）与现场测量（抽检量测和虚拟量测）的质量数据为依据，采用数据驱动、反馈控制、局部优化等方法，建立在生产过程不间断的情况下补正和调优设备参数的智能计算模型，达到补偿生产过程扰动、提升生产品质的目的。其总体技术架构如图 7-3 所示。

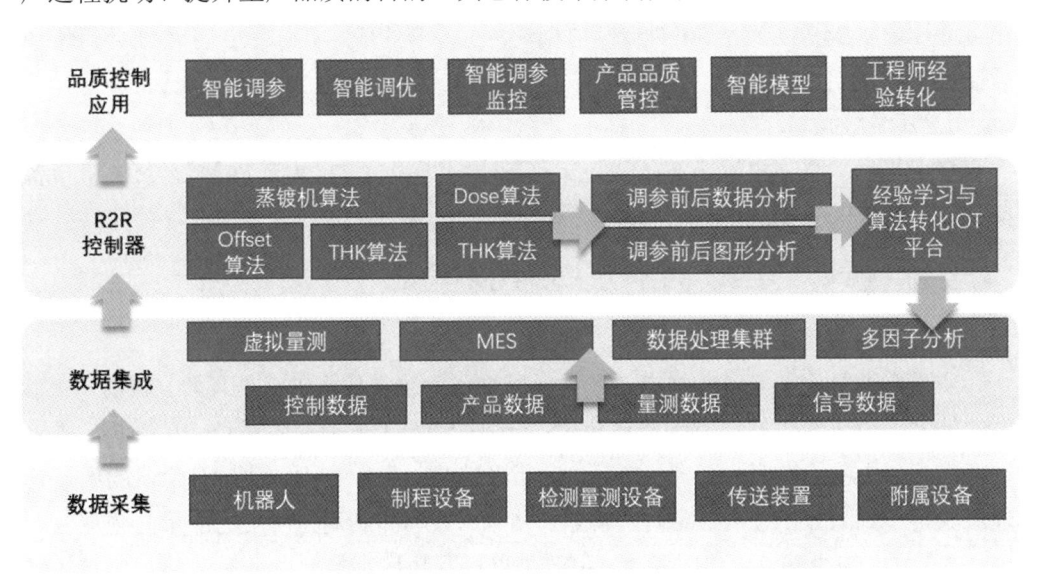

图 7-3　半导体制造极致品质控制解决方案的总体技术架构

① 数据采集。

机台自动化控制系统用于采集机台重要的参数、制程数据，以及玻璃在机台每个位置的数据。

② 数据集成。

在将制程数据、量测数据及机台的制程工艺数据分类和解析后，存放在数据库和内存中。

③ R2R 控制器。

相关人员根据设备补值原理建立并推出了 Offset（偏移量）补值模型、Tooling 膜厚补值模型、Dose 模型、Overlay 模型，在利用这些模型计算出数据后，直接将数据传输到控制层。控制层根据相应规格，将计算数据与标准值进行比对，确定是否可以直接对机台进行应用。

④ 品质控制应用。

将模型优化的结果应用到智能调参监控、产品品质管控等。

(4)应用成效。

基于工业互联网平台的半导体制造极致品质控制解决方案已经在武汉华星光电一些工厂的关键制程上得到部署和应用。

① 经济效益。

在曝光机设备 8 条线上,提高产能 500 片/年,减少生产线成本共计 47 万元/年,每年可增加效益 245.1 万元;在 8 台蒸镀机设备上,节约成本共计 170 万元/年,可增加效益 256.47 万元/年。

② 质量效益。

良率提升:曝光机设备 8 条线每年可减少报废损失 22.24 万元,8 台蒸镀机设备减少人为参数输入损失约 87 万元/年。

3. 典型案例:汽车质量管理及大数据分析系统

(1)案例背景。

质量数据是质量管理的血液,是实现以事实为决策依据的必要保障。目前,汽车企业的大部分质量数据得不到有效应用:一方面,对于分散在各系统中的数据,难以进行准确、快速的检索、查询、统计、分析及追溯;另一方面,大量有价值的质量管理经验得不到有效的保存、整理、积累、传承、共享和利用,使某些质量问题重复产生。汽车生产缺少涵盖生产过程、质量改进过程及售后市场问题的质量管理信息化平台,缺少对质量数据的收集及分析、质量信息的获取及反馈、质量管理业务工作提供支持的信息系统,严重制约了质量整改、质量成本管理等大量工作的展开和质量保证、监控的效率提升。

应用企业:长安汽车是中国汽车四大集团阵营企业,拥有 150 多年的历史底蕴、30 多年的造车积累,在全球有 14 个生产基地,33 个整车、发动机及变速器工厂。经过近几年的信息化建设,长安汽车虽然大大提升了企业运营管理的信息化水平,但是在质量管理方面,依然存在完全依靠人工和纸质单据流转、通过人工方式进行质量管理的问题。产品的质量数据都是通过纸质记录被搜集、整理的,质量管理没有完全实现信息化,因此长安汽车对质量管理的信息化提出了需求。

服务商:海克斯康制造智能技术(青岛)有限公司(简称"海克斯康")是数字化信息技术解决方案的革新者,以"推动以质量为核心的智能制造"为己任,打造了完整的智能制造生态系统,实现覆盖设计、生产及检测的全生命周期闭环管理,达成绿色、高质量、低成本的智能生产目标。海克斯康的产品方案覆盖汽车、航空航天、机械制造、电子、医疗、重工、能源、模具、教育等多领域、多产业集群。海克斯康致力于通过完善的设计、生产和制造,以及采用测量技术和智能制造技术,有效地帮助客户实现产品质量、效率和生产力的提升。

(2) 业务痛点。

① 设备类型众多,质量数据格式多样。

生产线上各种检测设备输出的质量数据格式不尽相同,给设备的互联互通、检测数据的自动化采集带来了极大的挑战。

② 信息化系统多,数据孤岛普遍存在。

企业的信息化系统较多,如 MES、桁架系统等。很多系统之间还未实现互联互通,数据孤岛现象普遍存在。因此,质量大数据需要与其他信息化系统集成,以获取更多的质量数据附加信息。例如,质量大数据与桁架系统集成,从桁架系统中获取工件的完整附加信息,包括零件号、生产线、动力头、零件 ID、图纸版本号、检测原因等。

③ 质量数据分析不规范,流程及算法不统一。

质量数据分析以利用 Excel 等工具进行线下分析为主,没有统一的数据分析流程及算法,分析结果受质量数据分析人员主观因素的影响较大,数据分析结果的正确性难以得到保证。

(3) 解决方案及实施过程。

长安汽车依托海克斯康的 SMART Quality 及 Q-DAS 系统,建立了一套质量管理系统,实现测量业务的全覆盖。该系统具有测量资源、全生命周期测量数据、统计分析(SPC)、测量报告发布、问题管理、权限管理等功能,以提高企业总体的质量管理水平。质量管理系统的技术路线图如图 7-4 所示。

① 检测规划阶段。

SMART Quality 系统负责与 PDM/CAPP 系统集成,获取图纸或结构化工艺数据,提取标准三维工艺图纸所涵盖的检验计划信息,支持对检验计划进行二次编辑和版本管理,支持对检验计划的特征进行分组管理,满足检测任务并行分拆和报告合并的需求。

② 检测执行阶段。

现场工序和成品检验任务由 MES 进行统一管理,SMART Quality 系统负责现场检验任务的调配和执行管控,包括执行、采集和反馈检验数据等。该系统能够通过接口将检测结果、检测数据回传给质量管理系统。

质量大数据：体系与应用

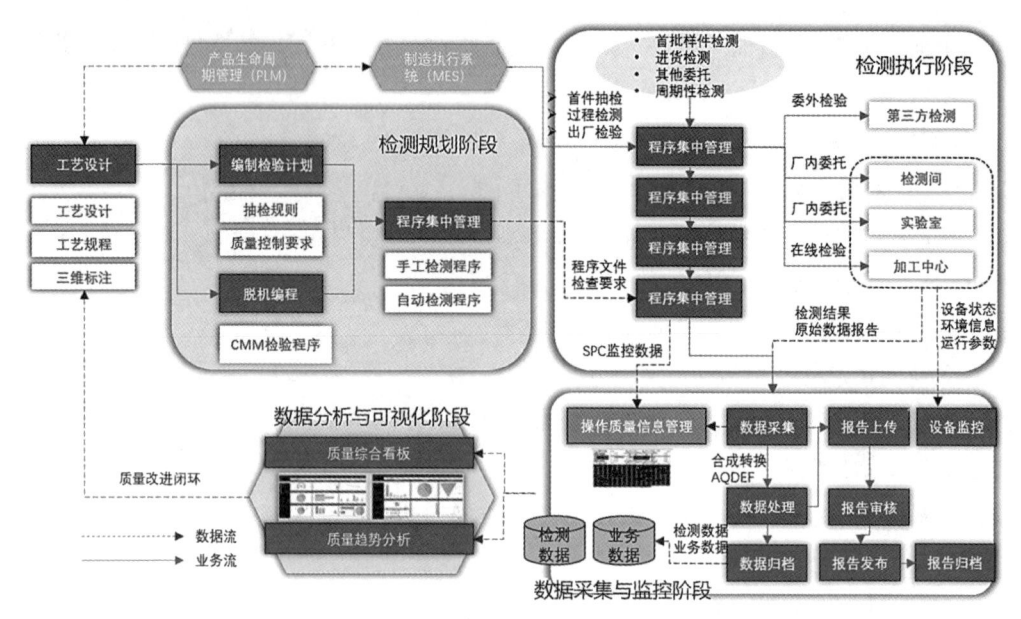

图 7-4 质量管理系统的技术路线图

③ 数据采集与监控阶段。

SMART Quality 系统在将所有测量设备/终端互联互通后，采集量具、CMM 等质量检测设备的检验数据，通过 AQDEF 格式转换接口，按照统一任务标识进行数据合并，形成完整、统一的测试报告，在校核后归档。

④ 数据分析与可视化阶段。

SMART Quality 系统提供 Q-QDAS 质量大数据分析引擎，将采集的结构化、数字化检验实测值与设计工艺要求进行比对，并给出判断结果，对于不合格信息进行预警提示。测量数据可以与公司其他业务管理系统集成，业务管理系统通过接口获取与质量相关的工艺数据、设备运行数据等，以支持质量的相关性分析，推动过程质量的持续改进。

质量管理系统的总体业务架构如图 7-5 所示。

质量管理系统覆盖制造企业的整个产品质量过程，能进行科学的资源管理与规划，发挥对质量数据的分析作用，将大数据分析应用于产品的全生命周期，科学构建充分、必要的测量基础能力，提升全厂的质量检测水平，实现测量终端和设备的互联互通。

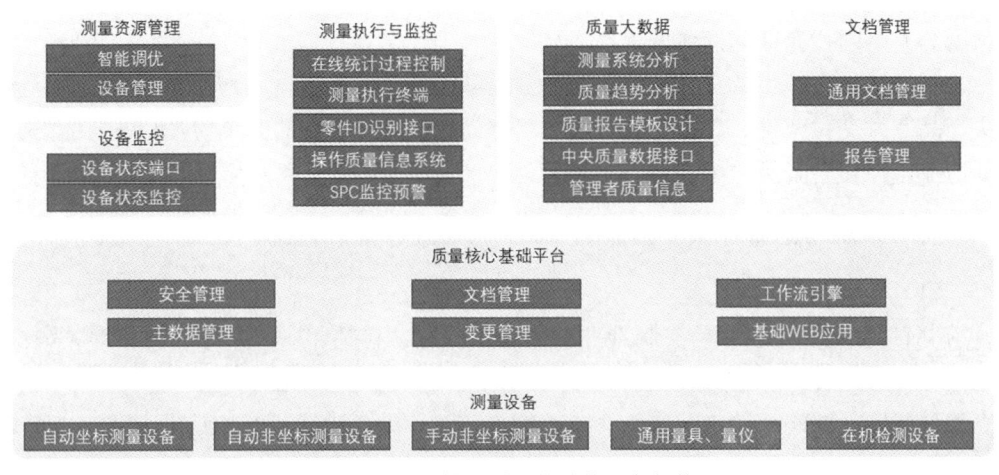

图 7-5　质量管理系统的总体业务架构

（4）应用成效。

该解决方案被应用于长安汽车的缸体、缸盖、曲轴等 9 条生产线上，7×24 小时加工，涉及 43 个检台。

① 经济效益。

质量数据记录、汇总工时极大缩减，自动数据采集的应用降低了人工记录的出错率，提高了检验数据的真实性。该方案通过提供数字化检测平台提升能力，引入智能化、自动化检测仪器，提高产品一次交检合格率达 20%以上，降低成本 5%，提高效率 20%。

② 质量效益。

质量管理系统与现场各种信息载体（RFID、二维码）实现无缝对接，与桁架系统、MES 实现深度集成。现场所有手动检台均实现自动化测量、无纸化信息交互、数据自动采集，并自动将数据整合到中央数据库，还纳入了各种类型的测量工具，实现车间级检验设备的互联互通。

"测量设备的监控与可视化"可监控设备的实时使用情况及设备利用率，并充分整合资源，预估可使设备利用率提升 5%～10%。长安汽车通过对检测数据进行优化分析，建立质量改善目标，基于优化分析方法，分析影响质量改善目标的关键因子，对关键因子进行改善，提升质量，可将质量改善项目周期缩短 30%以上。

7.2.2　工艺质量缺陷识别

我国电子信息制造业企业在数字化质量控制与质量提升、多业务阶段高效质量协同等"软性"方面仍有不足，生产线产品质量（缺陷）的分析不全面（追溯、控制、预测等）是困扰企业的瓶颈问题。

基于质量大数据的工艺质量缺陷识别，可优化企业的生产过程质量管控能力，解决产品及时交付率低、产品质量一致性差等问题，提升企业的竞争力，促进电子信息制造业整体转型升级，解决行业共性问题。

1. 典型案例：基于人工智能的SMT生产线缺陷识别系统

（1）案例背景。

SMT生产线是电子信息制造业的典型生产线，包括印刷、贴片、回流焊、测试包装等环节。各个环节都可能引起最终产品的质量问题（缺陷）。其中，印刷环节产生质量问题（缺陷）的占比最大，占60%～70%。随着电子信息制造业SMT生产线数字化、智能化的普及，该行业生产过程中的人、机、料、法、环等数据获取的条件已成熟，具备了开展质量大数据分析的基础。

应用企业：西安中兴通讯终端科技有限公司（简称"西安中兴"）是以手机终端产品的研发、生产制造及销售为主营业务的公司。其生产车间配置了业界领先的全自动SMT生产线，涵盖单板测试加载、全自动化分板点胶、整机音频测试、整机软件加载等模块，是我国西部最大的智能终端生产基地，提出了SMT生产线缺陷识别系统的需求。

服务商：西安电子科技大学智能制造与工业大数据研究中心团队围绕智能与智慧建造的重大需求，将工业质量大数据、人工智能、工业互联网等技术与制造、建造业务深度融合，研发了一系列的机理与大数据模型、工具、系统/App，以及相应的解决方案。该团队具备较为完善的能力体系和技术体系。

（2）业务痛点。

① 质量数据多而杂。

SMT生产线的运行过程数据包括人、机、料、法、环等多个方面的数据。这些数据具有多源异构、海量、组织混乱等特点，导致SMT生产线印刷环节缺陷识别的准确率低。

② 数据利用率低。

西安中兴当前的做法是采用批次试验、人工经验、传统的统计分析等对产品进行质量缺陷识别，未将SMT生产线运行过程中产生的人、机、料、法、环等多个方面的数据利用起来，缺乏对机理与数据的融合分析。

③ 识别准确率低。

传统的试验和人工缺陷识别方法准确率较低且效率低下，使得人工复检的次数增加，进而导致人工检测成本上涨。

(3)解决方案及实施过程。

西安电子科技大学研发的"基于人工智能的 SMT 生产线缺陷识别系统"主要应用于 SMT 生产线的印刷环节,该解决方案包括三个实施步骤。

① 数据采集与处理。

SMT 生产线印刷环节的数据包括印刷参数数据(印刷速度、刮刀长度等)、印刷过程数据(刮刀压力、脱模速度等)、SPI 检测数据(锡膏体积、复检数据)。所有数据均来自 MES、SPI 检测系统。此外,SMT 生产线数据具有多源异构、海量、组织混乱等特点,相关人员需要先对数据进行组合、关联,分别分析,然后进行缺失值、异常值处理等数据预处理操作,最后进行数据降维与重构,建立 SMT 生产线印刷环节的缺陷识别数据包。

② 构建 SMT 生产线检测缺陷识别模型。

基于构建的 SMT 生产线印刷环节的缺陷识别数据包,结合 SMT 生产线的生产过程经验与专家知识,相关人员运用卷积神经网络等深度学习算法,构建质量问题分类模型,进行质量问题的分类,将 SMT 生产线 SPI 检测的缺陷进行类别划分,并将识别结果与 SPI 检测结果进行对比,减少人工复检次数,降低人工检测成本。

③ 对 SMT 生产线印刷环节的场景进行应用验证。

验证的场景主要包括以下内容。SMT 生产线印刷影响因素分析:基于随机森林算法进行 SMT 生产线印刷影响因素的重要度分析,确定影响 SMT 生产线印刷质量的关键因素;SMT 生产线印刷环节缺陷识别:通过 SMT 生产线印刷环节缺陷识别模型将 SMT 生产线 SPI 检测的缺陷进行类别划分,并将识别结果与 SPI 检测结果进行对比;缺陷识别可视化展示:将基于人工智能的 SMT 生产线缺陷识别系统的识别结果进行可视化展示。

基于人工智能的 SMT 生产线缺陷识别系统的架构图与技术路线如图 7-6 所示。

(4)应用成效。

西安中兴将基于人工智能的 SMT 生产线缺陷识别系统应用于一期工厂 SMT 车间,为生产线提质增效提供了有力的技术保障。

① 经济效益。

一期工厂 SMT 车间共有 25 条生产线,引进进行镭雕、印刷、锡膏检测、光学检测、贴片的高端设备 300 余台,支撑贴片线产能约 1500 万元/年。基于人工智能的 SMT 生产线缺陷识别系统可以带动企业提高产品质量,降低缺陷率,从而节省成本,提高利润。

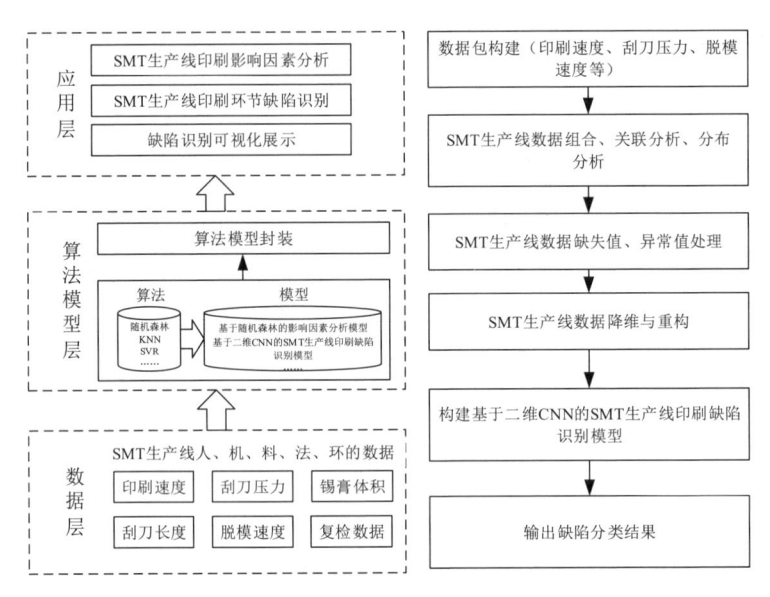

图7-6 基于人工智能的SMT生产线缺陷识别系统的架构图与技术路线

② 质量效益。

基于人工智能的SMT生产线缺陷识别系统对SMT生产线印刷环节的质量问题构建质量问题分类模型，进行质量问题的分类，将SMT生产线SPI检测的缺陷进行类别划分，并将识别结果与SPI检测结果对比，减少人工复检次数，降低人工检测成本，现场应用的识别精度可达95%。

2．典型案例：工业声纹质检系统

（1）案例背景。

现有部分电机产品的质检流程是质检工人先手动启停待质检的电机，再裸耳测听，从而判别产品质量。该质检流程过度依赖质检工人的主观判断，质检结果一致性较差，识别准确率和检测效率均不高，存在人工错检、漏检的风险；同时，长时间近距离地接触机械噪声会对质检工人的听力造成一定的损伤。电机产品亟须进行智能系统改造，提升质检准确率和效率。

应用企业：浙江捷昌线性驱动科技股份有限公司（简称"捷昌驱动"）是一家专门研发智能线性驱动产品及设备的高新技术企业，开发了电动推杆、升降立柱、升降框架及控制器等一系列产品。该公司围绕产品的不同应用领域，形成了四大业务板块，分别是医疗康护驱动系统、智慧办公驱动系统、智能家居控制系统和工业控制系统。

服务商：浙江讯飞智能科技有限公司（简称"浙江讯飞"）是科大讯飞旗下全资

子公司,负责科大讯飞在浙江的核心技术研究、产品研发及应用推广等工作。该公司依托科大讯飞先进的语音、声音、图像、知识图谱等人工智能核心技术,积极致力于打造实行数字化改造、智能化升级的创新平台,助力工业企业运用人工智能技术实现降本、提质、增效。

(2) 业务痛点。

① 裸耳测听流程过度依赖质检工人的主观判断,质检结果一致性较差,识别准确率和检测效率均不高。

② 工作现场环境复杂,并且声音在不同的介质里传播存在差异,这对声音的采集提出了很高的要求。

③ 市场缺少专业性人才,在质检工人离职后,需要花高薪招人并进行培训,导致公司管理成本提升。

(3) 解决方案及实施过程。

浙江讯飞的工业声纹质检系统采用了自主研发的工业级拾音器硬件,配备指向型工业级拾音阵列,非接触式部署安装,用于收集产品的质量数据,并且适用于生产线自动化运行,无须中断原生产过程。工业声纹质检系统采用自主研发的人工智能技术,预置多种人工智能检测模型,通过底层深度学习框架,完成模型训练、数据标注、模型测试等,可快速实现算法验证及软件平台的部署。工业声纹质检系统先通过对电机的声音进行标注和训练,形成线性驱动电机声纹库,建立声纹库模型,再利用该模型对电机进行自动化检测,提高质检结果的一致性。工业声纹质检系统的系统架构如图7-7所示。

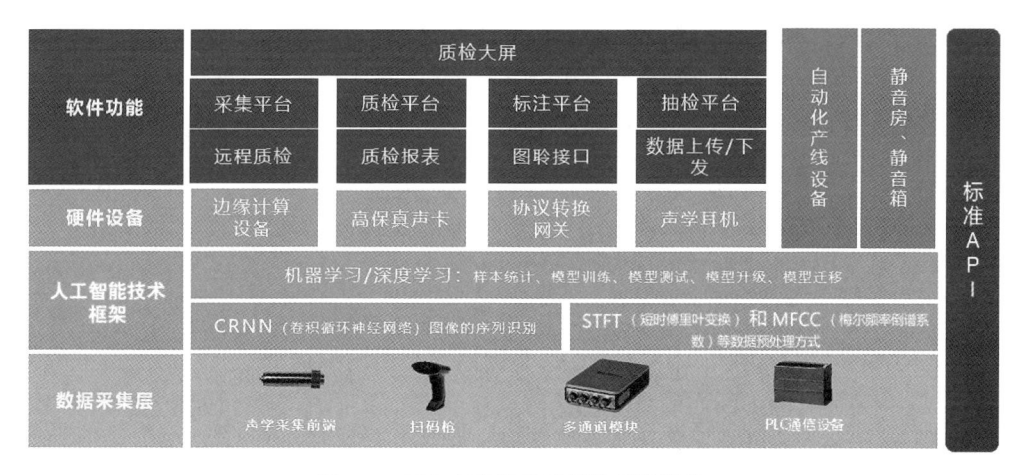

图 7-7 工业声纹质检系统的系统架构

质量大数据：体系与应用

工业声纹质检系统基于 CRNN 收集到的质量数据，结合 STFT 和 MFCC 等数据预处理方式，实现了工业产品的质量分类。同时，工业声纹质检系统通过使用模拟人耳的听觉模型对工业产品的转动声音进行滤波，生成短时积累的视频图像，进而利用 CRNN 的图像分类功能完成工业产品的质量分类。在真实场景中，训练出来的模型对工业产品进行正常、异常分类的准确率能够达到 90%以上，并形成完整、可复用的处理流程和相关项目积累，支持更多相似项目的扩展。

（4）应用成效。

① 经济效益。

工业声纹质检系统平均为企业节省培训成本 800 人时的工作量，降低运维成本 48 万元/年，节省人力成本 192 万元/年。

② 质量效益。

工业声纹质检系统可为企业减少 50%以上的质检人员，使质检效率提升 20%以上、不良品识别率提升到 100%、质检综合准确率大于 90%、生产效率提升 15%。同时，该系统可为企业完成高于人工效率和准确度的工业产品质检任务，形成标准化、智能化质检体系，助力企业守住"产品质量"这条经营的生命线。

3. 典型案例：飞梭智纺·边织边检 QCR

（1）案例背景。

纺织行业的坯布织造工厂目前面临品控管理高度依赖人工、成本高、因无法精准把控布面品质而引发赔付等生产痛点。纺织企业希望通过采用大数据、云计算、物联网等新一代信息技术，全面打通纺织行业的原料采购、纱线和坯布制造、染整等生产和交易环节，帮助行业实现协同化、数字化、智能化的升级。

应用企业：盈宇纺织主营纺织行业的坯布生产与交易，拥有喷气织机 252 台，涉及醋酸、人丝、TR 等多个布种。该企业希望摆脱对人工的高度依赖，实现精准品控，对布匹清晰溯源，实现织造全流程透明，从而提升良品率，完成数字化转型。

服务商：上海致景信息科技有限公司（简称"致景科技"）是深耕纺织行业的产业互联网公司，旗下有"百布""全布""致景金条""致景智慧仓物流园"等业务板块。旗下产品飞梭智纺·边织边检 QCR 是国内首个应用于纺织行业的边织边检智能产品，该产品通过庞大的布面疵点沉淀数据库、千布千面的 AI 大数据检测模型，以及对坯布生产的全链路精准联网监控，实现对质检的精准数字化管控。

（2）业务痛点。

① 坯布织造环节目前高度依赖车间工人的巡查，成熟工人难招聘，人工成本高。

② 车间工人难以在突发状况较多的情况下严格执行巡查布面的任务，难以在第一时间发现布面疵点问题，并及时处理、及时止损。

③ 布面存在人眼难检、漏检的疵点，同时人眼识别难以标准化，单纯靠工人自身的经验积累，使得后续的布匹评级受主观因素影响大。

④ 坯布织造环节缺少对每一卷布的全流程追踪，难以追溯布面疵点产生的根本原因。

（3）解决方案及实施过程。

飞梭智纺·边织边检 QCR 的整体架构涉及织厂全流程品控管理，包括必要的质检装置、全方位的联网监控，以及系统层面高效合理的事件追溯。在三大模块共同发力的情况下，盈宇纺织最终建成纺织行业坯布生产"织中风险控制""织后分析追溯"的全程数字化质量监管体系，从而推进向布匹良率提升、精准质量溯源的转型升级。飞梭智纺·边织边检 QCR 的整体架构如图 7-8 所示。

基于当前工厂面临的问题，盈宇纺织针对不同布种建立了对应的质量数据库和 AI 算法模型，精准实现"千布千面"的检测。

① 质量数据库建立。

盈宇纺织将布种拆分为 TR、醋酸、人丝、天丝等多种类别，并基于每种类别建立质量数据库。

盈宇纺织基于致景科技的品控专家沉淀下来的 32 类布面疵点标准文档，在每一类布种下的每一个组织结构中，针对 32 类布面疵点，以自造、采集等多种方式，按照每个疵点至少有 300 个呈现状态的策略，建立了单类布种下单个组织结构涉及 40000 条疵点图片数据的质量数据库，如图 7-9 所示。

质量大数据：体系与应用

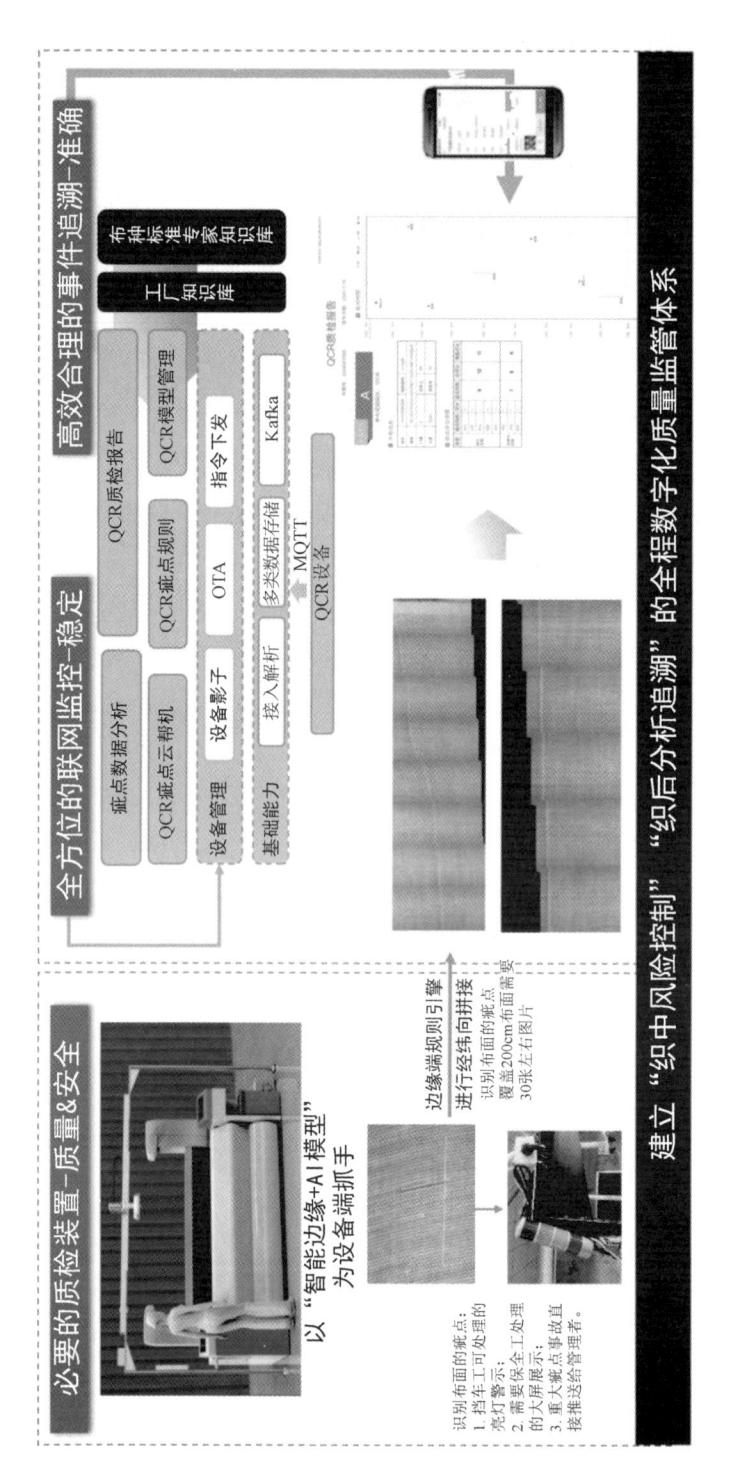

图 7-8 飞梭智纺·边织边检 QCR 的整体架构

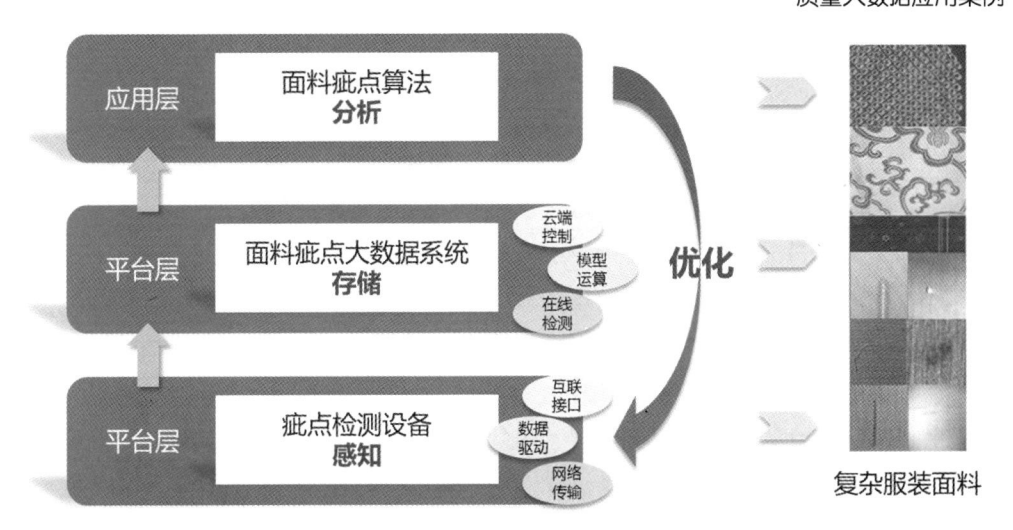

图 7-9 质量数据库建立

② 坯布质量缺陷检测的技术实现。

盈宇纺织借助前期建立的质量数据库，采用基于深度学习的计算机视觉算法，以及物体检测、物体分割、细粒度分类等算法来解决生产环境中布面疵点的实时监测问题。盈宇纺织采用物体检测和物体分割算法，在特征提取阶段采用特征融合的方式，提高特征表达的能力。盈宇纺织还利用高分辨率的网络结构，提高神经网络对图像特征提取的鲁棒性。

盈宇纺织针对布匹实际缺陷分布不均衡的问题，分别在样本训练的采样方案和损失函数设计上进行了专门的考量，可以极大地减少在实际生产过程中由样本不均衡带来的影响，如图 7-10 所示。

（4）应用成效。

2021 年盈宇纺织实现 5 台设备安装，2022 年完成应用工厂 252 台织机全方位落地，直接实现布匹质量追踪全流程可视化、织造环节落布出报告、生产流程取代验布环节。

① 经济效益。

打卷工可全速打卷，效率提升 10 倍；可基本省掉人工验布环节，每年至少可节省 100 万元的人工成本。

质量大数据：体系与应用

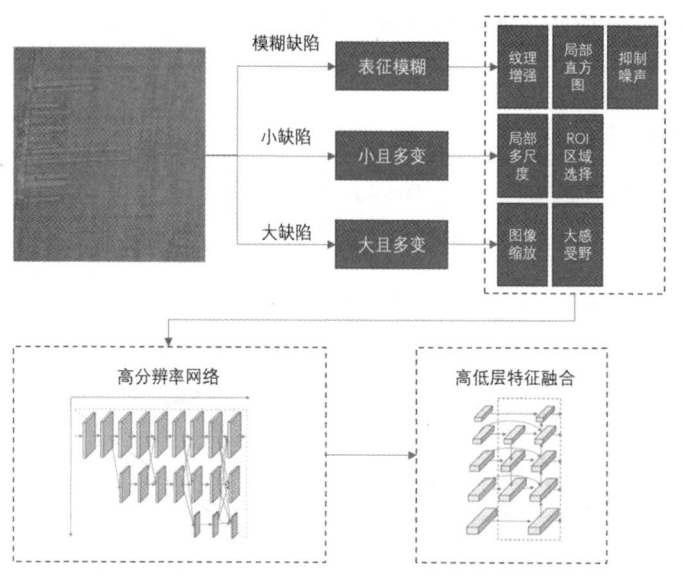

图 7-10　针对布匹实际缺陷分布不均衡的算法模型

② 质量效益。

盈宇纺织基于 MES 与飞梭智纺·边织边检 QCR 设备，实现了全流程追踪订单生产进度及布匹质量详情，实现"免验布"品控管理，可在订单交付前提前预判风险，并对已交付订单通过唯一布票 ID 实现每一卷布的质量溯源。品控管理流程的变化示意图如图 7-11 所示。

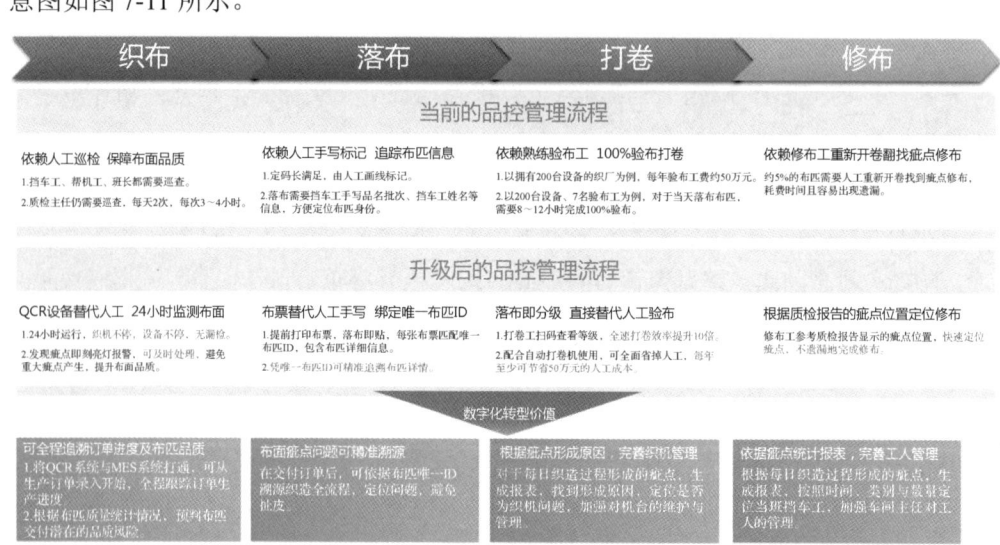

图 7-11　品控管理流程的变化示意图

7.2.3 质量时空追溯分析

根据质量时空规律，可发现不同周期、不同位置上的质量波动规律，发现工艺改进方向。当发现质量有异常时，可以通过追踪信息分析各个工艺段参数是否正常，找出问题所在，进而改进工艺。

典型案例：特钢冶炼锻造质量大数据系统。

1. 案例背景

在特钢企业中，冶炼和锻造是两个最重要的生产环节，其工艺流程复杂。由于工艺数据掌握在企业少数人手里，这些人根据个人的经验或文档要求将工艺数据传递给各工位；过程中执行的质量因素由人工填写，存在人为因素带来的不准确性；过程数据没有很好地和工艺及执行过程进行匹配，信息流、物质流和工艺流易出现断点，造成过程质量无法监控和追溯。

应用企业：该企业属于国有大型特钢企业，其主导产品为齿轮钢、轴承钢、弹簧钢、工模具钢、高温合金钢、高速工具钢等特殊用途的钢材，可向汽车、石油、化工、煤炭、电力、机械制造、铁路运输等行业，以及航海、航空、航天等领域提供服务。该特钢企业对产品质量的管控要求很高，目前由于生产计划数据、过程执行数据、工艺数据等存在数据孤岛现象，无法对质量过程进行监控和追溯，导致质量问题发现滞后，以及无法追踪质量问题产生的原因。实现无纸化办公和全过程质量可追溯成了该企业的迫切需求。

服务商：上海优也信息科技有限公司（简称"优也"）坚持以为客户创造效益为核心，致力于基础工业的数字化转型和智能化发展。优也秉承深厚的工业底蕴，将卓越的运营管理实践、深厚的工业知识积累、先进的工业互联网技术和领先的智能制造理念深度融合，为工业企业客户提供 Thingswise iDOS 工业互联网平台、工业智能应用和运营转型咨询服务三位一体的综合解决方案，推动企业运营发展和转型升级。优也的重点服务行业为钢铁、电力、烟草、煤化工等行业，聚焦在能源、质量、工业互联网平台的数字化解决方案上。

2. 业务痛点

（1）缺乏"全场景"质量要素的采集与数字呈现。

受困于过程检测手段缺失、信息通信壁垒、环节数采断点等因素，该特钢企业现有的质量系统无法支持用户实现生产线全过程、实时连续的质量要素采集，使质量信息与其他维度的信息无法匹配，使生产过程质量控制的实际执行情况无法可视化。在实际生产制造单元,影响质量控制的相关要素包括人、机、料、法、环等不同维度的信息分散在不同的系统中,上述多元数据的采集获取、时序同步难度较大,尤其是生产过程中与质量有关的控制标准、工艺、生产物流、物料、设备状态等数据采集不充分、不连续,过程要素质量检测、异常捕捉、质量执行对比分析(工艺参数与标准对比)等方面的问题亟待解决。

(2)缺乏"全工序"质量异常识别和分析诊断。

在钢铁行业,与产品质量相关的冶金规范要求、制造工艺参数、过程质量特性、设备运行控制要求等信息普遍处于纸面化的离线状态,因此无法动态参与各道工序生产过程的质量监控与分析。例如,无法通过预设的产品质量标准为用户提供产品质量评级方法。

(3)缺乏源于数据挖掘的质量诊断分析和决策推送支持。

由于钢铁行业的制造过程产生的大量质量数据无法采集或不完善,现场手工记录、纸质台账是行业痛点,数据难以实现电子化,与质量相关的要素采集不完整,导致企业难以对质量数据进行利用。因此,利用数据挖掘、探索增值业务,赋能质量管理,成为企业的主要诉求之一。例如,通过简单的阈值分析、对比分析难以发现问题根源,坯料洁净度、表面质量、板形尺寸等方面的缺陷频繁出现。

(4)缺乏生产过程质量协同响应和联动控制。

上下协同、多元因素联动优化是企业实现精益化生产的必经之路。质量通常会受到生产、工艺、物料、设备、成本、人员等外部因素的影响,而现有的质量系统大多只关心质量本身,缺乏多因素联动机制,质量提升效率低下。尤其是上下工序的质量控制策略统一和联动优化的机制,缺乏质量控制的同轴共振。

3. 解决方案及实施过程

该方案主要以精益质量管理思想和工业互联网技术对质量瓶颈进行诊断,并采集多维度数据,将采集到的数据以物料为主线进行时空匹配,构建质量大数据;在此基础上进行质量的过程监控和追溯,实现从"单机单源质量数据"向"横向全链贯通+纵向多元同步"转变、从"手工文档传递"向"业务数据自主流动"转变、从"业务驱动"向"大数据分析与建模驱动"转变,以及从"事后分析"向"多维度事中对标找碴"转变。

(1)"物联+数联"——实现跨工序多维度质量数据的时空衔接。

该方案运用动态数字孪生技术对质量特性、生产物流、能源消耗、工艺参数、设备状态等维度的信息进行数字化表征,形成了与物流过程的质量管控要素相匹配的质量数字孪生体,并将之作为质量大数据系统数据智能流动的基础。

第 7 章
质量大数据应用案例

（2）"数据+算法"——实现质量管理业务的监控、追溯、评级、预测。

该方案设计"数据智能流动模型"，在质量数字孪生体之上实现全流程数据的智能流动，基于算法使得质量监控、追溯、评级和关键参数预测成为可能。

（3）"对标+优化"——实施贯穿全过程的、基于数字化标准的对比/分析/反馈/优化。

该方案建立数字化工艺管理卡标准库，实时采集生产过程数据并关联工艺标准，实现生产过程质量数据不落地。生产过程质量数据的反馈和积累为工艺优化提供分析基础。

（4）"实时+PDCA"——实施包括"实时采集—即时算法—持续优化"的 PDCA 机制。

该方案将 PDCA 机制贯穿于系统设计，运用实时数据、算法和数字化工艺标准，实现工序中的小 PDCA、工序衔接的 PDCA，以及工艺编制与生产制造的 PDCA。

该方案的系统架构图如图 7-12 所示。

物联层实现数据的全方位采集，主要功能包括识别质量管控要素、形成精益质量控制计划、梳理数据采集需求、构建多元融合的质量大数据。数字孪生层设计质量管控要素的数字孪生体，运用数字孪生技术对复杂生产过程中与质量相关的多元信息进行描述，在空间上覆盖各生产要素，在时间上覆盖全生命周期，支持融合工艺流、业务流、信息流和物流设计用户场景的数字孪生体。应用层负责质量智能应用设计，其模块化的功能包括质量全景展示、质量设计、质量监控、质量追溯、质量分析、质量预测、质量评价、质量档案管理等。

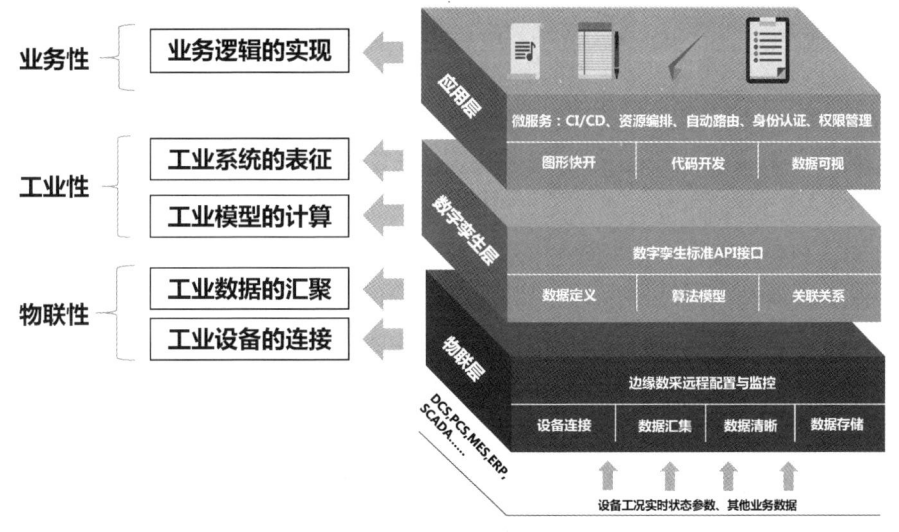

图 7-12 该方案的系统架构图

4．应用成效

该方案在这家特钢企业已经落地，到2022年年底，共接入近百台设备，采集八千多个数据点，录入工艺数据近两千条，同步过万条生产计划，形成几千份完整的工作报告。该方案提高了企业质量过程管理的透明度，使企业能够及时发现质量问题，实现零纸质量台账，减轻了操作工的手工台账工作，实现无纸化办公、过程可追溯。

7.3 以质量为导向的生产设备预测性维护

以质量为导向的生产设备预测性维护是指通过质量大数据实现对设备管理的状态感知、数据监控与分析，监控设备健康状况、故障频发区域与周期，预测故障的发生，从而大幅度提高运维效率。在产品工艺设计环节，引入失效分析和故障处置相关知识模型，分析要素不确定或要素的动态变化带来的影响，进行在线预警和措施推荐；在生产加工环节，基于过程中工艺参数的动态变化情况，对质量结果提前预测，通过工艺参数在线优化功能模型，对加工工艺、设备控制指令等及时调节，保证生产过程处于受控状态、质量水平处于稳定状态；在检验和调试测试环节，对出现的问题基于质量预测分析模型进行快速纠正。

1．典型案例：新能源装备制造业的质量大数据应用

（1）案例背景。

新能源装备制造企业的电池生产工艺比较复杂，主要工艺流程涵盖搅拌涂布、卷绕注液、包装检测等环节，各环节都可能出现质量问题。近年来，电池生产向整合化、整线化、自动化发展，而设备的正常运转是产业线高速运作的前提。在这个背景下，新能源装备制造企业亟须建设设备及生产线的全生命周期管理系统，形成面向新能源装备制造业的质量大数据应用。

应用企业：深圳市赢合科技股份有限公司（简称"赢合科技"）是一家致力于锂离子电池自动化生产设备的研发、设计、制造、销售与服务的企业。产品涵盖锂离子电池自动化生产线上的主要设备，包括涂布机、分条机、制片机、卷绕机、模切机、叠片机六大类设备及相应的配套辅助设备，能够满足不同工艺、不同尺寸锂离子电池的生产需求。

服务商：深圳华龙讯达信息技术股份有限公司（简称"华龙讯达"）是全方位数字孪生与数字化转型的系统服务商，具备设备级、工厂级和产业级工业互联网平台运营和智能工厂建设能力。华龙讯达为客户企业提供涵盖智能控制系统、工业互联网平台、数字孪生和端到端数字化转型解决方案等的全链条和集成化的数字化、网络化和智能化服务。旗下的木星工业互联网、木星工业物联网及木星数字孪生技术在业内具有领先优势,可有效助力企业加速数字化转型升级。

(2)业务痛点。

质量大数据应用已成为制造业提升生产力、竞争力、创新能力的关键,是驱动制造过程、产品、模式、管理及服务标准化、智能化的重要基础,体现在产品全生命周期的各个阶段。新能源装备制造业快速发展,但大多依赖于人口红利。很多企业以手工制作、半自动化生产为主,存在很多业务痛点:设备效率低、人工成本高、行业整体自动化程度较低、生产线连续自动化程度及稳定性较差、数据孤岛问题得不到解决、OT 与 IT 没有打通。因此,新能源装备制造企业需要推动自身业务系统和流程的全面升级,其面临的挑战如下。

① 企业无法对生产设备进行实时质量数据采集和统一灵活控制,导致难以实现生产工艺流程的全局优化。

② 企业内多个异构系统间的质量数据无法有效整合,导致生产、物流、销售等环节割裂,效率低下。

③ 实时监控能力较弱,生产过程不透明。

④ 随着海量新旧质量数据的不断积累,企业需要可靠的低成本方案来提高数据存储能力和计算能力,实现对海量数据的高效管理。

(3)解决方案及实施过程。

本方案基于"木星工业互联网平台"的设备及生产线全生命周期管理系统,实现对新能源装备制造企业的工业质量大数据的智能化管理。该方案在数据管理的基础上,结合数据清洗、数据分类、数据编码、数字建模、三维仿真等技术,提供数据采集、边缘计算、数据分析、数据质量管理、数字孪生等服务,对新能源装备制造企业的电池生产线进行全生命周期管理。该方案的主要技术路线如下。

① 建立质量数据标准标识体系,实现数据标准化、统一化。

该方案通过"数据标准标识解析平台"建立数字化工厂质量数据标准标识体系,规范厂级的数据描述及数据编码,统一企业数据应用接口,为企业提供数据标识、数据标准、属性标准、流程标准、集成标准等,保障同一种数据在业务系统之间使用相同的定义方式,满足不同系统的数据需求,从而实现网络化高效协同。

② 建立质量数据采集平台，实现生产数据实时获取。

"实时数据采集平台"是质量数据采集工具，一方面负责机器的工业通信协议的解析，以及质量数据的采集、编码、标识和边缘计算，另一方面负责行业机器数据采集软件的下载、按标准做配置管理。"实时数据采集平台"面向电池生产环节采集的数据有：从底层的设备控制系统（包括数控系统、生产线控制系统等）采集的设备的运行状态数据、能耗数据、运行参数等；直接采集的各类终端及传感器的数据，如温度传感器、振动传感器、噪声传感器、手持终端等的环境数据及辅助终端数据；原材料检测数据、产品设计数据、产品检测数据、产品工艺数据、生产过程数据及供应商数据等。

③ 应用数采边缘计算设备，保障数据采集质量。

"木星机器宝 Ceres"是基于工业物联网与工业互联网的融合技术的一款 OBD 设备。Ceres 在被接入设备之后，能够与设备电控系统进行交互，可实现数据采集、设备与企业云连接。在数据上云之前，Ceres 按照预先设定的规则和算法，从数据综合应用的角度对采集的数据进行预判和评估，自动过滤无效或无意义的数据，将有价值的数据上云，提高物联网的处理效率。

④ 建立数据质量管理体系，保障数据质量端到端的全链条管控。

该方案通过建立数据质量管理体系，实现对数据从库表设计、数据采集、数据加工、数据质量验证、数据安全到数据应用的全面质量管控。数据质量管理体系以最终业务需求为中心，通过全员参与、过程控制、持续改进等方式，实现从源数据接入平台到应用输出的全过程管控，保证数据的完整性、一致性、准确性和及时性，实现若干数据质量指标，完成数据质量分级，最终达成数据质量管控的目标。

⑤ 建立数字孪生平台，实现生产过程透明化。

该方案基于物理模型、传感器、设备运行历史等，建立集成多学科、多物理量、多尺度、多概率的仿真过程的数字孪生平台，促使设备、产品、数据在虚拟空间中完成映射，从而反映相对应的实体装备的全生命周期。该方案从设备故障预测方面提升设备利用率，从全要素、全流程、全业务的角度对生产过程进行在线诊断，实现企业生产现场全要素数据的虚拟仿真，从而支撑工厂全面建立以数据为驱动的运营与管理模式，实现对生产过程的实时监控管理。

电池生产环节全生命周期管理系统的架构图如图 7-13 所示。

（4）应用成效。

该方案被应用于新能源装备制造企业的车间生产线，为企业的提质、降本、增效提供了保障。

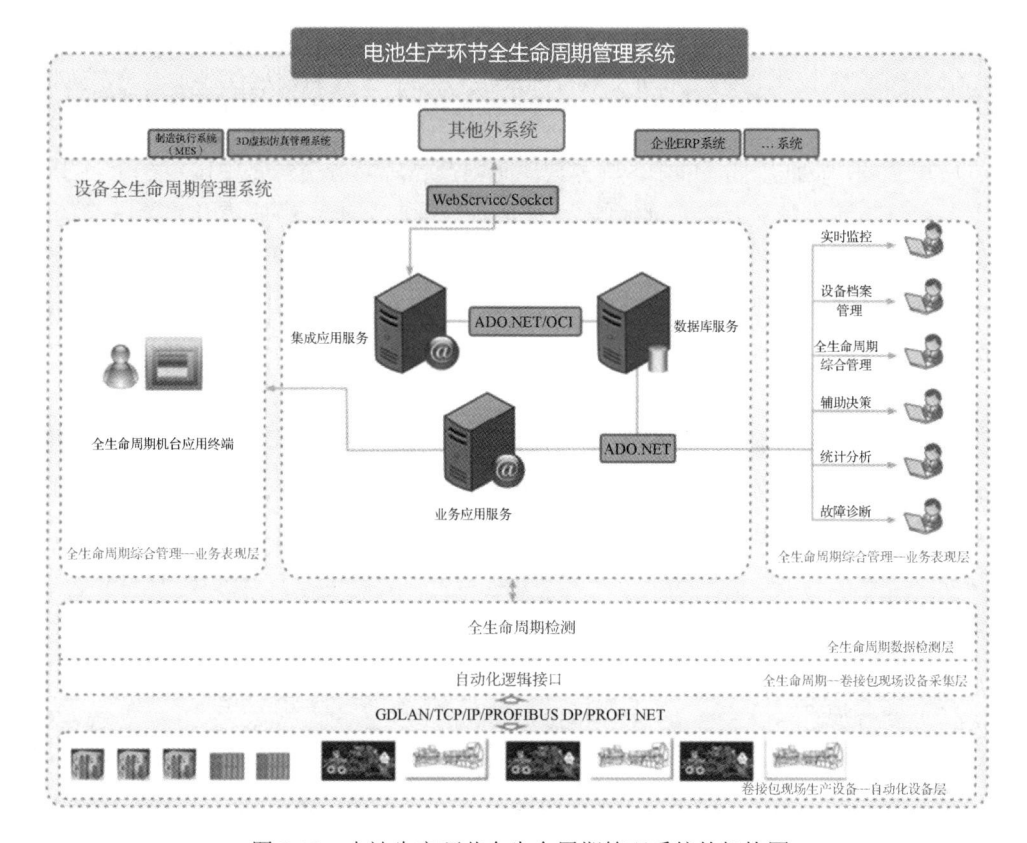

图 7-13 电池生产环节全生命周期管理系统的架构图

① 经济效益。

此方案投入资金超过 2000 万元，成功被应用到 4 条电池生产线上，覆盖设备、联网终端 200 台（套）以上，形成了 2000 个以上数据采集点，并形成 1 个试点示范车间，年均利润增长率达 15.79%。

② 质量效益。

赢合科技已实现了锂电池生产装备的智能化升级，缩短生产周期 35%，减少数据输入时间 36%，减少交接班记录 67%。这些数据证明该方案可提高设备管控效率，降低设备维保及人员成本，实现生产流程精准可控，助力企业降本增效。

2. 典型案例：基于工业质量大数据的电子玻璃智能制造工厂

（1）案例背景。

电子玻璃是电子信息产品的基础支撑产业之一，用于制作集成电路，以及具有光电、热电、声光、磁光等的功能元器件，主要分为基板玻璃和盖板玻璃两种。目前，

质量大数据：体系与应用

我国已经是电子玻璃生产量居全球前列的国家。电子玻璃产业的发展速度、技术水平，将直接影响电子信息产品的发展，因此现代科学技术的发展离不开电子玻璃的生产。

应用企业：彩虹集团（邵阳）特种玻璃有限公司咸阳分公司是中国电子全资子公司——彩虹集团有限公司控股的高新技术企业，专门从事特种玻璃及相关产品的研发、生产和销售。基于数字化转型需求，该公司提出了建设专用于大尺寸盖板玻璃生产的流程型智能制造系统，建成面向工艺过程、信息物理融合、自主匹配的"数字化、网络化、智能化"高端盖板玻璃生产线，提质增效、节能降耗、增强企业核心竞争力的需求。

服务商：北京寄云鼎城科技有限公司（简称"寄云科技"）作为国内工业互联网的头部创业公司，自成立以来获得了多家知名投资机构的投资，其专业团队来自国内外各大知名公司，在工业智能、工业大数据、工业物联网和云计算领域均有深厚的技术积累和丰富的实战经验。经过多年积累，寄云科技将对细分行业的深入理解、完整的工业互联网平台能力和全面的数据分析能力进行整合，致力于为客户提供完整和专业的工业互联网解决方案。

（2）业务痛点。

① 行业利用率低。

产能的飙升带来的是严重的产能过剩。平板玻璃总量过剩，产品附加值低，仍处在价值链底端和从属地位，导致玻璃生产利用率低。

② 技术结构不合理。

从技术结构看，能耗水平比国际先进水平约高 20%；中低水平的浮法玻璃生产线以煤焦油、石油焦粉为燃料，大气污染问题较为严重。

（3）解决方案及实施过程。

寄云科技提供的解决方案在工厂运用自动化设备完成产品生产的前提下，采用工业网关和容器技术对工厂设备的底层数据进行采集和监控，打通生产线数据，采集热端实时数据，将不可见问题可视化。该方案通过采用对质量大数据建模的手段对生产线关键指标（熔炉温度等）进行大数据分析，实施有效的问题跟踪、预警。该方案通过物联网平台从生产线设备（包括 PLC、传感器、机器人等）采集实时运行数据，对生产线的全生命周期进行监控，对关键设备进行预测性维护。该方案结合平台的大数据能力，对热端数据和冷端数据进行关联分析，使工厂做到精益生产。该方案的系统架构图如图 7-14 所示。

第 7 章
质量大数据应用案例

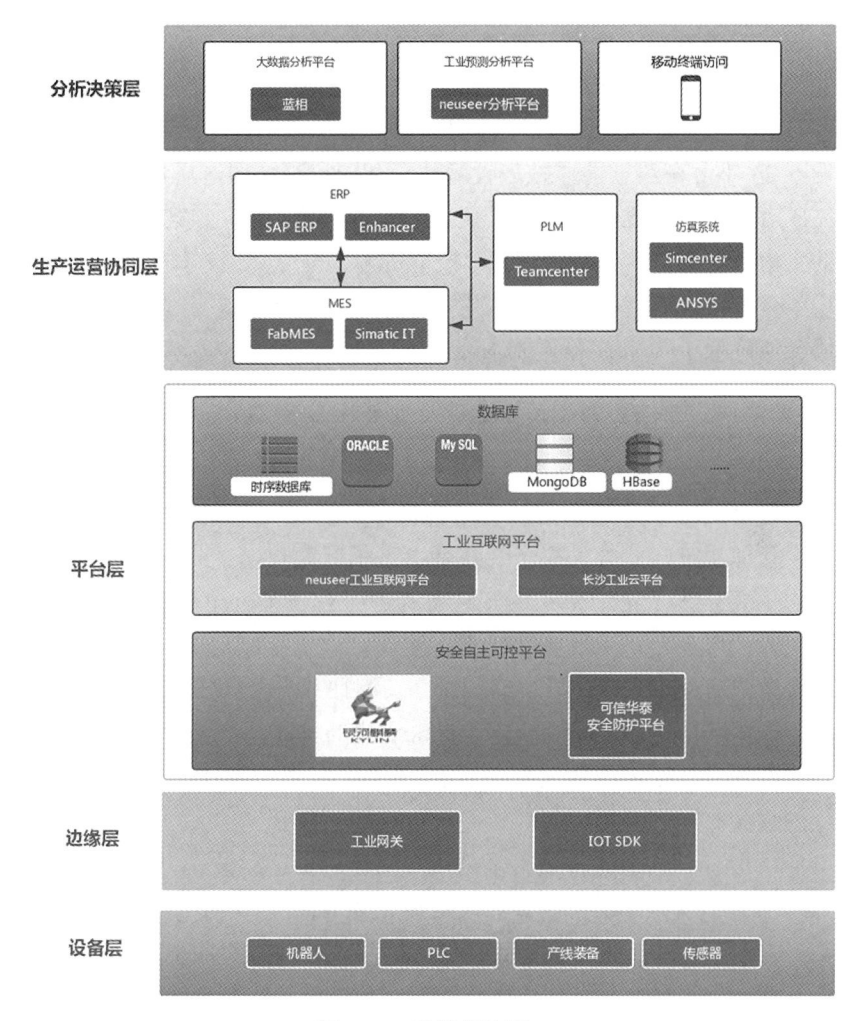

图 7-14 系统架构图

整体的解决方案分为五层，分别为设备层、边缘层、平台层、生产运营协同层及分析决策层。在设备层，机器人、PLC、传感器等设备负责采集数据、解析数据，通过边缘层的工业网关、IOT SDK 等传送数据至平台层。平台层将自主可控平台作为安全防护系统，并以此为基础建立工业互联网平台，将数据存储到工业互联网平台的数据库中。生产运营协同层从计划调度、生产决策到产品全生命周期的整个过程都进行管理跟踪，实现企业的提速增效；在产品上使用数字孪生模型，制造出色的产品，提升公司竞争力，抢占市场先机。分析决策层通过对实际生产中的数据及各管理系统的数据进行集成提取，统一分领域、分模块、分方向地进行预测分析，更好地做出决策。

（4）应用成效。

智能工厂的质量大数据系统可以实现设备、报表、质量"三大主题"的纵向和横向延伸，全方位自定义呈现生产日报、月报、产品厚度及重量；实现设备数字化管理、生产线设备24小时在线智能监控、设备故障智能报警；通过质量分析系统与数据挖掘模型完成对质量的多维度把控。应用企业通过实施该解决方案，可以完成对生产质量数据的生命周期管理，在数据资源、模型资源、应用资源、开发环境、平台管控等方面实现了全方位打通。应用企业的生产效率提高22.80%，产品良率提高13.94%，单位产值耗能降低了10%，总体成本降低了24%。

3. 典型案例：面向装备制造企业的工业iPaaS平台

（1）案例背景。

目前大部分制造企业的大型装备结构复杂，需要一个集成性的基于产品结构的制造数字化管理系统。此外，整个装备制造过程周期长，各业务部门的进度不透明，多部门协作主要靠线下沟通来完成。装备制造企业亟须一个能够进行数据汇聚和分析的数据集成应用平台，实现数字化工厂建设。

应用企业：烟台博森科技发展有限公司（简称"博森科技"）主要生产排屑装置、过滤装置等专用装备，为全球机床行业提供优化的排屑、过滤解决方案。该公司为了提高装备制造项目全过程的协同性，提升交期与客户服务质量，对整个数字化工厂进行了战略规划和布局。

服务商：山东恒远智能科技有限公司（简称"恒远科技"）作为装备制造垂直行业工业互联网领军企业，是国内首家行业级工业iPaaS（集成平台即服务）解决方案服务商，还是装备制造行业一站式数字化工厂集成解决方案服务商。恒远科技主要聚焦于工业互联网前沿技术研究，从事基于工业数据采集的制造信息化、工业数字化系统研发，专注于工业企业的数字化、网络化、智能化建设，应用边缘计算、云计算、大数据技术，结合数据采集、数据建模、数据仿真、数据分析等的核心技术，为企业提供一站式数字化工厂整体解决方案与服务，实现企业的降本增效与数字化转型升级。

（2）业务痛点。

① 订单多样化、批量小、项目制。

订单客制化程度高，批量小，种类多；订单信息量大，特殊参数要求和标准繁多；订单包含项目的设计、制造与现场施工要求。

② 技术工艺复杂，设计数据信息量大。

零部件种类多达成百上千种，BOM结构复杂；工艺标准和工艺路线多样化，设计复杂；图纸与工艺技术文档制作工作量大。

③ 生产制造离散，管理难度大。

工序集群呈孤岛式分布；每个零部件的加工工序流转多样化；生产任务、人员、物料、设备信息高度离散，管理困难。

④ 质量数据利用率低。

下料、机加工、焊接等各工序均以设备加工为主，设备自动化程度相对较高，但数据的联网利用率低。

⑤ 产品生命周期长，运维滞后。

产品在客户端被使用后，生命周期长，售后问题需要追溯与处理；产品在客户现场的运行状态需要远程监控与运维，提升服务效率和品质。

（3）解决方案及实施过程。

解决方案以质量数据为核心，从五个方面实现企业数据的互联互通。

① 质量数据的获取、存储与分析。

质量数据的获取包括基于数据采集的设备数据连接、快速与现有 ERP-T6、E6、客户管理系统的集成数据连接、通过条码/RFID/移动终端等手工操作的采集方式的数据连接；质量数据的存储应用数据湖技术建立数据中台，打破不同系统间的数据壁垒，实现数据的共享；质量数据的分析基于企业的技术、经验、知识和最佳实践，形成数据算法，让数据自由流动，实现企业知识的创造、传播和复用。

② 生产业务协同层的互联互通一体化建设。

该方案基于微服务和云应用的技术，搭建生产服务协同层完整的数字化平台技术架构系统，实现横向的业务系统集成。一是以订单为原点，设计从工厂级到工位级完整的计划管理系统；二是基于现有的 ERP-T6 系统进行数字化集成，主要将质量数据（包括订单管理、计划管理、采购管理、仓库管理的数据）进行集成开发，实现平台级数据和业务的互联互通。

③ 车间制造执行层的数字化建设。

车间制造执行层的数字化建设主要涵盖基于条码系统的生产过程质量管理，包括车间级计划管理、生产过程报工、工艺标准与图纸管理、质量检验与控制。

④ 设备智能化管理升级。

一是进行设备联网与数据采集，实时监控设备的运行状态和加工参数，进行设备运行效率的分析和评估；二是将设备的日常保养、点检、维修进行数字化管理，保证设备的高效运作。

⑤ 运营管理层的智能化决策。

一是基于平台的大数据建立完善的数据统计分析系统、报表中心、数据中心；二是设计开发基于数据分析的智能可视化系统，如车间管理看板、工位管理看板、工厂级的运营中心等。

面向装备制造企业的工业 iPaaS 平台的功能包括客户管理、技术工艺、生产管理、设备智能化、供应商管理等方面的 100 多个子功能，满足不同业务场景的需求，帮助博森科技实现横向与纵向的数据集成。功能架构设计如图 7-15 所示。

横向的数据集成以工业模型和工业算法为主，实现全业务流程的数据集成，是从工位级应用到车间级应用，再到工厂级应用、行业级应用的集成。

纵向的数据集成以工业数据采集技术为主，实现边缘端到云端的数据集成，以及从设备层的数据采集到平台层的数据汇聚、数据分析，再到应用层的数据赋能。

第 7 章
质量大数据应用案例

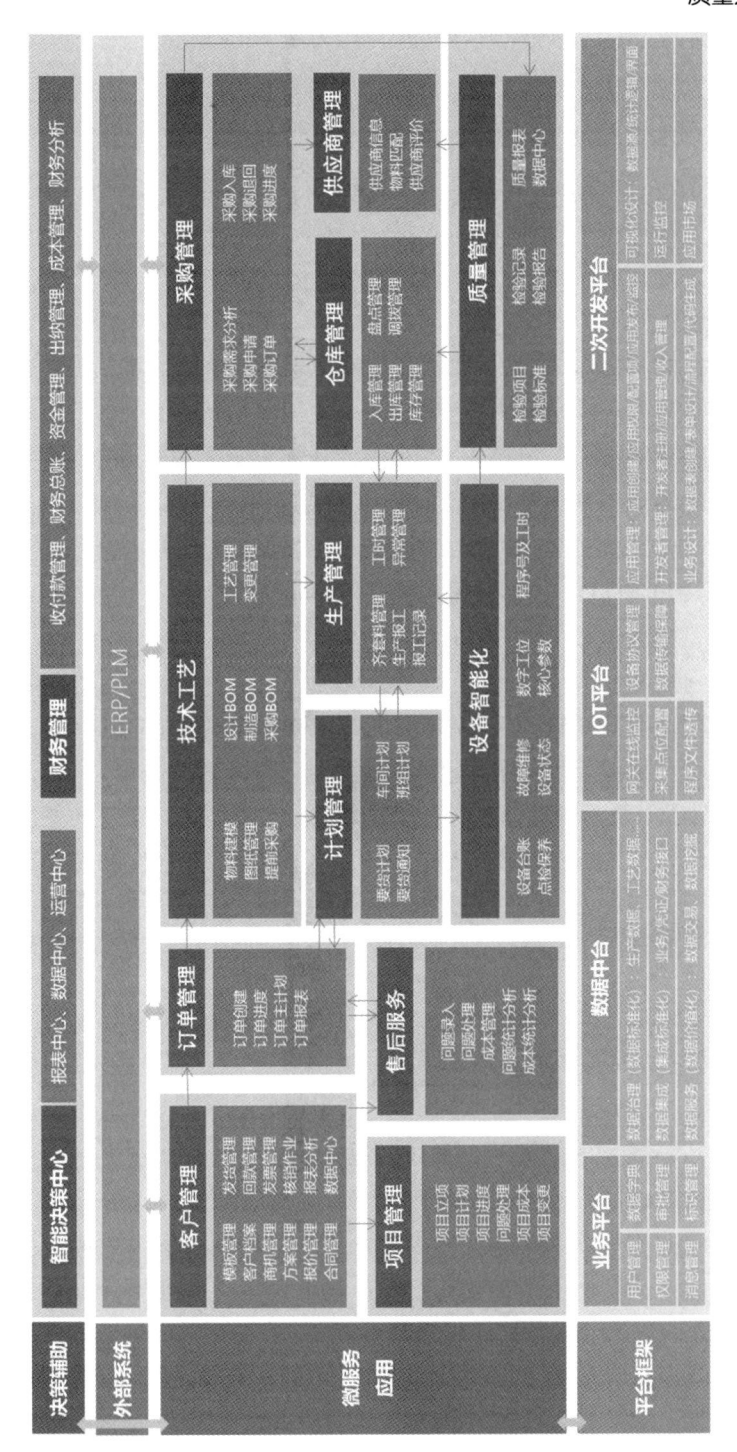

图 7-15 功能架构设计

（4）应用成效。

① 经济效益。

项目交付周期缩短42%。在项目实施前，要进行研发设计、物料采购、工艺文档准备、外协加工、厂内多工序流转和总装、客户交付验收、现场安装调试等多个环节，综合最长周期项目的交付周期要达6～9个月；在平台上线后，各业务部门的协同效率和物料齐套性大幅提升，项目交付周期从平均200天以上缩短至120天左右。

② 质量效益。

质量损失较原状态减少7.1%。博森科技通过对材料检测设备、焊接设备的联网与数据采集，通过对原材料理化试验建模、对焊接工艺参数建模，实时分析材料质量和焊接质量等装备制造核心质量控制点的数据，大幅降低了材料缺陷、焊接缺陷造成的重复加工、报废的成本。

7.4 面向供应链产业链的质量协同优化

供应链产业链质量协同是指构建"全员、全过程、全价值链"的质量生态系统，实施"全价值链的全面质量管理"，满足服务对象和各相关方的需求，促进产业及相关组织的健康可持续发展。供应链产业链质量协同以产业链为纽带，推动产业链标准体系、质量预警体系、质量管理体系和知识产权管理体系的完善。工业互联网作为新一代信息技术与现代工业融合发展的新模式，以质量数据为纽带，打造开放共享的价值网络，将制造产业的设备、数据、技术、管理、市场、客户等要素全面互联，以丰富的数据驱动经营管理、产品设计、生产制造、产品运维等关键环节的资源优化，实现供应链、管理链、服务链、产业链的整体质量提升。

1. 典型案例：制造大数据质量预警体系

（1）案例背景。

随着全球供应链紧耦合的发展，传统的制造质量管理模式已无法适应新的发展变化。供应商物料测试、来料检验测试、生产测试等都会产生大量的质量数据，而海量的质量数据之间存在大量数据孤岛，从供应链协同的角度保障质量是一个重要命题。在本案例中，涉事企业打通供应商、研发、制造、市场返还等产业链全流程的关键质量数据，应用大数据分析及数学建模技术，构建数据驱动的制造大数据质量预警体系，实现供应商来料质量预警、制造过程质量预警及网上返还质量预警。质量预警从生产向上游研发、采购及市场/用户的覆盖，驱动质量管控从事后拦截向事前预测、预防方向转变，是今后所要研究的重要内容。

(2)业务痛点。

① 难以深入质量管理前端。已有的质量管理方法大多依赖事后解决,无法将质量问题在供应链前端解决,也难以在设计前端改善质量,导致质量成本增加、质量效益有限。

② 难以进行质量数据协同。制造工厂分布在各地,各制造工厂所产生的海量数据形成多个数据孤岛。

③ 难以进行数据挖掘融合分析。物料供应商测试、来料检验测试、生产测试、市场质量表现产生的数据之间存在隐性因果关系。企业无法对这些数据进行有效的融合分析,并将结果应用于质量管理中。

(3)解决方案及实施过程。

制造大数据质量预警体系主要实现三个功能。

① 供应商来料质量控制:制造大数据质量预警体系采集供应商来料的关键测试参数,实现数据监控、分析及预警,提前识别潜在的来料质量风险,并将其拦截在供应商处,提高来料入口的质量,把质量控制前移至供应商处,在供应链源头构筑高质量。

② 出厂产品质量预警:制造大数据质量预警体系汇聚全球加工网点制造过程的质量数据,在一些关键工序(IQC、ICT、FT、可靠性测试、整机测试等)实现质量预警,提前识别和挖掘隐性质量问题,保障全球一致的出厂高质量。

③ 反馈设计前端质量提升:制造大数据质量预警体系结合产品的网上运行数据、用户舆情数据、网上返还数据和加工过程数据,深度挖掘,实现产品潜在风险的预测和预警,识别研发设计、制程工艺、来料选型等方面的改进机会点,驱动逆向改进,在设计前端构筑高质量。

制造大数据质量预警体系基于工业互联网平台被开发,其系统架构图如图 7-16 所示。

① 供应商数据采集系统云化部署,制定统一的数据回传格式,打通与来料供应商的系统对接;通过互联网、物联网等方式实时采集制造过程数据;定时将产品的网上运行数据及舆情数据采集、回传到数据底座中。

② 在数据底座中,按照不同的数据类型与数据使用特点选择分布式文件系统、内存数据库、关系型数据库等不同的数据管理引擎,实现数据治理。

③ 工业大数据建模与分析平台负责在线实时任务与离线批量数据的分析,同时整合业界常用的算法模型库,除了提供典型的机器学习算法模型,还针对工业特有的稳态时间序列、时空等数据,提供定制后的模型算法。

质量大数据：体系与应用

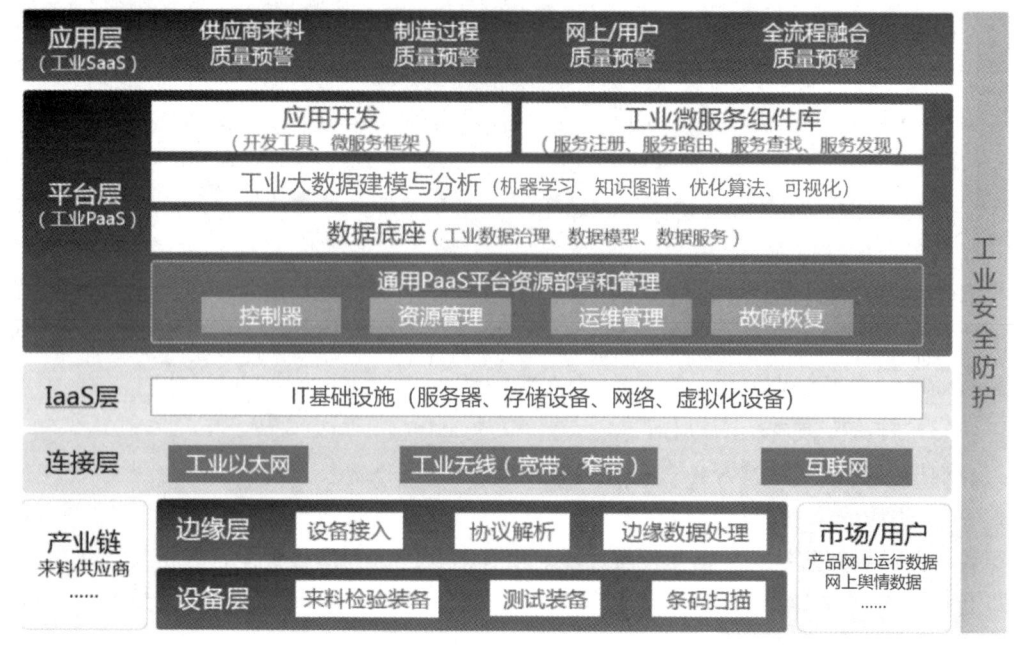

应用层 （工业SaaS）	供应商来料 质量预警	制造过程 质量预警	网上/用户 质量预警	全流程融合 质量预警	
平台层 （工业PaaS）	应用开发 （开发工具、微服务框架）		工业微服务组件库 （服务注册、服务路由、服务查找、服务发现）		工业安全防护
	工业大数据建模与分析（机器学习、知识图谱、优化算法、可视化）				
	数据底座（工业数据治理、数据模型、数据服务）				
	通用PaaS平台资源部署和管理 控制器　资源管理　运维管理　故障恢复				
IaaS层	IT基础设施（服务器、存储设备、网络、虚拟化设备）				
连接层	工业以太网	工业无线（宽带、窄带）		互联网	
产业链 来料供应商 ……	边缘层	设备接入	协议解析	边缘数据处理	市场/用户 产品网上运行数据 网上舆情数据 ……
	设备层	来料检验装备	测试装备	条码扫描	

图 7-16　制造大数据质量预警体系的系统架构图

（4）应用成效。

制造大数据质量预警体系云化部署数据采集系统，与上下游供应商系统进行对接，根据通用数据标准格式实现数据交换；内置工业领域的预警模型算法，有效识别来料、设计、制程、工艺等方面的隐性质量问题，识别改善机会点。

本解决方案一年共触发预警物料、装备、设计、工艺等方面的隐性质量事件多起。制造大数据质量预警体系通过自动捕获潜在风险，实现2%小概率可靠性批次风险可激发，提前拦截供应商来料质量问题、批量问题，使其减少9%，使开局坏件率改进15%，早期返还率改进24%。

2．典型案例：航天复杂装备供应链智能质量管理平台

（1）案例背景。

当前航天制造企业大都存在缺乏数据驱动理念、现代质量管理技术应用水平较低等问题，造成传统航天复杂装备质量管理模式不适应市场化协作配套下的数字化经济模式，质量大数据利用程度不高，对产品质量的管控精度大都只能到批次，质量数据管理粗放，特别是对外协产品质量的管控深度不够，造成外协产品质量问题较多。航天制造企业对供应链质量管控的需求十分迫切。

第 7 章
质量大数据应用案例

应用企业：湖北航天技术研究院总体设计所（简称"总体设计所"）主要从事航天产品总体及分系统的开发和研制工作，具备复杂信息系统的规划论证和实施能力，其数据中心现有 718 万亿次的计算能力，具备较强的信息化基础资源能力。总体设计所基于已有系统与数据，开展了各业务领域的大数据分析，实现了行政办公、科研生产、质量管理、人事信息、资产投资、保密管理六个业务领域的大数据分析与挖掘展现。

服务商：北京索为系统技术股份有限公司（简称"索为公司"）致力于工业互联网平台的建设、运营和服务，为制造行业提供以知识自动化为驱动的工业互联网、工业大数据、工业操作系统及工业 App 的开发运营服务。索为公司拥有具有自主知识产权的工业技术软件化平台及数千种工业 App，应用覆盖汽车、家电、发电设备等高端制造领域。

（2）业务痛点。

① 缺少对供应链管理的系统性研究。总体设计所存在质量管理要求传递不到位、考核评价量化水平不高等问题。

② 缺少关键性识别与控制系统研究。总体设计所存在设计需求与质量风险识别不到位、生产过程关键特性控制不严等问题。

③ 缺少对质量数据评价与分析的系统性研究。总体设计所存在无法预测质量发展趋势和预防质量问题产生、无法实现质量的持续改进等问题。

（3）解决方案及实施过程。

针对业务痛点问题，总体设计所提出以"设计工艺生产"全面协同和"事前预防+过程控制+质量预测"为核心的供应链质量管理理念，借助大数据、机器学习等技术，研究开发相应的质量技术方法与管控工具。技术架构图如图 7-17 所示。

具体的解决方案如下。

① 采用可定制的数字化通用质量模板，通过数据融合、在线采集及离线采集等方式全面采集信息系统数据、供应商数据、生产与服务环境数据及其他外部环境数据，适应质量大数据的多源异构特点，解决质量信息层层衰减的问题，避免数字经济模式下新的质量风险产生。

② 通过智能采集终端、通用质量模板和云服务平台，解决市场化协作配套下航天复杂装备批量化生产过程质量管控和异地协同的难题，适应质量大数据动态性的特点，避免数据孤岛产生，实现全过程质量信息的集成与共享，替代高成本的会议协调机制。

质量大数据：体系与应用

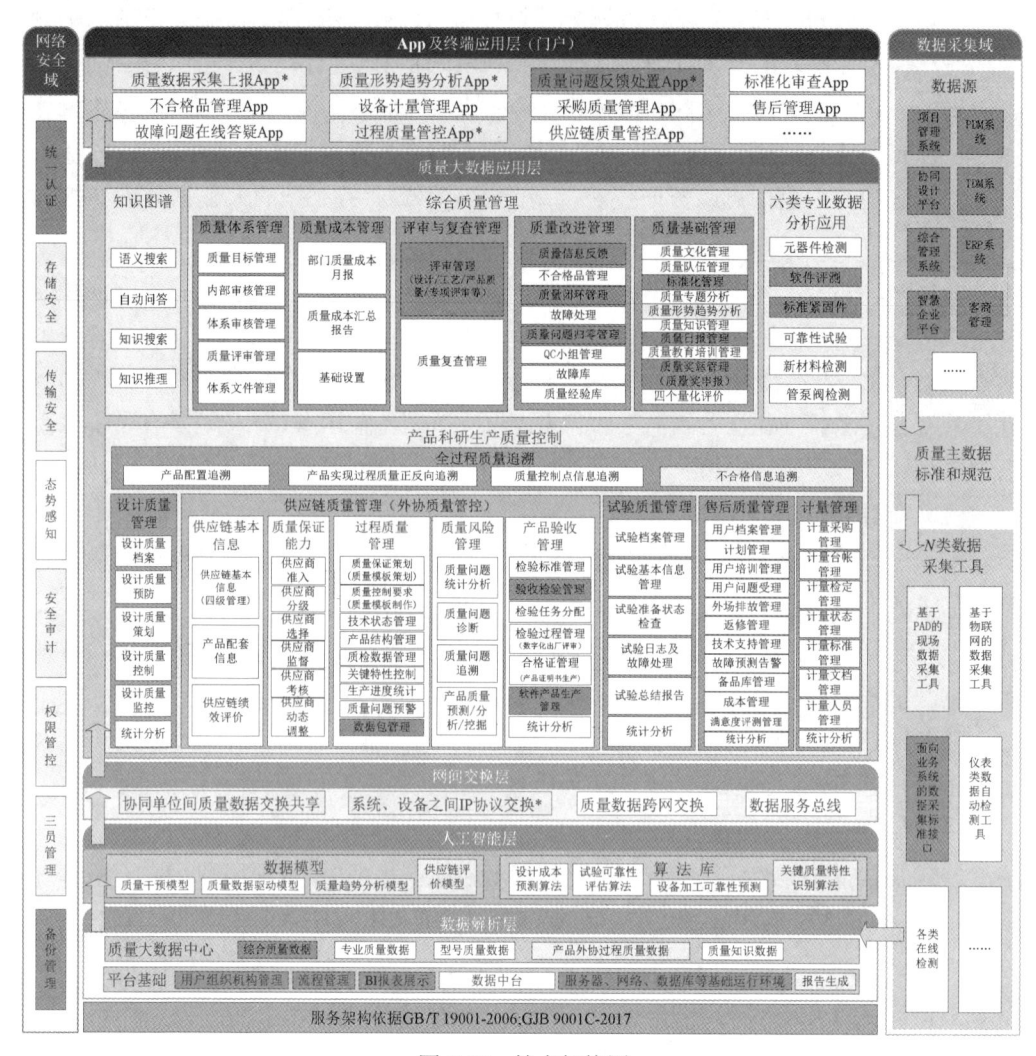

图 7-17 技术架构图

③ 依托"质量大数据中心+质量信息链+智能采集终端"的组合，实现各数字化质量工具的有效集成，实现供应链全级次管理，通过数据挖掘、机器学习等技术解决数据量大、价值分布不均，以及关联性强的航天质量信息的高效、深入利用等问题，通过对数据的处理、转化、内化，实现对供应链的智能质量管控。

基于工业大数据和机器学习的航天复杂装备供应链智能质量管理平台，主要包括质量形势趋势分析功能规划、系统间联动性和快速协同变更功能规划。

质量形势趋势分析功能规划主要包括：①基于大数据和机器学习对收集的产品质量数据、供应商数据进行多维度的联合分析；②基于质检数据中记录的组件产品或原材料的供应商信息，展示产品的供应商网络，同时也可按供应商信息去查询其供应的组件产品或原材料的质量情况；③对平台中的各种数据进行统计分析，包括生产进度统计、质量问题统计、质量数据查询统计，并对之后生产的产品进行质量趋势预警；④从产品的角度将质检数据、质检进度、质量问题、技术文档、供应商信息等多维度的数据进行融合展示，形成数据融合视图，用于全局的监控。

系统间联动性和快速协同变更功能规划的主要内容包括：①与PDM系统集成；②与质量问题闭环系统集成；③与项目管理系统集成；④与其他相关系统集成；⑤在生产基线状态变更后，系统快速协同变更方案的设计与实现；⑥设计所部署的质量管控平台，通过数据传递技术将边缘节点的质量数据、工艺状态进行汇总和融合。

（4）应用成效。

该平台采取了在复杂环境下均能实现对产品生产过程进行质量管控的模式，解决了企业现有质量管理模式不适应新配套关系、质量要求和信息在供应链中逐级衰减、现有数据采集手段无法全面采集质量数据等难题，实现航天产品可靠性的持续提升，产生了巨大的效益。

① 经济效益。

该平台每年花费的资金约为20万元（根据授权单位的数量等有所差异），每年创造的价值约为200万元。

② 质量效益。

经综合测算，该平台将重点产品外协质量问题减少30%以上，将产品故障率由4%降至2%，将产品研制周期缩短了15%，大大提升了产品质量，加快了产品研制速度。

3．典型案例：食品行业数字化特色产业集群平台

（1）案例背景。

在人民群众对食品质量安全的要求明显提升的大背景下，食品行业中企业的绿色发展效益与创新水平有待提升，其质量大数据基础偏薄弱，主要体现在生产过程管理粗犷、产品质量管控滞后、质量信息追溯难、设备维护困难且成本高等方面。食品企业亟须利用质量大数据的新一代信息技术手段，实现生产制造、运营管理、营销等各环节的质量数字化升级。

质量大数据：体系与应用

应用企业：广州华糖食品有限公司（简称"华糖食品"）是一家拥有60多年食用糖生产历史的国有大型企业，目前拥有占地9万平方米的高自动化的大型精制糖生产基地，已经成为全球跨国大型食品公司和多家国内知名食品企业的主要食糖供应商之一。自2016年以来，华糖食品建设上线了ERP、OA等信息化系统，开展了生产车间和包装线自动化升级改造，为企业进行更深入、更广泛的数字化转型奠定了基础。

服务商：航天云网数据研究院（广东）有限公司（简称"航天云网广东公司"）由航天云网科技发展有限责任公司和广州开发区投资集团有限公司共同出资创立，以工业互联网为依托，以智能制造为核心，以生产性、专业性的创新创业服务为主体，集资源整合、业务协作、综合营销及创新创业等服务功能于一体，围绕20大业务板块面向社会提供综合性开放服务，创立了基于"标识解析+区块链"技术的质量溯源系统。

（1）业务痛点。

食品企业普遍存在三个垂直方面的共性痛点。

① 生产效率有待提升。

针对生产过程的质量管理手段缺乏；设备故障不可预测；从原材料入库到产品出库的质量管控依靠手工记录较多，质量数据信息化基础弱。

② 降本提效难度大。

缺乏对原材料质量的管理手段，造成原材料成本偏高；设备运维管理缺乏数据积累，造成运维管理成本高。

③ 质量管控难。

生产过程的质量管理数据不透明；质量管理数据存证手段存在漏洞，无法保障数据的真实性；信息系统的数据孤岛现象普遍存在，质量问题追溯困难。

（3）解决方案及实施过程。

"食品行业数字化特色产业集群平台"紧密围绕企业提升生产效率、降低运营成本、加强质量管控三个纵向维度的共性问题，从生产链条、运营链条两个横向维度打造具备行业普适性的数字化应用产品和服务能力，形成"三纵两横"的解决方案。该解决方案覆盖设备维保管理、生产管理系统、第三方质量检测、供应链优化、能源管理中心、食品追溯系统等业务场景。"三纵两横"的解决方案的系统架构图如图7-18所示。

第 7 章
质量大数据应用案例

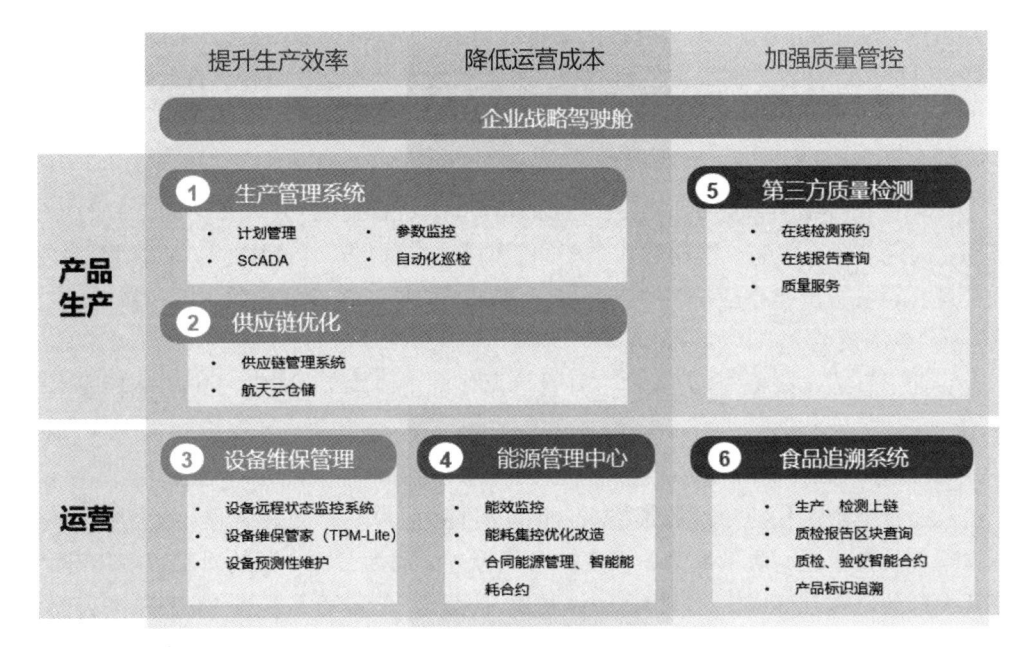

```
                提升生产效率        降低运营成本        加强质量管控
              ┌─────────────────────────────────────────────────────┐
              │                  企业战略驾驶舱                       │
              ├──────────────────────────────┬──────────────────────┤
      产品    │ ① 生产管理系统                │ ⑤ 第三方质量检测      │
      生产    │   • 计划管理   • 参数监控     │   • 在线检测预约      │
              │   • SCADA     • 自动化巡检   │   • 在线报告查询      │
              │                              │   • 质量服务          │
              │ ② 供应链优化                  │                      │
              │   • 供应链管理系统             │                      │
              │   • 航天云仓储                │                      │
              ├───────────────┬──────────────┼──────────────────────┤
      运营    │ ③ 设备维保管理 │ ④ 能源管理中心│ ⑥ 食品追溯系统       │
              │ • 设备远程状态 │ • 能效监控    │ • 生产、检测上链     │
              │   监控系统     │ • 能耗集控优化│ • 质检报告区块查询   │
              │ • 设备维保管家 │   改造        │ • 质检、验收智能合约 │
              │   (TPM-Lite)   │ • 合同能源管理│ • 产品标识追溯       │
              │ • 设备预测性维护│  智能能耗合约 │                     │
              └───────────────┴──────────────┴──────────────────────┘
```

图 7-18 "三纵两横"的解决方案的系统架构图

食品行业数字化特色产业集群平台涵盖食品行业具备高行业属性的质量 App 集，具体情况如下。

① 设备维保管家。设备维保管家收集、整理设备历史运行数据、维修数据等质量数据，分析设备故障原因，为设备改进提供依据。设备维保管家为生产车间和生产线上的设备分配唯一的二维码，实现设备故障报修、点检、巡检、保养、维修等质量数据的收集记录，极大地提升了公司设备管理的运维点检效率。

② 质量管理系统。质量管理系统对原材料入库、生产过程、产品出库等环节的质量事件进行记录、统计与处理，记录、整理生产数据、质检数据，找到产品质量追溯的数据源头，为供应商管理、产品研发和改进提供数据参考。

③ 质量溯源系统。质量溯源系统在食品包装线安装喷码设备，赋予一物一个质量信息码和一箱一个质量信息码，利用标识解析和区块链等技术，打造产品防伪、防窜货整体解决方案，让终端消费者可以随时查询产品的质检报告，提升品牌价值。

④ 生产过程系统。生产过程系统将生产、质量、设备等的数据汇总至数据库，实现生产过程透明化。

⑤ 供应链管理系统。供应链管理系统能够实现对所有原材料采购数据的统一管理，并对供应商信息、原材料信息、生产计划管理信息等数据进行有效关联，极大地提高了供应链协同效率。

通过提供上述应用，该平台将内部各环节的质量数据进行融通，实现企业生产、能耗、质量和经营各方面数据的可视化，可直观展示企业运营情况，有效解决了数据孤岛问题，为企业管理层进行决策提供了有效支撑。

（4）应用成效。

该平台在华糖食品得到了较为全面的落地。其落地实施共涉及华糖食品的炼糖车间、大包装、小包装、饮料线4个车间，覆盖生产制造、仓储物流、质量管理、能源管理、设备管理、供应链管理6个业务领域，取得了较好的应用示范效果。

① 经济效益。

企业运营成本降低35万元/年，并且信息化支出成本下降超过35%，能耗成本下降11.2%左右。

② 质量效益。

食品行业数字化特色产业集群平台的服务能力，从生产过程管理、设备管理、能耗管理、质量管理、质量追溯、供应链管理等方面助力华糖食品的质量数字化升级，使其生产效率提升3%以上，检测效率提升10.2%，每年的产能从13万吨提高到了28万吨。

7.5 质量公共服务与新生态

具备平台化运行和社会化协作能力的企业，应汇集质量管理、政府监管、企业运营、第三方服务等方面的数据形成数据湖，以数据为支撑，采用"平台+生态"的发展理念，提供一体化质量提升服务，并形成机构制定标准、第三方提供检测、企业加强提升、数据反馈企业的"多方共治一体化"闭环运行模式与质量共生创新生态。质量大数据生态体系面向企业提供质量数据可视化供应链管理、数字化营销等服务，提升企业的质量管理效率；面向政府提供抓手，搭建品牌监管平台，服务于区域质量品牌管理和效益提升；面向社会提供产品全要素质量数据，提升消费者对产品的质量信任度，塑造品牌形象。

典型案例：基于浪潮"质量码"的平阴玫瑰融合应用。

1．案例背景

近年来，国家高度重视农业质量提升与品牌建设，从国家部委到各地政府出台了一系列品牌建设的政策：《农业农村部关于加快推进品牌强农的意见》《中共中央 国务院关于坚持农业农村优先发展 做好"三农"工作的若干意见》等，倡导以区域品牌带动区域经济发展。当前玫瑰产业存在数据汇集、锁定责任主体、数据互信、数据共享等方面的痛点，亟须通过信息化平台建设，加强质量管理，提升品牌知名度，提高产业综合效益。

应用企业：平阴玫瑰产业发展中心坐落于"中国玫瑰之都"——山东平阴，其主要职责有：玫瑰产业发展政策的落实；提出全县玫瑰产业中长期发展规划建议，并协调组织实施；承担玫瑰产业发展、招商引资、项目管理的协调服务工作；为玫瑰产业提供融资、信息、技术支持、人才引进等服务；负责高端玫瑰产业项目的引进、培育等服务工作，拉长玫瑰产业链条。

服务商：浪潮工业互联网股份有限公司（简称"浪潮股份"）定位为工业互联网基础设施建设商和制造业智能化转型综合服务商，聚焦装备、电子、化工、采矿、食品、制药、钢铁、能源、建筑、交通等关键领域，突破标识解析、工业安全、确定性网络等核心技术，提供全云化、全场景的制造业智能化转型解决方案。

2．业务痛点

近年来，平阴的玫瑰产业呈现高速发展的态势，平阴依托产业集群优势成为"中国玫瑰之乡"，但是在融合发展过程中暴露出与质量相关的痛点。

（1）种植质量管理粗放，产情难预测。

（2）采收方式原始，数据收集断层，效率低。

3．解决方案及实施过程

浪潮"质量码"是浪潮股份以区块链为核心支撑技术，融合云计算、大数据、人工智能等先进数字技术，打造的第三方全要素质量数据公共服务平台和质量提升支撑服务体系。浪潮"质量码"构建了底层可信的质量数据支撑体系，通过汇集质量管理、企业运营等方面的数据形成数据湖，实现围绕基地场景的物联网设备群、围绕工厂场景的加工机械设备群和围绕种植从业人员/采收从业人员/加工从业人员的人、机、物间的质量数据互联互通，最终实现对平阴玫瑰产业链的全要素数据监管和全流程质量服务。

（1）浪潮"质量码"认证实现品牌创新监管。

平阴玫瑰产业发展中心基于全要素质量数据公共服务平台，将企业标准、检测、质量、资质、出入库等动态数据进行区块链写链存证和交叉验证，锁定企业主体身份，确保数据不可篡改和真实有效；并对符合要求的企业授权平阴玫瑰质量码，保证平阴玫瑰品牌标准实现统一管理和不受假冒侵害，从而创新监管模式，如图7-19所示。

质量大数据：体系与应用

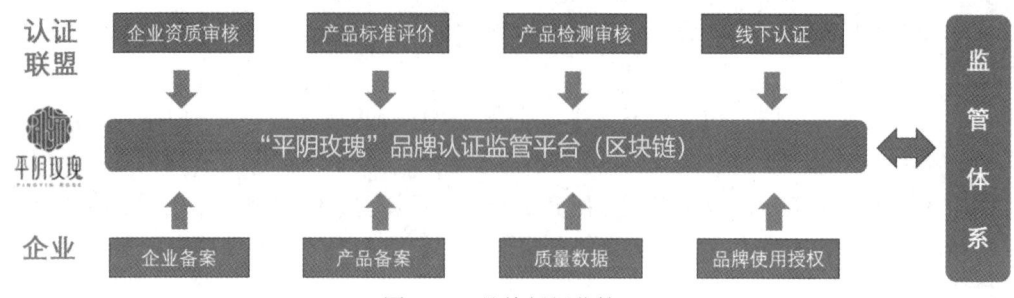

```
认证联盟  [企业资质审核] [产品标准评价] [产品检测审核] [线下认证]        监
平阴玫瑰         ↓         ↓          ↓          ↓            管
        ┌─────────────────────────────────────────────┐   ↔  体
        │  "平阴玫瑰"品牌认证监管平台（区块链）        │      系
        └─────────────────────────────────────────────┘
             ↑         ↑          ↑          ↑
企业    [企业备案]  [产品备案]  [质量数据]  [品牌使用授权]
```

图 7-19　品牌创新监管

（2）在种植方面，数字花田质量管理实现标准化、科学化。

平阴玫瑰产业发展中心将平阴玫瑰花田分设 6 个网格，建设天空地一体化物联网，覆盖全县约 18.67 平方千米的种植基地和 13000 个种植建档户，依托标识解析体系，实现墒情、苗情、病虫情、灾情等玫瑰质量数据的自动采集，并将花田、地块、种植户三者的数据自动关联，汇集建成全县玫瑰种植产业资源、农事、投入物品监管一体化平台，实时监控并指导各片区的病虫防治、玫瑰长势等。

（3）在加工方面，自控烘干统一工艺标准，降低成本。

在加工方面，平阴玫瑰产业发展中心运用云计算技术对鲜花烘干生产线进行了智能化改造，对烘干生产线上的各控制单元和水分检测设备进行联网，实时采集设备运行质量数据及鲜花烘干数据，通过烘干数据边缘运算，实现对生产线烘干速率的自动化控制。

（4）在营销方面，质量码营销实现流量闭环。

平阴玫瑰产业发展中心基于标识解析打造平阴玫瑰质量码体系，有效串联了产品流通的上下游环节，联合线下销售门店和网店打造流量闭环，实现了流通、消费、文旅融合发展。浪潮"质量码"通过区块链追溯服务，实现鲜花质量数据及品牌数据可视化，既能展示品牌的高品质，实现品牌宣传，又能提升消费者的信任度，塑造品牌形象。

4．应用成效

平阴玫瑰产业发展中心通过对基地、企业、标准、检测进行存证，实现平阴玫瑰品牌认证的线上化管理，打通种植、采收分级、加工、销售等各个环节的数据，锁定责任主体，为平阴玫瑰品牌提供动态质量监管能力，构建社会监督机制，为消费者传递信任，塑造平阴玫瑰品牌形象。

（1）经济效益。

平阴玫瑰产业发展中心借助浪潮"质量码"这个第三方全要素质量数据公共服务

平台,以区块链技术为核心,建立覆盖全县种植户的质量数据档案;提升了平阴玫瑰产业的生产效率,企业收花效率提升200%,鲜花收购价格提升100%,加工效率提升30%;为企业提供了多样化的产品宣传途径,提升品牌曝光度500%;实现对平阴玫瑰产业的动态监管,构建起社会监督机制;平均每月帮助一条中型生产线节省近540个工时,约10万元,使鲜花的水分控制达标率提高至98%。浪潮"质量码"在2021年为60万个产品赋码,同时基于玫瑰码开展活动6次,引流6万余次,成为平阴玫瑰文旅发展的新窗口。

(2)质量效益。

面向收花阶段,平阴玫瑰产业发展中心利用浪潮"质量码"为玫瑰种植户提供唯一的数字身份,为数字收花打下基础,打造供需匹配模块,升级传统收花者流动收花的模式,在提高收花效率的同时实现对收花的高质量管理;面向加工阶段,平阴玫瑰产业发展中心升级传统加工烘干设备,实时采集质量数据,实现加工控制,减少加工过程中的人员投入,在部分模块上已实现无人化加工。

参考文献

[1] Ahmad，S. and Schroeder，R.G. Refining the product‐process matrix [J]. International Journal of Operations & Production Management，2002，22（1）：103-124.

[2] 谢克强，聂国健，胡宁. 质量大数据驱动的智能制造[J]. 中国工业和信息化，2021，38：44-49.

[3] 田春华，李闯，刘家扬等. 工业大数据分析实践[M]. 北京：电子工业出版社，2021.

[4] 田春华. 工业大数据分析算法实战[M]. 北京：电子工业出版社，2022.

[5] Moyne，James，Enrique Del Castillo，and Arnon M. Hurwitz，eds. Run-to-run Control in Semiconductor Manufacturing[M]. Boca Raton：CRC Press，2018.

[6] 中国电子技术标准化研究院. 工业大数据白皮书（2019 版）[R]. 2019.

[7] 工业互联网产业联盟. 工业互联网平台白皮书（2019）[R]. 2019.

[8] 工业互联网产业联盟. 工业大数据分析指南[M]. 北京：电子工业出版社，2019.

[9] 贾新章，游海龙，顾铠等. 统计过程控制理论与实践[M]. 北京：电子工业出版社，2017.

[10] 丁磊. 数字化全面质量管理[J]. 上海质量，2020（2）：6.

[11] 何桢. 六西格玛管理[M]. 3 版. 北京：中国人民大学出版社，2014.

[12] 中华人民共和国国务院. 国务院关于加强质量认证体系建设促进全面质量管理的意见（国发〔2018〕3 号）[Z]. 2018-01.

[13] 第十三届全国人民代表大会第四次会议. 中华人民共和国国民经济和社会发展第十四个五年规划和 2035 年远景目标纲要[M]. 北京：人民出版社，2021.

[14] 中华人民共和国工业和信息化部规划司. 大数据产业发展规划（2016－2020 年）（工信部规〔2016〕412 号）[Z]. 2017-01.

[15] 中华人民共和国工业和信息化部科技司. 工业和信息化部关于促进制造业产品和服务质量提升的实施意见（工信部科〔2019〕188 号）[Z]. 2019-08.

参考文献

[16] 中华人民共和国工业和信息化部办公厅. 工业和信息化部办公厅关于做好 2021 年工业质量品牌建设工作的通知（工信厅科函〔2021〕48 号）[Z]. 2021-03.

[17] 中华人民共和国工业和信息化部办公厅. 工业和信息化部办公厅关于印发制造业质量管理数字化实施指南（试行）的通知（工信厅科〔2021〕59 号）[Z]. 2021-05.

[18] Peihua Qiu. Introduction to Statistical Process Control[M]. Boca Raton：Chapman and Hall/CRC Press，2014.

[19] 徐榕青，张晏铭，王辉，等. 面向微波组件工艺失效分析的大数据建模技术[J]. 计算机测量与控制，2020，28（9）：6.

[20] 李益兵. 光电子产品生命周期质量管理关键技术研究[D]. 武汉理工大学，2008.

[21] 王萌. 混合分类算法及其在质量改进中的应用研究[D]. 西北工业大学，2014.

[22] 周乐. 基于概率的工业过程数据建模与故障检测[D]. 浙江大学，2015.

[23] 白翱. 离散生产车间中 U-制造运行环境构建、信息提取及其服务方法[D]. 浙江大学，2011.

[24] 李莲芝. 汽车变速箱质量问题追溯的理论方法研究[D]. 吉林大学，2011.

[25] 姜兴宇. 网络化制造模式下产品全生命周期质量管理[M]. 北京：冶金工业出版社，2011.

[26] 曾勇. 无砟道岔施工过程质量控制理论与方法研究[D]. 西南交通大学，2012.

[27] 郭钧. 整车制造企业生产过程质量控制及评价方法研究[D]. 武汉理工大学，2012.

[28] 贾丰胜，王禹铭. 航天质量大数据管理和应用研究[J]. 质量与可靠性，2020，206（02）：50-54.

[29] 李昱，方俊伟. 化工行业基于大数据驱动的工艺操作优化技术研究[J]. 自动化博览，2019，No.305（02）：54-58.

[30] 刘颂，刘福龙，刘二浩，等. 融合大数据技术和工艺经验的高炉参数优化[J]. 钢铁，2019，54（11）：22-32.

[31] 朱占军，王明侠，王春林. 基于质量预测与统计分析的烧结过程性能监控系统研究[J]. 烧结球团，2016，41（001）：7-11.

[32] Yang G M，Fan X H，Chen X L，et al. Optimization of Cooling Process of Iron Ore Pellets Based on Mathematical Model and Data Mining[J]. Journal of Iron and Steel Research（International），2015（11）：7.

[33] Cao W D，Yan C P，Ding L，et al. A continuous optimization decision making of process parameters in high-speed gear hobbing using IBPNN/DE algorithm[J]. International Journal of Advanced Manufacturing Technology，2016，85（9-12）：

2657-2667.

[34] 国家工业信息安全发展研究中心,工业信息安全产业发展联盟. 工业互联网平台安全白皮书（2020）[R]. 2020.

[35] Atwal H. Practical DataOps：Delivering Agile Data Science at Scale[M]. Berkeley：Apress，2019.

[36] 蔡莉,朱扬勇. 大数据质量[M]. 上海：上海科学技术出版社，2017.

[37] Lee Y W，Pipino L，Funk J D，et al. Journey to Data Quality[M]. Cambridge：MIT Press，2006.

[38] 郭朝晖. 知行：工业基因的数字化演进[M]. 北京：机械工业出版社，2023.

[39] 朱文丹.数控加工工艺知识智能生成关键技术研究[D].山东大学，2019.

[40] 曹勇.基于数据挖掘的工艺知识发现与重用研究[D].山东大学，2019.

[41] Marco Rospocher，Marieke van Erp，Piek Vossen，Antske Fokkens，Itziar Aldabe，German Rigau，Aitor Soroa，Thomas Ploeger，Tessel Bogaard. Building event-centric knowledge graphs from news[J]. Web Semantics：Science，Services and Agents on the World Wide Web，2016，37-38.

[42] Heiko Paulheim. Knowledge graph refinement：A survey of approaches and evaluation methods[J]. Semantic Web，2016，8（3）．

[43] Xiaoming Zhang，Xin Liu，Xin Li，Dongyu Pan. MMKG：An approach to generate metallic materials knowledge graph based on DBpedia and Wikipedia[J]. Computer Physics Communications，2017，211.

[44] Chih-Lun Liao，Shie-Jue Lee. A clustering based approach to improving the efficiency of collaborative filtering recommendation[J]. Electronic Commerce Research and Applications，2016，18.

[45] Rouzbeh Meymandpour，Joseph G. Davis. A semantic similarity measure for linked data：An information content-based approach[J]. Knowledge-Based Systems，2016，109.

[46] Jian Wei，Jianhua He，Kai Chen，Yi Zhou，Zuoyin Tang. Collaborative filtering and deep learning based recommendation system for cold start items[J]. Expert Systems with Applications，2017，69.

[47] 华为公司数据管理部. 华为数据之道[M]. 北京：机械工业出版社，2020.

[48] 赵博. 数控装备双摆头传动系统动力学特性及可靠性分析方法研究[D].西安电子科技大学，2019.

缩略语表

缩写	英文全称	中文全称
ADS	Application Data Store	应用数据层
AI	Artificial Intelligence	人工智能
ANN	Artificial Neural Network	人工神经网络
ANOVA	Analysis of Variance	方差分析
AOI	Automated Optical Inspection	自动光学检测
APC	Advanced Process Control	先进过程控制
APQP	Advanced Product Quality Planning	产品质量先期策划
AQDEF	Advanced Quality Data Exchange Format	高级质量数据交换格式
BC	Block Control	组控制
BOM	Bill of Material	物料清单
BiLSTM	Bidirectional Long Short Term Memory Networks	双向长短期记忆网络
BiRNN	Bidirectional Recurrent Neural Networks	双向循环神经网络
CAPP	Computer Aided Process Planning	计算机辅助工艺规划
CNN	Convolutional Neural Networks	卷积神经网络
CRM	Customer Relationship Management	客户关系管理
CRNN	Convolutional Recurrent Neural Networks	卷积循环神经网络
DBN	Deep Belief Networks	深度信息网络
DCIGN	Deep Convolutional Inverse Graphics Networks	深度卷积逆向图网络
DCNN	Deep Convolutional Neural Networks	深度卷积神经网络
DCS	Distributed Control System	分散控制系统
DOE	Design of Experiment	试验设计
DMAIC	Define-Measure-Analyze-Improve-Control	6-Sigma 管理工具
DRN	Deep Residual Networks	深度残差网络
DWD	Data Warehouse Detail	数据仓库明细层
DWS	Data Warehouse Summary	数据仓库汇总层
EAP	Enterprise Application Platform	企业应用平台

续表

缩写	英文全称	中文全称
EAP	Equipment Automation Program	设备自动化管理
EDA	Engineering Data Analysis	工程数据分析
ELECTRE	Elimination and Choice Translating Reality	消除和选择转换法
EMS	Energy Management System	能源管理系统
EPC	Engineering Process Control	工程过程控制
ERP	Enterprise Resource Planning	企业资源计划
ETL	Extract-Transform-Load	抽取、转换、加载
FDC	Fault Detection and Classification	故障检测与分类
FFNN	Feed Forward Neural Networks	前馈神经网络
FMEA	Failure Mode and Effects Analysis	失效模式及后果分析
FMECA	Failure Mode，Effects and Criticality Analysis	失效模式、后果及危害性分析
FT	Functional Test	功能测试
FTA	Fault Tree Analysis	故障树分析
GAN	Generative Adversarial Networks	生成式对抗网络
GEM	General Equipment Model	通用设备模型
HDFS	Hadoop Distributed File System	Hadoop 分布式文件系统
HTAP	Hybrid Transaction / Analytical Processing	混合事物分析处理
ICT	Information and Communications Technology	信息与通信技术
IoT	Internet of Things	物联网
iPaaS	integration Platform as a Service	集成平台即服务
IQC	Incoming Quality Control	来料质量控制
IT	Information Technology	信息技术
LIMS	Laboratory Information Management System	实验室信息管理系统
LSTM	Long Short Term Memory	长短期记忆
MBSE	Model-Based Systems Engineering	基于模型的系统工程
MEF	Manufacturing Error Flow	制造误差流
MES	Manufacturing Execution System	制造执行系统
MFCC	Mel Frequency Cepstrum Coefficient	梅尔频率倒谱系数
MPP	Massive Parallel Processing	大规模并行处理
MSA	Measurement System Analysis	测量系统分析
OBD	On Board Diagnostics	机上诊断
ODS	Operational Data Store	操作型数据层
OLAP	Online Analytical Processing	联机分析处理
OLTP	Online Transaction Processing	联机事务处理

缩略语表

续表

缩写	英文全称	中文全称
OT	Operation Technology	操作技术
OWL	Web Ontology Language	网络本体语言
PAT	Process Analysis Technology	过程分析技术
PCA	Principal Component Analysis	主成分分析法
PCB	Printed Circuit Board	印制电路板
PCR	Principal Component Regression	主成分回归
PDCA	Plan-Do-Check-Action Cycle	戴明环
PDM	Product Data Management	产品数据管理
PHM	Prognostics and Health Management	故障预测与健康管理
PLC	Programmable Logic Controller	可编程逻辑控制器
PLSR	Partial Least Squares Regression	偏最小二乘法回归
PLM	Product Life-Cycle Management	产品生命周期管理
PONC	Price of Nonconformance	质量代价
QFD	Quality Function Development	质量功能展开
QMS	Quality Management System	质量管理系统
RBF	Radial Basis Function	径向神经网络
RFID	Radio Frequency Identification Device	射频识别技术
RNN	Recurrent Neural Networks	循环神经网络
RSD	Relative Standard Deviation	相对标准偏差
SCADA	Supervisory Control And Data Acquisition	数据采集与监视控制系统
SCM	Supply Chain Management	供应链管理
SECS	SEMI Equipment Communications Standard	半导体设备通信标准
SDK	Software Development Kit	软件开发工具包
SMOTE	Synthetic Minority Oversampling Technique	合成少数类过采样技术
SMT	Surface Mount Technology	表面贴装技术
SoV	Stream of Variation	偏差流
SPC	Statistical Process Control	统计过程控制
SPI	Solder Paste Inspection	锡膏检查
STFT	Short Time Fourier Transform	短时傅里叶变换
SVM	Support Vector Machine	支持向量机
TOPSIS	Technique for Order Preference by Similarity to Ideal Solution	逼近于理想值的排序方法
TPM	Total Productive Management	全面设备管理
TQC	Total Quality Control	全面质量管控
TQM	Total Quality Management	全面质量管理

续表

缩写	英文全称	中文全称
TRIZ	Teoriya Resheniya Izobreatatelskikh Zadatch	发明问题解决理论
VIN	Vehicle Identification Number	车辆标识号
VoC	Voice of Customer	客户需求
WMS	Warehouse Management System	仓库管理系统
YMS	Yield Management System	良率管理系统